U0499445

教育部项目(项目编号：20YJA790013)

高晓燕 等◎著

基于土地流转视角的工商资本下乡"非粮化"现象的诱因及解决路径研究

JIYU TUDI LIUZHUAN SHIJIAO DE
GONGSHANG ZIBEN XIAXIANG "FEILIANGHUA" XIANXIANG DE
YOUYIN JI JIEJUE LUJING YANJIU

中国财经出版传媒集团

经济科学出版社
Economic Science Press

·北京·

图书在版编目（CIP）数据

基于土地流转视角的工商资本下乡"非粮化"现象的
诱因及解决路径研究／高晓燕等著． －－北京：经济科
学出版社，2024.3

ISBN 978－7－5218－5698－9

Ⅰ.①基…　Ⅱ.①高…　Ⅲ.①商业资本－农业投资－
研究－中国　Ⅳ.①F323.9

中国国家版本馆 CIP 数据核字（2024）第 056216 号

责任编辑：杜　鹏　武献杰　常家凤
责任校对：刘　昕
责任印制：邱　天

基于土地流转视角的工商资本下乡"非粮化"现象的诱因及解决路径研究

高晓燕　等◎著

经济科学出版社出版、发行　新华书店经销
社址：北京市海淀区阜成路甲 28 号　邮编：100142
编辑部电话：010-88191441　发行部电话：010-88191522
网址：www. esp. com. cn
电子邮箱：esp_bj@ 163. com
天猫网店：经济科学出版社旗舰店
网址：http：//jjkxcbs. tmall. com
固安华明印业有限公司印装
710×1000　16 开　16.5 印张　280 000 字
2024 年 3 月第 1 版　2024 年 3 月第 1 次印刷
ISBN 978－7－5218－5698－9　定价：128.00 元
（图书出现印装问题，本社负责调换。电话：010－88191545）
（版权所有　侵权必究　打击盗版　举报热线：010－88191661
QQ：2242791300　营销中心电话：010－88191537
电子邮箱：dbts@ esp. com. cn）

前　言

　　乡村振兴对于实现我国全面建设社会主义现代化国家具有重要意义，乡村振兴是以中国式现代化全面推进中华民族伟大复兴的重大战略举措。而工商资本下乡是实现乡村经济社会持续发展的重要途径，是现代农业发展的必然要求，是构建新发展格局的重要力量，也是农村市场发展潜力、全球经济大势所趋等共同引致的现象和工商资本转型升级的客观需求。工商资本下乡在产生规模经济效应、促进产业升级联动以及发挥正面效应的同时，也可能带来小农挤出效应、公共利益损害、制约农业生产可持续性发展等挑战，从而导致"非粮化"问题。目前，相关政策文件已经提出要防止耕地"非粮化"现象，切实稳定粮食生产，牢牢守住国家粮食安全的生命线，但社会各界在针对合理防止"非粮化"的蔓延趋势问题上，仍缺乏正确的认识和有效措施。因此，本书基于上述背景，从土地流转视角出发，立足于我国工商资本下乡与"非粮化"现状，深入剖析工商资本下乡"非粮化"现象的内在形成机制及诱因；构建了联结工商资本、地方政府、合作社、农民利益的市场化土地流转机制；并借鉴国外相关经验，对改善工商资本下乡"非粮化"的现状，提出切实、具体的解决方法。

　　本书的理论意义在于丰富了产权经济学和政治经济学理论，较为系统、全面地完善了工商资本下乡"非粮化"问题的理论研究，特别是诱因分析，揭示了"非粮化"现象的内在形成机制，为后续深入研究奠定了基础。其现实意义在于，从完善国家、当地政府的准入政策、鼓励政策、补贴政策、监管政策方面，为解决工商资本下乡的"非粮化"问题提出了有效的解决方法，促进农村土地承包经营权的有序流转，更好地保障我国粮食安全，对我国工商资本下乡的良性发展和乡村土地的高效运作都具有现实的指导意义。

本书共由 13 章组成，第一章导论，简述了项目研究背景、国内外研究综述、目标、内容、突破与创新之处；第二章梳理我国耕地"非粮化"问题的历史演进、总体现状及成因；第三章是现状分析，详细描述了我国土地流转和工商资本下乡的现状以及工商资本通过土地流转投资农业的主要模式，剖析了工商资本下乡的驱动因素和效应，探究了工商资本下乡对"非粮化"产生的影响，从政策、市场以及工商资本三个维度深入分析"非粮化"产生的原因；第四章为土地流转视角下工商资本下乡"非粮化"案例，采用多案例分析方法，研究工商资本下乡"非粮化"的诱因，紧密结合我国实际，总结"非粮化"的原因以及提出切实可行的解决思路；第五章基于组态视角与定性比较分析方法，剖析了工商资本下乡对"非粮化"的影响因素，深化了对工商资本下乡"非粮化"领域的探索，揭示了这一现象形成路径的多样性和复杂性；第六章从微观角度出发，基于农民收入结构变化与工商资本下乡背景，实证分析了农户耕种"非粮化"的诱因；第七章关注人口老龄化、农地流转及"非粮化"的关系，探究农地流转去向在人口老龄化对"非粮化"影响中所发挥的中介作用，进一步揭示了人口老龄化对"非粮化"影响的复杂性，为治理人口老龄化下的"非粮化"提供了具体可行的建议；第八章采用多案例分析法，归纳总结"非粮化"问题出现后国内的治理经验以及相应启示；第九章借鉴美国、日本、韩国在治理工商资本下乡"非粮化"问题上的经验，为我国针对工商资本下乡背景下的"非粮化"问题提出创新性和可行性解决思路；第十章基于前序章节的论述与分析，从提升粮食收益、引导和约束工商资本行为、完善法律政策、提高金融服务体系、构建种粮奖惩机制方面提出针对工商资本下乡"非粮化"现象治理的政策建议；第十一章探究人口老龄化对农业种植结构调整的非线性影响，剖析金融支持力度对于人口老龄化对粮食播种面积占比的正向影响，基于农民收入水平以及东中、东北及西部三大区域分类，对粮食主产区与非粮食主产区差异进行异质性分析，深入剖析人口老龄化、金融支持与耕地"非粮化"之间的关系及影响；第十二章基于我国省级面板数据，从"趋粮化"和空间溢出的视角，研究气候风险对农业种植结构的影响，并提出具体可行的解决建议；第十三章利用北大数字普惠金融指数和农地规模经营指标建立了年份和省份的双向固定效应模型，实证研究了数字普惠金融对农地规模经营的影响，并进行了相关的机制分析和稳定性检验。

书中运用了多种研究方法。首先，运用理论分析法探讨工商资本下乡进行农地流转以及"非粮化"现象形成的内在机理。其次，采用重点案例调查法梳理工商资本下乡过程中的经验、教训，揭示"非粮化"问题产生的深层次原因，并利用案例分析法总结国内外治理经验，为我国防止"非粮化"提供切实的解决方法和创新性路径，综合采用实证分析法以及 QCA 分析方法探讨引发"非粮化"现象的因素。最后，采用规范分析法构建工商资本下乡准入审核机制以及土地流转规范运行机制、国家政策评价及优化，建立新型农业经营主体进行农业生产的长效激励机制。

本书的创新之处在于：一是从土地流转视角，以工商资本下乡"非粮化"的现象为研究对象，根据我国工商资本下乡的大量文献和数据，运用政治经济学原理、产权经济学原理、金融学、管理学等原理，分析资本下乡导致"非粮化"的诱因、路径。二是揭示"非粮化"的内在机制，提出工商资本下乡避免"非粮化"的风险规避策略，构建工商资本下乡的长效激励机制，提出构建土地流转市场化规范化体系，强化土地契约效力。在保证粮食生产不减产的同时，鼓励工商资本种植经济作物。这是经济学思想在工商资本下乡领域的最新应用。三是运用经济学理论、产权经济学理论、人力资本理论、管理学、金融学等理论，分析工商资本下乡导致"非粮化"的原因，从而减轻工商资本下乡的负面效应，这对于提升工商资本下乡的效益提供了理论上的指导和厘清，为我国工商资本下乡实现乡村振兴战略提供了科学保障。

在研究过程中，天津财经大学金融学院教授、博士生导师高晓燕担任项目负责人，统筹项目开展、框架构建。天津财经大学金融学院博士研究生向念进行全书统稿，并负责部分重点章节撰写，累计编撰达 10 万字。其中，本书的第一章、第二章由天津财经大学高晓燕教授和在读博士生向念撰写；第三章由天津财经大学金融学院杜金向副教授、天津财经大学 MBA 中心王谦副研究员和田丽丽撰写；第四章由京南梦有限公司总经理赵清涛、博士生郭怡扬撰写；第五章由高晓燕、向念撰写；第六章由高晓燕，京南梦有限公司总经理赵清涛、杜寒玉、任佳钰撰写；第七章由高晓燕、向念撰写；第八章由天津财经大学在读博士赵琪、曹玉鹏、翟振山撰写；第九章由鹿泉城投集团副总、BSN 荷兰商学院 EMBA 高级硕士研究生王勇胜、硕士研究生王娜撰写；第十章由高晓燕，辽宁财贸学院刘润田、郭清波撰写；第十一章由张立艳教授、向念和周俊延撰写；第十二章由天津电子信息职业技术学院俞伯阳、向念撰写；第十三章由罗丽燕教授、贾传凯、任佳钰和郝晓平撰写。在此向所有帮助过我们的各位领导、专家致以诚挚的感谢！

高晓燕

2024 年 2 月

目　录

———— **理论篇** ————

──────── 实证篇 ────────

─────── **治理篇** ───────

─────── **拓展专题篇** ───────

理论篇

第一章

导　论

一、选题背景及意义

粮食安全是"国之大者"，保障粮食安全已经成为我国国家战略安全的重要组成部分。但随着我国人口增长、消费结构不断升级和资源环境承载能力趋紧，粮食产需仍将维持紧平衡态势。近些年来，国际农产品市场供给不确定性增加，必须以稳定国内粮食生产来应对国际形势变化带来的不确定性。特别是近期，受气候变化等多种因素交织影响，全球多地粮食供应短缺、粮价上涨，粮食安全问题日益突出。作为全球最大的发展中国家，我国粮食的稳定供给对于平衡全球粮食贸易、缓解全球贫困具有重大意义。我国长期高度重视粮食安全。党的十八大以来，以习近平同志为核心的党中央坚持把粮食安全作为治国理政的头等大事，确立了国家粮食安全战略，引领推动粮食安全理论创新、实践创新和制度创新，走出了一条中国特色粮食安全之路。2022 年 12 月 23 日，习近平在中央农村工作会议上发表重要讲话，指出"要坚决守住18亿亩耕地红线，坚决遏制'非农化'、有效防止'非粮化'"①。党的二十大报告强调"全方位夯实粮食安全根基，牢牢守住十八亿亩耕地红线"，体现了党中央对粮食安全一以贯之的高度重视。

耕地"非粮化"表现为耕地逐渐从事非粮食作物生产的过程。从全国来看，我国近年来"非粮化"趋势明显，据国家统计局数据，我国粮食播种面积占比从1980年开始持续下降，到2003年到达最低点后逐渐上升，但是自2016年以来，我国粮食播种面积和粮食播种面积占农作物播种面积比例持续下降，农业种植结构调整中的"非粮化"倾向较为明显，引发国家高度重视。如图1-1所示，2016～2020年，我国粮食播种面积共下降2.06%，粮食播种面积占农作物播种面积比从71.42%下降至69.72%。尽管种植经济作物有利于农民收入增加，但在优质耕地不断减少、极端气候灾害频发和全球贸易面临巨大不确定性的背景下，"非粮化"直接挤占粮食播种面积，同时，耕地长期种植非粮食作物也可能造成土壤成分改变，对粮食用地产生不可逆的损害，不利于粮食安全。针对日益明显的"非粮化"趋势，中央多次出台政策文件要求抑制"非粮化"，2020年，《国务院办公厅关于防止耕地"非粮化"稳定粮食生产的意见》提出要坚持科学合理利用耕地资源，处理好发展粮食生产和发挥比较效益的关系，不能单纯以经济效益决定耕地用途，必须将有限的耕地资源优先用于粮食生产，要认真落实重要农产品保障战略，进一步优化区域布局和生产结构，实施最严格的耕地保护制度，科学合理利用耕地资源，防止耕地"非粮化"，切实保障国家粮食安全和重要农产品有效供给水平，坚持问题导向，坚决防止耕地"非粮化"倾向；2021年，多部委联合下发的《关于严格耕地用途管制有关问题的通知》细化了耕地"非粮化"的治理措施。2023年，中央一号文件提出"各省（自治区、直辖市）都要稳住面积"，这表明农业种植结构调整应注重保障粮食播种面积，防止粮食播种面积被过度压缩。上述政策体现了防止"非粮化"的极端重要性。

---

① 习近平. 加快建设农业强国推进农业农村现代化［J］. 新长征，2023（7）：4-11.

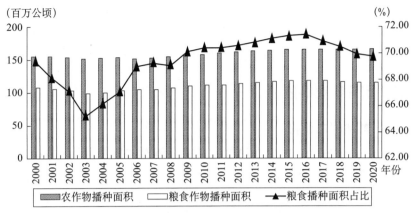

图 1－1 2000～2020 年中国农业种植结构变化趋势
资料来源：2001～2021 年《中国农村统计年鉴》。

与此同时，工商资本下乡也逐渐影响"非粮化"。"资本下乡"是乡村经济社会持续协调发展不可或缺的条件，2018 年的中央一号文件强调，要加快制定鼓励引导工商资本参与乡村振兴的指导意见。工商资本下乡是我国经济发展阶段转变、农业向现代化转型、农村生产要素关系变化的必然结果，是市场利润、政策红利、圈地诱惑等共同引发的现象，是一个长期趋势而非短期热潮。同时，由于农业市场巨大的发展潜力和规模发展优势，使其在诸多投资领域中具备较强的吸引力，吸引了大量工商资本下乡。工商资本下乡务农会产生规模经济效应、知识溢出效应和社会组织效应三大正面效应，但也可能带来小农挤出效应、公共利益损害和产业安全挑战，带来"非农化""非粮化"等许多问题。虽然"防止土地流转'非粮化'"等字眼已经出现在政府文件当中，但如何实现其由"纸面"到"地面"的转变，科学合理地防止"非粮化"趋势的蔓延依然是政府和学术界共同面临的难题。近年来，部分学者已对土地流转中的"非粮化"现象开展了相关研究，但总体来讲，社会各界对于农村土地流转中"非粮化"趋势蔓延的重视程度和研究力度有待于进一步强化。

本书遵循现有的理论逻辑，从土地流转视角，深入剖析工商资本下乡"非粮化"现象的内在形成机制及诱因，构建联结工商资本、地方政府、合作社、农民利益的市场化土地流转机制，借鉴国外经验，改善工商资本下乡"非粮化"的现状，在此基础上提出具有可复制的以及可操作性的解决路径，旨在促进农村土地承包经营权的有序流转，一方面更好地保障我国粮食安全，另一方面丰富了产权经济理论和政治经济学理论，对我国工商资本下乡的良性发展和乡村土地的高效运作都具有现实的指导意义。

二、相关研究综述

（一）耕地"非粮化"

1. 耕地"非粮化"概念及测度。早期媒体对"非粮化"的描述更多体现为耕地不种植粮食的行为，但并未对耕地"非粮化"进行明确定义。随着研究的深入，部分学者对"非粮化"进行了界定并进行了定量测算。

耕地"非粮化"的概念普遍界定为耕地从事非粮食种植活动的行为，但不同学者界定方式存在差异，主要在于对非粮食种植行为的界定。其一，耕地种植粮食作物以外的农作物，包括棉花、油料、蔬菜等，该定义可视为农业种植结构"非粮化"，仅限于农业种植结构的内部调整，但不包括农业之外的其他第一产业，即林业、畜牧业、渔业、副业等（仇童伟和罗必良，2018；罗必良等，2018；罗必良和仇童伟，2018；易小燕和陈印军，2010）。如有学者将除传统的稻谷、小麦、玉米三大类作物外的所有耕地种植行为均界定为"非粮化"（陈浮等，2021）。其二，耕地上从事粮食作物种植农业生产经营活动的行为，如耕地从事林业、畜牧业、渔业等，该定义下"非粮化"仍限于第一产业内部。如朱道林（2021）认为耕地"非粮化"种植经济作物、种树、养殖等生产经营活动。孔祥斌（2020）界定了食物性生产的"非粮化"和非食物性生产的"非粮化"，前者包括水果、茶叶、油料等，后者包括种树、种草等。此外，少部分学者将耕地"非粮化"界定为不种植粮食作物的所有利用方式，其概念部分与非农化重叠，同时也还包括了耕地撂荒（朱道林，2021）。可以看出，学术界对耕地"非粮化"的概念界定较为统一，并多侧重通过非粮食作物播种面积占比来反映其耕地"非粮化"的程度。

耕地"非粮化"的测算方法则呈现多元化特点。学者们多使用"非粮比"，即非粮食作物的播种面积占农作物总播种面积或耕地总面积的比例衡量耕地"非粮化"（罗必良和仇童伟，2018；程宪波等，2022；张颖诗等，2022；孟菲等，2022；仇童伟和罗必良，2022），上述测算基于静态视角。

部分学者还采用了动态视角测量耕地"非粮化"。如邹金浪等（2022）将"非粮化"作为动态变化过程来考虑，以末期粮食作物播种面积占农作物总播种面积比重与基期粮食作物播种面积占农作物总播种面积比重之差来衡量"非粮化"，如果两者之差小于零，则称这一时期发生了"非粮化"。孟菲等（2022）采用某时期内非粮食作物种植面积与农作物播种总面积比值的变化量来刻画"非粮化"水平。此外，部分学者使用"粮食收入占总收入的比重""种粮农户占种植大户的比"（王勇等，2011）"种植经济作物的家庭农场个数占比"（张茜等，2014）等指标来表征耕地"非粮化"的水平。可以看出，由于研究尺度和样本来源差异，学界对耕地"非粮化"的界定存在一定差异，但基本贴合其耕地不种植粮食的内涵。

2. 耕地"非粮化"影响。耕地"非粮化"意味着耕地不从事粮食生产，尽管"非粮化"对于农户收入增长有一定积极作用（王勇等，2011；匡远配和刘洋，2018），但学界普遍基于粮食安全考虑，认为"非粮化"是粮食安全的威胁因素。主要原因在于将有限的耕地用于非粮食作物生产会压缩粮食种植面积，并且部分耕地利用方式如建设农家乐严重威胁了土地质量，对耕地造成不可逆的影响。具体来看：

其一，耕地"非粮化"可能压缩了粮食种植面积。耕地"非粮化"体现了粮食播种面积比例占耕地总面积比例的下降，因此，耕地"非粮化"并不必然意味着粮食播种面积的减少或者粮食减产，"非粮化"与粮食播种面积和粮食增产并不必然冲突。但在我国耕地资源整体较为紧缺的情况下，将有限的耕地资源用于从事非粮食作物生产，则会导致粮食种植面积下降。并且粮食作物复种以及粮食播种面积的下降会导致粮食产量成倍下降。

其二，耕地"非粮化"影响了耕地质量。如果说"非粮化"并不必然导致粮食播种面积和粮食产量下降，不必然威胁粮食安全，但"非粮化"对耕地质量则存在明显的不利影响。匡远配和刘洋（2018）认为，"非粮化"影响了种植粮食的土壤条件，且按照恢复耕地粮食种植功能的难度来看，从低到高依次是种蔬菜、种果蔬、畜牧、挖鱼塘、抛荒、工厂、房地产土地用途，"非粮化"后的影响主要在于土地耕作层的性质改变程度大小（匡远配和刘洋，2018），因此，耕地"非粮化"中部分土地利用方式对耕地质量的威胁尤为明显。

3. 耕地"非粮化"现状及趋势。目前关于耕地"非粮化"的研究主要存在基本研究单位和研究范围的区别，主要以不同行政区域（省级、地级、县级、镇级、村级）、家庭、企业为基本单位，研究了全国或者某一区域的"非粮化"现状。一是不同学者研究"非粮化"的视角不一，部分着眼于宏观层面的"非粮化"，部分则着眼于家庭层面的"非粮化"。二是数据可获得性存在差异，目前全国、省级和地级市拥有较为完整的耕地面积、农作物播种面积和粮食播种面积数据，县级及以下区域这些数据较为缺乏，学者多通过实地调研或者遥感影像，获取村庄层面或者农户层面数据，从而研究"非粮化"。但不同研究范围和研究单位视角下，我国均存在较为明显的耕地"非粮化"问题。主要如下：

（1）全国层面对"非粮化"的评估。部分学者直接基于全国层面统计数据分析了我国"非粮化"的现状及变化趋势。何蒲明和全磊（2014）基于全国层面数据分析指出，1978～2012年我国非粮食播种面积占农作物播种面积的比例总体呈持续上升趋势，其"非粮化"比例由最初的19.7%上升至31.9%，其中，以1994～2003年"非粮化"比例上升最为明显，累计上升8.58%。刘等（Liu et al.，2018）借助粮食作物或经济作物的播种面积及其占比来衡量全国耕地"非粮化"程度，指出改革开放以来中国以水稻、小麦、玉米为主的三大粮食作物种植面积及比例呈递减态势，且在毗邻城市的近郊农村更为突出。

部分学者通过调研数据对全国"非粮化"程度进行了评估。如孔祥斌（2020）基于11个省、22个市、44个县的调研数据，发现我国耕地"非粮化"现象呈现逐步扩大趋势。通过实地调查并结合统计数据，初步判断目前我国耕地"非粮化"率约为27%。钱龙等（2018）基于2003～2012年农业部全国农村固定观察点微观调查数据发现，2003～2012年全国层面粮食种植比例趋于下降，粮食内部结构也发生调整，水稻种植比例下降，小麦稳中微降，玉米的种植比例快速提升。总体上来看，全国层面呈现出明显的耕地"非粮化"情况，且趋势逐渐明显。

（2）基于省级数据评估全国"非粮化"程度。省级层面"非粮化"数据较为完整，便于估计"非粮化"程度。现有研究通过省级面板数据分析发现我国耕地"非粮化"在2016年之后表现较为明显，空间上呈现非均衡分布状态。陈浮等（2021）基于省级数据发现 2018 年全国耕地"非粮化"面积占全部耕地的 32.29%，高"非粮化"单元集中于东南沿海地区、贵州和新疆，新疆、海南、上海、浙江、广西、贵州 6 省份"非粮化"率超过 50%；高"非粮化"面积主要为新疆、黑龙江、河南、四川、广西、湖北、湖南，除新疆外均为粮食主产区，"非粮化"形势严峻。孟菲等（2022）基于全国省级面板数据，发现 2004~2018 年中国整体的"非粮化"水平呈波动变化，2016 年后"非粮化"最为明显，"非粮化"在空间上大致表现出由东北向西南逐步严重的态势，类型多为蔬菜和油料作物，又以蔬菜为主导。邹金浪等（2022）基于省级数据研究了 1978 年以来中国耕地食物生产变化规律，发现中国耕地食物生产结构呈现口粮减少而蔬果、油料、玉米快速增长的特征，其中，口粮热量占比下降了近 20 个百分点，且西北地区、广西和青海的耕地食物热量主体分别由口粮转为玉米、糖料和油料；蔬果生产增速最快，热量占比增加了 5.02 倍。

（3）基于地级市数据评估全国"非粮化"程度。地级市层面拥有相对完整的"非粮化"相关数据，便于评估"非粮化"程度。从全国来看，地级市的"非粮化"情况与省级较为相似。如陈浮等（2021）从全国市域层面观察了耕地"非粮化"的时空分布格局，发现中国"非粮化"率呈现西北和东南两边高、东北向西南中间低的分布格局。73 个市级单元"非粮化"率高于 50%，新疆占 13 个，其中吐鲁番最高（93.61%）。广东、广西和海南占 32 个，其中，东莞最高（94.6%）。

（4）基于农户调查数据的区域"非粮化"现状评估。农户层面"非粮化"数据主要来源于 CFPS、CHFS 等主流数据库和一手调研数据，研究表明，农户层面"非粮化"趋势较为明显。如王勇等（2011）将浙江省和河北省分别作为经济发达省区和粮食主产省区的代表，所调查农户耕地流转过程中都有 75% 以上的"非粮化"率，这说明耕地流转过程中的"非粮化"问题已经非常明显。朱姗（2013）通过对甘肃省的兰州、天水、武威、金昌四市的实地调研发现，农地流转中"非农化"初现端倪，"非粮化"已是主流。薛选登和张一方（2017）选取河南省的滑县、永城、鹿邑、邓州、舞阳、唐河 6 个产粮大县，基于农户调查数据发现样本地区整体耕地"非粮化"情况处于较高水平，耕地"非粮化"总体比率高达 54.78%。李筱丹

（2020）基于 2004～2013 年农业部农村经济研究中心河北省农村固定观察点的农户数据发现，玉米种植面积几年间没有明显的变化，除玉米、小麦以外，河北省部分农户还种植了大豆、薯类、棉花和蔬菜等作物，几种作物中棉花的种植比重最高。易小燕和陈印军（2010）基于浙江省和河北省 356 个样本农户的调查数据研究发现，农户在转入耕地上的 "非粮化" 种植现象比较明显，转入耕地的 "非粮化" 率是原有耕地 "非粮化" 率的近 5 倍。罗必良等（2018）基于全国 9 省区 2704 个样本农户数据的实证分析表明，与大规模农地转入户相比，小规模农地转入户倾向于 "非粮化" 生产；在农业劳动力充裕和缺乏农业社会化服务的封闭经营条件下，小规模农地转入户为提高其劳动力和土地的利用率，将扩大经济作物的种植规模；随着农户劳动力的非农转移与农业生产性服务市场不断发育，种植结构将转向 "趋粮化"。

（5）基于家庭农场和企业的 "非粮化" 现状评估。部分学者基于家庭农场数据指出，市域层面的家庭农场也呈现显著的 "非粮化" 倾向。如张茜等（2014）基于舞钢市 21 个家庭农场调查发现，仅 4 家全部种植粮食作物，占比 19.05%；7 家全部经营经济作物，占比 33.33%；10 家农场采取 "粮经兼营" 的经营模式，"弃粮从经" 倾向明显。

4. 耕地 "非粮化" 影响因素。耕地 "非粮化" 源于种粮比较收益不足，导致农户倾向于从事利润率更具有优势的经济作物种植，而农地流转、农业机械化、工商资本下乡等因素通过影响粮食生产的成本收益，进而影响了农业种植结构的调整。具体如下：

（1）粮食种植效益。粮食种植比较收益低被普遍认为是 "非粮化" 的根本原因（匡远配和刘洋，2018），一方面，粮食种植相比于经济作物种植、农家乐等形式的经济活动，利润率本身不占优势；另一方面，粮食价格低、粮食种植成本上涨导致粮食种植日益缺乏优势。如匡远配和刘洋（2018）指出化肥、农药、种子等农业生产资料价格连年上涨早已抵消粮食补贴的正面效益，而粮食出售价格却保持在较低的水平，并对比了 2013 年粮食作物利润和经济作物利润，发现高效经济作物种植的净利润要明显高于种粮，种粮大户在流转中不具有获取农地的优势地位，同时，养殖行业的收益也要高于粮食种植收入。杨瑞珍等（2012）分析了粮食种植与经济作物种植效益，指出种植经济作物的效益明显高于种植粮食作物，在棉花、烤烟、西瓜、黄瓜、辣椒、莲藕6种经济作物与双季稻的对比中，种植效益最低的烤烟亩效益是双季稻的2.36倍；种植效益最高的莲藕是种粮效益的7.97倍；6种经济作物平均种植效益是种粮效益的4.37倍。孔祥斌（2020）指出种粮经济效益低是耕地"非粮化"的根本原因，由于种子、农药、化肥、薄膜、机械等生产资料和劳动力价格的连年上升，农户种植粮食作物的成本越来越高，而粮食收购价格仍相对较低，加之农户小规模分散经营，导致种粮收益下降，甚至出现种粮亏损的情况。相反，种植非粮作物，虽然投入成本较高，但收益也高，尤其是种植林业作物，不需要投入大量劳动进行打理，还能够解放劳动力外出务工获得额外收入，农民会理性选择种植经济效益更高的经济作物。蔡瑞林等（2015）根据统计数据和大样本调查数据，运用成本收益分析方法，发现当前的症结是过高的土地流转成本导致耕地集中后难以维持种粮的盈利，因此，种粮收益不足导致我国存在"非粮化"隐患。

针对我国耕地"非粮化"现象，许多学者通过实地走访调查进行了深入研究并发现了不同程度的"非粮化"现象。张茜等（2014）对河南省舞钢市21个家庭农场进行了调研，认为"非粮化"现象的产生是因为相较于经济作物，营造出适宜粮食作物生长的环境需要更多的投入，而且粮食作物收益相对较低。张藕香（2016）对安徽省等10省区的农户进行了抽样调查，发现有近80%的农户选择了种植非粮作物，经济作物较高的利润空间对粮食作物产生了挤压效应。肖铁肩等（2017）从农民分化视角，通过对湖南省张家界市石牌村的农户调查发现，种粮农民的收入和社会地位较低，且劳动强度较大，农户的整体种粮意愿不足10%，而愿意种粮的农户多数出于对土地的朴素情感。

（2）农业机械化。相比于经济作物，粮食作物更易于机械化替代，因此，农业机械化是影响耕地"非粮化"的一大重要因素。农业机械技术的推广和应用逐渐实现对劳动力的高效替代，使机械化程度较高的粮食作物在种植结构调整中具有比较优势，促进农作物种植结构"趋粮化"。目前，学界普遍认为农业机械化有利于粮食种植，从而抑制耕地"非粮化"。如黎星池和朱满德（2021）基于2001~2018年省级面板数据研究发现，农业机械化发展强化了种植结构"趋粮化"态势，农业机械总动力、大中型拖拉机动力和小型拖拉机动力均显示出正向空间溢出效应，并主要表现为大中型农机跨区作业化。杨进等（2018）通过研究发现农户在粮食生产过程中是否使用农业机械化服务对粮食播种面积都不会有显著影响，但是，不断上涨的每亩农业机械作业费会降低农户粮食作物播种面积及其在农作物总播种面积中的占比。如果农户地处平原地区，每亩农业机械作业费上涨对该类农户粮食播种面积及其占比的负向影响将会被削弱。薛信阳等（2022）通过2016年中国劳动力动态调查数据研究发现，农机社会化服务对农户增加粮食作物种植面积具有显著的正向作用，农机社会化服务在粮食作物方面的高供给率与农户的高劳动力替代需求相匹配，促进了农业种植结构的"趋粮化"。

（3）劳动力转移。劳动力转移对耕地"非粮化"既存在促进作用，也存在抑制作用。从促进作用来看，劳动力转移造成了劳动力流失，农户逐渐放弃粮食生产，同时，非农就业导致农业生产比较收益丧失，农户种粮积极性进一步下降。如刘乃全和刘学华（2009）通过对"良田种树风"现象的案例分析发现，劳动力大量外出就业会促使农户基于比较收益，主动放弃农业生产，土地细碎化又使相邻农户种植决策受到影响，造成"良田种树风"越演越烈，给我国的粮食生产安全带来威胁。

从抑制作用来看，非农就业导致农户收入增长，有利于增加生产性投资，而粮食生产更易于机械化替代，因此，有利于抑制"非粮化"。如钟甫宁等（2016）研究表明外出务工会促使农户要素投入结构和种植结构调整，增加机械要素投入并提高粮食播种面积比例，进而从整体上增加了粮食播种面积，为了减少农业劳动投入，农户增加劳动投入少、机械易于替代劳动力的粮食生产是一个相对理性的选择。檀竹平等（2019）结合全国9省区2323个样本农户数据，研究表明，农业劳动力转移的空间距离越远，家庭收入中务工收入占比越高，以及农业生产性服务外包的出现，均能够强化农户种粮的行为倾向，农户种植结构"趋粮化"是劳动力非农转移过程中的一个基本趋势，并将因农业生产性服务外包市场的发育而进一步强化。

（4）其他影响因素。除了上述因素，也存在影响农地"非粮化"的其他因素，包括产业政策（Yang and Zhang，2021；Su et al.，2019）、地权稳定性（Zhang et al.，2022）、农地租约稳定性、农户分化（张藕香，2016）、互联网使用（罗千峰和赵奇锋，2022）、老龄化（王善高和田旭，2018）等，这些因素均影响了农业种植结构"非粮化"。

"非粮化"主要源于种粮比较收益低下。近年来我国土地和劳动力等成本持续上涨，而粮食收购价格相对较低导致种粮效益持续下降，致使不同尺度下农业种植结构"非粮化"趋势明显。如匡远配（2018）分析了我国粮食生产成本收益，发现化肥、农药、种子等农业生产资料价格连年上涨和粮食出售价格却保持在较低的水平，而高效经济作物种植的净利润要明显高于种粮，导致农户种粮积极性减弱，"非粮化"倾向明显。

农地流转后规模化经营主体需承担的高额地租是"非粮化"的重要诱发因素。农地流转意味着土地成本显化，显化了的高额流转租金压缩了农业利润，倒逼农业生产经营主体选择种植具有更高价值的经济作物。如蔡瑞林等（2015）根据统计数据和大样本调查数据，运用成本收益分析方法分析发现，过高的农地流转成本导致农户耕地集中后难以维持种粮盈利，进而导致"非粮化"。郭欢欢（2014）从成本与收益的角度分析认为，蔬菜作物可承受的土地租金压力要远大于粮食作物，土地流转造成农户租金约束，迫使农户增加经济作物的种植比例。高延雷等（2021）基于山东省调研数据计算发现，农户支付的流转租金在农户种粮亩均净收益中的占比高达20%~80%，租金成本压力和追求高额利润动机驱使农户选择比较效益更高的经济作物，引发种植结构的"非粮化"。仇童伟和罗必良（2022）基于2015年CHFS数据，将农地交易对象分为熟人和非熟人两类，发现将农地流转给外村农户或经济组织等"非熟人"更可能造成"非粮化"，其原因在于"非熟人"之间农地流转价格更高，而熟人转入土地可能因为亲戚和朋友等社会关系获得租金折扣。

工商资本下乡参与农地流转进一步加剧了"非粮化"。工商资本在农业生产中具有资金优势和规模优势，容易挤出传统农户。同时，工商资本还具有相对较强的逐利倾向和投机倾向，导致其不适合从事回报周期长、经济效益低和公益性强的粮食生产活动。如涂圣伟（2014）的研究指出，部分工商资本受土地价值诱惑进入农业，以"圈地"或非农化为目的，导致土地"非农化""非粮化"。高晓燕和杜寒玉（2022）研究发现工商资本租赁农村土地存在农户挤压效应，即工商资本转入农地导致农户工资性收入提高，抑制经营性收入提高，加剧农户耕种的"非粮化"倾向。江光辉和胡浩（2021）利用CLDS2016数据进行验证发现，资本下乡租赁农地促使农户农

地转出，不利于农户继续维持粮食生产，出现"非粮化"。

（二）农地流转与耕地"非粮化"

随着农地流转政策的实施以及农村要素市场的快速发展，农地流转造成的"非粮化"问题受到普遍关注（易小燕和陈印军，2010；张宗毅和杜志雄，2015；Otsuka K et al.，2016；Liu Y et al.，2018），但由于研究尺度、研究视角差异，土地流转对耕地"非粮化"的影响存在相反的结论。部分研究认为土地流转强化了生产经营的利润导向，推动了"非粮化"（仇童伟和罗必良，2022）；而部分研究认为农地流转有利于规模化经营，进而推动了"趋粮化"（张宗毅和杜志雄，2015）。农地流转过程中出现的"非粮化"和"非农化"是违背农地流转初衷的，不利于实现农业规模经营，也有损于国家粮食安全目标（匡远配和刘洋，2018）。

其一，土地流转促进了耕地"非粮化"。该观点主要认为土地大规模流转强化了农业生产经营的利润导向，且高额的土地转入成本压缩了生产经营者的利润空间，驱使农地转入方从事利润更高的非粮食作物生产。陈等（Chen et al.，2014）和曾福生（2015）认为，由于粮食价格偏低且农地流转成本较高，转入户更可能从事"非粮化"生产。易小燕和陈印军（2010）基于浙江省和河北省356个样本农户的调查数据，研究发现农户在转入耕地上的"非粮化"种植现象比较明显，转入耕地的"非粮化"率是原有耕地"非粮化"率的近5倍。钱龙等（2018）基于2003~2012年农业部全国农村固定观察点微观调查发现，农户的土地转入（转出）行为能够有效提升（降低）粮食种植比例，但农地流转对三大主粮种植结构的影响出现分化，转入（出）行为能显著增加（减少）农户的水稻种植比例，但农户农地流转行为对小麦和玉米的种植没有影响。罗必良等（2018）基于全国9省区2704个样本农户数据的实证分析表明，与大规模农地转入户相比，小规模农地转入户倾向于"非粮化"生产；在农业劳动力充裕和缺乏农业社会化服务的封闭经营条件下，小规模农地转入户为提高其劳动力和土地的利用率，将扩大经济作物的种植规模。

其二，土地流转抑制了耕地"非粮化"。该观点主要考虑到耕地流转有利于实现规模化经营和机械化替代，强化了粮食作物种植优势，有利于抑制耕地"非粮化"。如罗必良等（2018）基于全国9省区2704个样本农户数据的实证分析表明，随着农户劳动力的非农转移与农业生产性服务市场不断发育，小规模农地转入户种植结构将转向"趋粮化"。刘等（Liu et al.，2018）基于5个县的调查数据发现租用土地的家庭种植玉米越多，家庭租用的土地越多，种植的玉米就越多，而小麦面积对农田租用没有影响。仇童伟和罗必良（2022）通过农地流转"差序格局"概念区分了农地交易对象，并利用2015年中国家庭金融调查中的29省农户调查数据进行实证分析发现，与亲友和本村农户相比，将农地流转给外村农户或经济组织更可能造成"非粮化"生产，其原因在于熟人间流转的农地租金市场化程度低，而陌生人之间的农地流转价格更为市场化，成本更高，容易引发"非粮化"。

（三）工商资本下乡与"非粮化"

其一，工商资本下乡存在"非粮化"隐患。该类研究主要从工商资本逐利性出发，分析监管不足等问题造成的资本圈地等乱象，提示应关注"非粮化"隐患，部分则基于数据进行了验证。如涂圣伟（2014）研究发现工商资本下乡务农会产生规模经济效应、知识溢出效应和社会组织效应等三大正面效应，但也可能带来小农挤出效应、公共利益损害和产业安全挑战等问题。现阶段工商资本下乡务农存在"资本潮涌"过程中的盲目投资、土地流转契约关系不稳定等隐患。对待工商资本下乡，应在土地流转"三个不得"的前提下，加强引导、严格准入、强化监管、搞好服务，赋予工商资本进入和退出农业的自由选择权。高晓燕和杜寒玉（2022）研究发现工商资本租赁农村土地会挤出从事农业生产的农户，促进农户工资性收入的提高，抑制经营性收入的增长，最终会影响到农户的种粮行为，加剧农户耕种的"非粮化"倾向。

其二，工商资本下乡对"非粮化"有抑制作用。该类研究主要认为工商资本下乡通过社会化服务等方式，改善了粮食种植条件，有利于抑制"非粮化"。如江光辉和胡浩（2021）利用CLDS2016数据进行验证发现，工商资本下乡租赁农地促使农户农地转出，不利于农户维持粮食生产，而工商资本下乡提供生产性服务则促进了农户农地转入以及增加机械要素投入，有利于农户扩大粮食生产。高晓燕和杜寒玉（2022）研究发现，工商资本参与社会

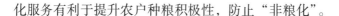

化服务有利于提升农户种粮积极性,防止"非粮化"。

三、研究目标

1. 理论分析。从经济学、金融学、人力资本、规模经济、产权和地租理论、社会效应视角分析工商资本下乡导致"非粮化"和土地流转纠纷等问题的深层次原因,找到工商资本在土地流转过程中种粮成本高、经济效益低的外部原因和内部原因,分析当前引导工商资本下乡的政策措施和粮食需求市场变化,思考如何有效发挥工商资本下乡带来的积极效应,又合理规避其可能产生的负面影响,探究"非粮化"的类型和所造成的影响及后果,以及工商资本投资农业的主要模式,并对土地流转视角下工商资本下乡相关理论进行分析,吸取"非粮化"失控的经验教训,揭示避免工商资本下乡导致"非粮化"的经济运行规律,提出改善"非粮化"的长效激励机制和政策优化等解决路径。

2. 诱因分析。近年来,借助中央顶层设计的政策,地方政府为了改革政绩的需要,积极吸引工商资本下乡。多年来的中央一号文件也发出了明确信号,优化农业农村的投资环境,并且降低了工商资本的准入门槛,同时,由于农业市场巨大的发展潜力和土地资源的稀缺性,以及通过土地流转把碎片化的耕地集中起来进行粮食种植具有规模经营优势,在诸多投资领域中具备较强的吸引力,吸引了大量工商资本下乡。工商资本投资以追求利润为目的,现实中工商企业可能打着农业开发的旗号,圈占农用地,弃粮从经、弃农从商,随着种植粮食作物的成本不断提高,转而种植高收益的经济作物。人们对于更高质量的食品需求显著提升,而土地流转不畅、政府职能缺位、金融服务滞后、农业产业结构不合理、农业基础设施落后、农业的组织化程度低、粮食产量很难增加、政府公共服务水平不到位等原因是制约工商资本投资的不利条件,投资还面临包括人力资本障碍、法律法规不健全、企业和农户之间的信息不对称带来的利益保障缺失等难点。只有认清这些内外部原因,才能够对症下药,提出切实可行的解决方案。

3. 政策建议。建立工商资本下乡防止出现"非粮化"现象的长效激励机制需要设立政策防火墙,进行有效的引导,推行粮食安全省长责任制,各地人民政府要确实担负起保护本地区粮食安全的使命，避免粮食种植面积大幅波动。加强资本准入限制，仔细调查企业的相关背景并将信息进行公示，在签订合同时不得疏漏，确保维护农民利益，并且在企业施工过程中派人实时进行监督。建立健全土地流转制度，规范土地流转程序，加大政策落实力度和监管力度，政府和各部门协调配合，共同推进"非粮化"的治理工作。完善农民的福利机制，调动农户粮食生产的积极性，加强农村基础性建设，引进人才技术设备，提高工作效率，改善土壤质量。通过完善利益连接机制、完善相关配套服务等，完成一系列政策优化。通过健全政策措施和严格监督实施，采取长效激励机制，促使工商资本在土地流转过程中，从自身经济效益出发，从提高农民收入出发，更好地建立与农民和当地政府的利益联结机制，提高粮食生产效率和农业现代化水平，进而达到可持续发展水平，实现双赢的局面。

四、研究内容

本书从土地流转视角，以工商资本下乡"非粮化"的现象为研究对象，根据我国工商资本下乡的大量文献和数据，运用政治经济学原理，产权经济学原理，金融学、管理学等原理，分析资本下乡导致"非粮化"的诱因、路径，揭示"非粮化"的内在机制，提出工商资本下乡避免"非粮化"的风险规避策略，构建工商资本下乡的长效机制，从完善国家、当地政府的准入政策、鼓励政策、补贴政策、监管政策方面，为解决工商资本下乡的"非粮化"问题提出了解决路径。主要包括以下内容。

1. 土地流转视角下工商资本下乡"非粮化"现象的现状及调查。在对工商资本概念、"非粮化"的类别、工商资本通过土地流转投资农业的主要模式及成效进行分析的基础上发现，工商资本投资于农业的方式主要有以下两种：第一种是土地流转方式，即通过流转合同来实现对农业的投资；第二种是通过签订收购协议的方式，即投资者通过对农副产品的收购来实现对农业投资的目的。指出工商资本下乡过程中存在的问题：工商资本投机行为频现、农地租赁准入制度不严格、区域内资本投资领域趋同化、工商资本缺乏投入粮食生产积极性等，为解决工商资本下乡过度"非粮化"问题提供理论和实践基础。

2. 土地流转视角下工商资本下乡"非粮化"现象的诱因分析。一是基于工商资本下乡进行土地流转模式的不同（土地出租、土地入股、提供社会化服务）分别分析其对于土地粮食生产的影响。二是基于土地流转成本、生产要素投入成本、规模化运营程度不足以及经济作物的比较收益等方面剖析"非粮化"现象的产生原因。

3. 土地流转视角下工商资本下乡"非粮化"问题的实证研究。建立科学的工商资本下乡与农村流转土地"非粮化"测度指标，运用 QCA 分析方法，探讨引发"非粮化"现象的诱发因素，并根据各诱发因素的权重大小预测"非粮化"现象发生的概率，以此分析结果为"非粮化"的解决路径提供实证依据，同时，构建差别化的工商资本下乡综合效益指标考核体系，对工商资本下乡进行全面考核。

4. 国外工商资本下乡支持农地开发的经验借鉴。在保护耕地和土地流转方面，美国和日本等国家均有较为成功的经验可以借鉴，比如美国在 20 世纪 60 年代便形成了一套行之有效的农地保护体系，包括法律手段、政策手段和行政手段。日本通过大力扶持中介组织，使得土地流转速度更快、效率更高，极大地提升了土地流转的成功率。类似于这些国家的经验需要比较、借鉴。

5. 改善工商资本下乡"非粮化"现象的路径：政策优化及长效激励机制的构建。建立工商资本投资农业全流程动态监管体系，强化农地用途管制制度，完善工商资本下乡审查、项目审批等程序，推动具有农业生产技能和生产意向的工商资本进入农业。政府和集体推动的土地流转往往伴随着高昂的土地流转成本，所以应从完善农村土地市场化流转体系着手，缓解由于土地租金过度上涨而导致的土地经营"非粮化"风险。增加政策性的种粮补贴，以弥补粮食作物比较收益较低的缺陷，同时，加大农田基础设施建设，为新型农业经营主体经营粮食作物创造条件。强化土地契约效力，允许工商资本在保证粮食产量达标的基础上进行非粮经济作物的生产。

五、重难点及创新

工商资本下乡是为了取得规模经济效应，并挽救农业的萧条，但是工商资本追求利润的内在驱动又使大量土地用于"非粮化"的项目，如何使工商资本在提高经济效益的同时，兼顾国家粮食安全、食品安全，是我们要解决的核心问题。具体包括以下方面。

1. 工商资本下乡导致"非粮化"的内在诱因和理论因素。在分析工商资本下乡介入农地经营的现状的基础上，关于在土地流转过程中"非粮化"问题的产生，需要分析其内在机理和原因。

2. 工商资本下乡实证研究。目前，该领域研究数据较为缺乏，在"非粮化"层面缺乏相应统计指标，使得实证研究具有一定难度。因此，选择合适的数据和方法探索工商资本下乡"非粮化"形成机理是本书难点之一。

3. 寻求风险规避策略。资本的趋利性、投机性是导致"非粮化"的根源，但是对于一些真正为农村发展、为农民服务的工商资本而言，种粮经济效益低也是"非粮化"的重要原因。其粮食生产收益受到劳动力、土地租金、生产资料投入、粮食价格等方面的制约，存在违约风险、侵权风险、土地环境风险、粮食安全风险、农业生产风险、法治环境风险，因此，需要创新工商资本投资农业的模式，构建工商资本投资农业服务体系，创新工商资本投资农业风险防控体系。

我国是一个人口大国和粮食进口大国，粮食问题一直关系着国家的政治安全。工商资本下乡的目的是提高粮食生产效率和产量，但是，"非粮化"又是必然的，过度"非粮化"对我国粮食安全是极为不利的。本书的创新之处在于：其一，从土地流转视角分析工商资本下乡的"非粮化"的必然性，找到解决改善"非粮化"问题的经济手段和行政手段。从土地流转市场化、租金降低、生产资料价格优惠、粮食价格补贴等多角度，提高种粮农民和领办企业工商资本的种粮收益。其二，在防止工商资本下乡"非粮化"的长效激励机制中，提出构建土地流转市场化规范化体系，强化土地契约效力。在保证粮食生产不减产的同时，鼓励工商资本种植经济作物。这是经济学思想在工商资本下乡领域的最新利用。其三，工商资本下乡导致"非粮化"产生的原因有很多种，包括工商资本的涉农经验不足、土地流转成本过高、生产要素投入价格上涨、规模化运营管理不足、经济作物比较收益过大等，如何使每一种原因向着有利于粮食生产效益提高的方面扭转，是任何领办合作社的工商资本的利益诉求所在。在借鉴先进国家经验基础上，如何变不利因素为有利因素，提高农民种粮积极性以及提高工商资本种粮效益是本书研究的目的所在。其四，工商资本下乡进行土地流转是不可逆转的潮流。运用经济学理论、产权经济学理论、人力资本理论、管理学、金融学等理论，分析工商资本下乡导致"非粮化"的原因，减缓工商资本下乡的负面效应，对于提升工商资本下乡的效益提供理论上的指导和厘清，为我国工商资本下乡实现乡村振兴战略提供科学保障。

第二章

我国耕地"非粮化"：
历史演进、现状及成因

一、我国耕地"非粮化"问题缘起

"非粮化"问题可追溯至 2008 年，《人民日报》和《经济参考报》先后发文提出要规避农地流转和农业规模经营中的"非粮化"倾向。至今，国内对"非粮化"现状、危害、成因已有较完整的认识，主要遵循以下脉络：其一，视角从微观局部拓展至宏观全局，早期研究着重关注农地流转和资本下乡过程中的弃粮从经、挖鱼塘、建设农家乐等隐患；2016 年，我国粮食播种面积和占农作物播种面积开始双降，省市层面、农户层面、家庭农场"非粮化"受到广泛关注，由此认为我国"非粮化"趋势明显。其二，从成因上看，学界普遍认为种粮比较优势不足是"非粮化"的根本原因，应主要关注农地流转、工商资本下乡的作用。其逻辑在于农地流转可能导致过度逐利，而工商资本则进一步强化了这一倾向。随着研究的深入，"非粮化"成因拓展至很多方面，包括劳动力转移、农业机械化、产业政策等因素，但基本围绕比较优势、农地流转等展开。其三，对"非粮化"的态度逐渐转至一致，在防范上，多认同应防止工商资本下乡产生的大规模流转土地的隐患和农地流转无序的隐患，在态度上明确"非粮化"的危害，并从宏观上揭示当前现状，将防范"非粮化"目标上升至国家政策基本导向。

2016 年以来，我国粮食播种面积和粮食播种面积占农作物播种面积比例持续下降，农业种植结构调整中的"非粮化"倾向较为明显，引发国家高度重视。据统计，2016～2020 年，我国粮食播种面积共下降 2.06%，粮食播种面积占农作物播种面积比从 71.42% 下降至 69.72%①。尽管种植经济作物有利于农民收入增加，但在我国耕地资源紧缺的情况下，"非粮化"直接挤占了粮食播种面积，同时，耕地长期种植非粮食作物也可能造成土壤成分改变，对粮食用地产生不可逆的损害，不利于粮食安全。为应对日益严峻的"非粮化"问题，2020 年，国务院发布的《关于防止耕地"非粮化"稳定粮食生产的意见》提出"必须将有限的耕地资源优先用于粮食生产""保粮食播种面积"。2023 年，中央一号文件提出"各省（自治区、直辖市）都要稳住面积"，这表明农业种植结构调整应注重保障粮食播种面积，防止粮食播种面积被过度压缩。在此背景下，考虑"非粮化"的防范措施，具有理论与现实意义。

二、我国耕地"非粮化"的总体现状

1. 全国层面粮食播种面积与占比双降。如图 2－1 所示，2016～2021 年，我国粮食播种面积从 119 230 千公顷下降至 117 631 千公顷，累计减少 1 599 千公顷，下降 1.34%；粮食播种面积占农作物播种面积比从 71.42% 下降至 69.73%，下降 1.69 个百分点；与此同时，非粮食作物播种面积从 47 709 千公顷增长至 51 064 千公顷，累计增长 3 355 千公顷，上升 7.03%。尽管 2020 年来，在党中央高度重视下，粮食播种面积和占比开始企稳，但"非粮化"的问题未得到根本扭转，仍需进一步重视。

---

① 国家统计局农村社会经济调查司. 2017～2021 年中国农村统计年鉴［M］. 中国统计出版社，2018～2022.

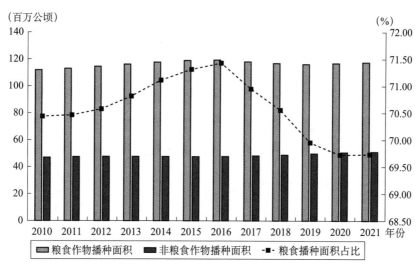

图 2－1　2010～2021 年我国耕地"非粮化"趋势
资料来源：2011～2022 年《中国农村统计年鉴》。

2. 种植结构层面主要粮食作物播种面积降幅明显，蔬菜、果园、茶园增幅靠前。如图 2-2 所示，2016 年以来，我国五种主要粮食作物中谷物、小麦、玉米播种面积分别减少 2 525 千公顷、1 127 千公顷、854 千公顷，下降 2.46%、4.56%、1.93%；豆类、薯类播种面积分别增加 834 千公顷、92 千公顷，增长 8.98%、1.27%；非粮食作物中蔬菜、果园、茶园分别增长 2 433 千公顷、1 905 千公顷、585 千公顷，增幅 12.44%、17.47%、21.48%，增量和增幅靠前。粮食作物内部谷物、小麦、玉米三大主要粮食作物播种减少，经济作物对耕地影响更大的果园和茶园面积上升，果蔬种植替代粮食播种的趋势明显，对于粮食稳产量和耕地保护造成潜在威胁。

3. 区域层面多数省份粮食播种面积和占比下降，非粮食主产区更为明显，粮食种植向粮食主产区集中。如表 2-1 所示，2016 年以来，21 个省级行政区粮食播种面积下降，5 个位于粮食主产区，其中，河北省、贵州省、湖南省下降量最大，贵州省、上海市、北京市降幅最大；10 个省级行政区粮食播种面积增长，8 个位于粮食主产区，其中，黑龙江省、内蒙古自治区、吉林省增量最大，天津市、广东省、吉林省增幅最大。24 个省级行政区粮食播种面积占比下降，其中，9 个处于粮食主产区，上海市、北京市、宁夏回族自治区占比下降最大；仅 7 个省级行政区粮食播种面积占比增长，其中，

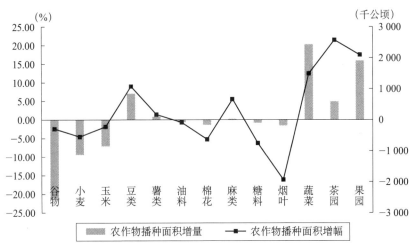

图 2 - 2　2016～2021 年我国种植业内部变化趋势
资料来源：2017～2022 年《中国农村统计年鉴》。

4 个处于粮食主产区。

表 2 - 1　　　　　2016～2021 年 31 个省级行政区粮食播种变化情况

	下降	增长
粮食播种面积	上海市、云南省、北京市、宁夏回族自治区、**安徽省**、山东省、山西省、广西壮族自治区、新疆维吾尔自治区、**江苏省**、**江西省**、**河北省**、**河南省**、海南省、**湖北省**、**湖南省**、甘肃省、西藏自治区、贵州省、重庆市、陕西省（21 个）	**内蒙古自治区**、**吉林省**、**四川省**、天津市、广东省、浙江省、福建省、辽宁省、青海省、**黑龙江省**（10 个）
粮食播种面积占比	上海市、云南省、北京市、**四川省**、宁夏回族自治区、**安徽省**、山西省、广东省、广西壮族自治区、新疆维吾尔自治区、**江苏省**、**江西省**、**河北省**、**河南省**、海南省、**湖北省**、**湖南省**、甘肃省、福建省、西藏自治区、贵州省、**辽宁省**、重庆市、陕西省（24 个）	**内蒙古自治区**、**吉林省**、天津市、山东省、浙江省、青海省、**黑龙江省**（7 个）

注：加粗部分为粮食主产区省份。

4. "非粮化"表现形式多样。"非粮化"隶属于粮食安全问题，但不等同于粮食安全,按照产业门类,结合实地调研,将我国耕地"非粮化"分为以下四种形式。如表2-2所示,一是农业种植结构"非粮化",表现为粮食作物播种面积及占比下降,尽管耕地仍维持种植功能,但非粮食作物种植造成水田改旱田、耕地转茶园、耕地转果园,会影响土壤成分,导致耕地的粮食种植功能短期难以修复。二是第一产业内"非粮化",表现为耕地转为林业、牧业、渔业等其他用地,这些利用形式也会明显影响耕地质量,如杨树对土壤水分需求极大,大面积栽种会导致地下水位下降,土壤持水力变差;开挖鱼塘则直接造成耕地流失,严重影响耕地存量。三是第一产业外"非粮化",表现为耕地从事第二、三产业活动,部分地区违法违规改变土地用途,进行耕地硬化、建设厂房等,导致耕地严重流失,修复极为困难,对粮食安全威胁极大。四是耕地荒废闲置,部分土地由于缺乏耕种,出现耕地撂荒的情况。

表2-2   耕地"非粮化"类型及主要特征

"非粮化"类型	主要特征	代表现象	主要危害
农业种植结构"非粮化"	耕地转种经济作物	种植茶叶	部分经济作物破坏土壤结构
第一产业内"非粮化"	耕地从事林业、牧业、渔业副业等经济活动	开挖鱼塘、种植速生林	耕地流失、部分速生林严重危害土壤质量
第一产业外"非粮化"	耕地从事第二、三产业等非农活动。	建设厂房	耕地流失、硬化后恢复难度大
耕地荒废闲置	耕地不从事任何生产	耕地撂荒	浪费耕地、土壤肥力下降

三、我国耕地"非粮化"的成因

1. 根本原因:成本收益双向挤压,种粮比较优势不足。从粮食本身来看,2016年以来,我国三种粮食作物平均成本维持高位,并持续增长,利润率不足。如表2-3所示,2016~2019年粮食成本利润率连续四年维持负数。其中,生产要素成本上涨明显,每亩雇工费用和每亩流转地租金累计涨幅达30.62%和35.81%,超过粮食总产值增幅。尽管2020年开始,我国粮食成本利润率大幅提升,2021年成本利润率达到10.10%,但对比部分经济作物仍然缺乏优势，如 2021 年，花生、甜菜成本利润率分别达到 23.7%、22.2%，远高于粮食作物。

表 2-3　　2016～2021 年稻谷、玉米、小麦三种粮食作物平均成本收益

项目	2016 年	2017 年	2018 年	2019 年	2020 年	2021 年	涨幅（%）
总产值（元）	1 013	1 069	1 008	1 078	1 167	1 274	25.72
总成本（元）	1 094	1 082	1 094	1 109	1 120	1 157	5.81
生产成本（元）	871	866	869	876	881	900	3.25
物质与服务费用（元）	430	437	450	462	468	486	13.07
雇工费用（元）	33	35	36	39	41	43	30.62
土地成本（元）	222	216	225	233	239	258	15.85
流转地租金（元）	39	38	41	37	44	52	35.81
净利润（元）	-80	-13	-86	-31	47	117	—
成本利润率（%）	-7.34	-1.20	-7.80	-2.80	4.20	10.10	—

资料来源：2017～2022 年《中国农村统计年鉴》。

2. 主要渠道：农地流转速度加快，冲击传统生产模式。近年来农地流转加快推进中，"非粮化"倾向也较为明显，农业农村部发布的数据显示，2016～2020 年，中国农地流转用于非粮食作物种植的面积从 208 303 491 亩增长至 218 942 237 亩，累计增幅达 5.18%。[①] 从深层次来看，农地流转后的"非粮化"问题主要源于农地流转后生产经营三大偏向。一是重利润。相比于小农经营，农地转入户一般不只满足于自给自足，而是通过增加要素投入、扩大经营规模追求更高利润，而粮食生产环节利润率低，满足不了逐利需求，导致规模化种植户存在种植瓜果蔬菜等具有更高利润率的经济作物。二是重市场。农地转入后，农产品商品率明显提升，随着消费结构转型升级，社会对水果、茶叶等经济作物的需求明显提升，驱使农地转入户依据市场调整种植结构，挤占了粮食种植面积。三是高风险。农地转入引发生产规模扩张，相比于小农使用自有土地和劳动力进行低成本生产，流转农地和雇佣劳工带来的成本上升趋势明显。由于农业生产低利润、高风险等固有特

①　农业农村部农村合作经济指导司，农业农村部政策与改革司. 2017～2018 年中国农村经营管理统计年报 [M]. 北京：中国农业出版社，2018～2019；农业农村部政策与改革司. 2019～2021 年中国农村政策与改革统计年报 [M]. 北京：中国农业出版社，2020～2022.

征，农户转入后容易产生生产经营压力，倒逼部分农地转入户种植利润更高的非粮食作物；部分农地转入户则出现破产问题，引发土地闲置、撂荒。

3. 重要诱因：工商资本跨界经营，强化农业逐利导向。近年来，工商资本下乡进程也在加快，农地流转入企业的面积增长。农业农村部发布的数据显示，2016~2020年，中国农地流入企业的面积从46 375 554亩增长至55 585 407亩，累计增幅达19.86%，占土地流转面积比重从9.68%上升至10.44%，高于土地流转面积增长。[①] 通过案例调研发现，工商资本跨界经营农业过程中表现出的三大问题引发"非粮化"。一是逐利性强。工商资本相比于本地农户和合作社，更重视追逐利润，导致其热衷于种植利润更高的水果、蔬菜、茶叶等作物，部分工商资本还从事农家乐等活动，将耕地转为建设用地。二是投机性强。受农业补贴政策和用地优惠等政策吸引，部分工商资本盲目下乡从事投机获利，出现"跑马圈地"现象，虽占有耕地，但脱离种植环节，部分则长期使得土地闲置。三是经营能力不足。工商资本跨界经营缺乏相关经验，市场把控能力弱，经营能力不足，加之部分工商资本还面临资金不足、融资难等外部约束，导致后期出现经营困境，"弃粮从经"、抛荒跑路问题凸显。

4. 外部因素：经济发展需求与粮食安全目标冲突。基层政府"非粮化"防控意识缺位，缺乏系统认知，加之过于重视经济效益，将农业种植结构调整与经济效益挂钩。通过经济作物种植、非农产业来提升经济效益，特别是部分地区迫于脱贫增收压力大，"非粮化"动因更大。在招商引资过程中，地方政府缺乏对工商资本下乡和农地流转的管控，在引入前缺乏对工商资本动机、资质及经营能力的审查，对经营主体生产经营范围缺乏具体的约束，导致后期经营主体经营范围逐渐失控，"弃粮从经"、农地撂荒现象逐渐凸显。对部分因投资失败而出现的撂荒、违法更改土地用途的土地也缺乏收回机制。

---

① 农业农村部农村合作经济指导司，农业农村部政策与改革司. 2017~2018年中国农村经营管理统计年报［M］. 北京：中国农业出版社，2018~2019；农业农村部政策与改革司. 2019~2021年中国农村政策与改革统计年报［M］. 北京：中国农业出版社，2020~2022.

第三章

我国工商资本下乡中耕地
"非粮化"现状

　　为保证国家粮食安全和促进农业农村现代化发展，工商资本下乡用地已成大势所趋。但是，工商资本下乡也需做好风险把控，因此，要引导工商资本适度经营。工商资本为了探索高利润领域的发展，加快农业现代化进程，顺应政府政策的推动，将大量资金投向农业市场，形成大规模土地流转，"非粮化"现象愈加凸显，给我国农业现状造成一定冲击。在乡村振兴战略的大背景下，只有实事求是地分析好土地流转视角下工商资本下乡"非粮化"现象的原因，从根源上正视工商资本用地的风险和合理需求，通过合理的顶层政策设计进行配套，发挥工商资本下乡进行土地流转的积极作用，才能真正实现工业反哺农业、城市支持农村，促进城乡协同发展，构建现代化农业产业体系。

　　"资本下乡"是乡村振兴不可或缺的条件。2013～2020年的中央一号文件多次强调，为实现农业农村现代化，要优化农业农村投资环境，多次积极引导和鼓励工商资本下乡，扎实推进农村土地制度改革，适度经营，完善土地政策监管和风险防控，并持续稳定粮食生产，防止"非粮化"。据清华大学中国农村研究院"百村千户"调查显示，工商资本下乡租赁农地占到我国农地流转总面积的1/5，其中85%用于非粮食生产，这在一定程度上冲击了农户的农业生产。截至2020年6月底，我国农村流转入企业的承包地面积超过5 558.5万亩，占比达10.4%，同时，农业经营主体也正在发生改变。据《新型农业经营主体土地流转调查报告》显示，相较于普通农户，新型农业经营主体（龙头企业、家庭农场等）已成为当前我国土地规模化经营的主要经营者，经营土地规模更大，但相较于北美、欧洲等发达国家，我国土地规模化经营比例仍然较小。因此，促进农业现代化进程，培育新型农业经营主体，就需要借助工商资本的力量，将资金、技术、人才等优势与土地经营结合起来，提高农业发展效率和竞争力。工商资本下乡务农会产生规模经济效应等正面效应，但也可能带来小农挤出效应、公共利益损害和产业安全挑战，带来"非粮化"等问题。虽然"防止土地流转'非粮化'"等字眼已经出现在政府文件当中，但如何实现其由"纸面"到"地面"的转变，科学合理地防止"非粮化"趋势的蔓延依然是政府和学术界共同面临的难题。本章以如何从土地流转视角看待工商资本下乡以及工商资本下乡如何引发一系列"非粮化"问题为主要目标，结合相关数据引出土地流转现状及其存在的问题，并对其中的逻辑进行思考。

一、我国土地流转与工商资本下乡现状

（一）农地流转现状

1. 土地流转增速由快速逐渐变缓。据农业部门统计，2007年，土地流转面积仅占家庭承包土地总面积的5.2%。之后，土地流转速度不断上升，2012年流转比例达到21.5%，并于2014年超过30%，2015年后土地流转增速降低，但数据一直保持增长。[①] 数据增长减缓的原因是土地流转中的大部分土地流转到农业大户手中，其为了增加自身收益选择种植非粮食作物，"非粮化"进程越发严重。政府为抑制土地"非粮化"，对土地流转予以规

[①] 农业农村部农村合作经济指导司，农业农村部政策与改革司. 2017~2018年中国农村经营管理统计年报［M］. 中国农业出版社，2018~2019；农业农村部政策与改革司. 2019~2021年中国农村政策与改革统计年报［M］. 中国农业出版社，2020~2022.

范，故土地流转速度近几年开始减缓。

2. 土地流转主体多样。土地流转主要流向农户、专业合作社、工商企业，其中，超过一半的土地流转到农户手中，流入专业合作社的土地增速最快，2011 年流转入专业合作社的面积占家庭承包耕地的比例为 13.4%，2016 年已达到 21.58%。对于企业而言，其流转土地增速较为缓慢，近年来一直维持在 10% 左右。2017 年底，我国家庭承包耕地流转面积为 5.12 亿亩，流入农户、专业合作社、企业的土地面积分别为 2.94 亿亩、1.16 亿亩、0.5 亿亩（高晓燕和赵宏倩，2021）。其中，流转出承包耕地农户数达 7 070.55 万户，签订耕地流转合同份数为 5 535.96 万份，签订流转合同的耕地流转面积为 3.5 亿亩。由此可以看出，土地流入方不再只局限于农民，专业合作社与企业等大型机构也逐渐向土地流转市场转移。

3. 土地流转形式多样。我国有多样化的土地流转形式，如转让、互换、出租（转包）、股份合作等。不同的流转方式能够带来不同的好处，如通过将土地所有权转让给他人，促进农业大户规模化经营；不同农户为满足农业经营需求，双方互换土地承包权和经营权，便于农民集中生产，降低成本；出租是将土地使用权出租给承租人，这样能够提高农民收入，拉动当地经济发展；土地股份合作可推动农业逐步实现现代化。据农业部门统计，2020 年底，全国范围内转让土地面积为 905.98 千公顷，占家庭承包耕地流转面积的 2.55%；互换土地面积为 1 252.54 千公顷，所占比重为 3.53%；出租和转包的土地面积为 31 664.8 千公顷，所占比重为 89.25%；涉及股份合作的土地面积为 1 951.07 千公顷，占比 5.50%。由此可以看出，土地流转形式多样，但绝大部分土地流转仅仅是以使用权、经营权的转让为主要表现形式，所有权依然保留在农民手中。[①]

（二）工商资本下乡现状

1. 投资规模和范围不断扩大。据我国农业农村部统计，2010～2014 年流入企业的土地面积增速均超过 20%，之后增速虽有下降，但在 2020 年流入企业的承包面积已达 3 705.69 千公顷，可见，工商资本对土地流转的贡献

---

① 农业农村部政策与改革司. 2021 年中国农村政策与改革统计年报［M］. 北京：中国农业出版社，2022.

日益增大。党的十八大以来,工商资本累计投资额已超2万亿元①。工商资本最初只投资农业生产,现在逐渐拓展进入农业生产性服务业、休闲观光循环农业领域,打造农业新业态。可以看出,随着政府对农村提供众多优惠政策,我国农业市场越来越受到资本市场关注。

2. 工商资本参与土地流转比例上升。企业参与土地流转是工商资本下乡的主要形式。农户、合作社和企业是我国农地流转的主要参与方。农户是主要的农地转出方,决定农地流转的原始供给。同时,农户也是重要农地转入方,在自有土地的基础上转入农地从而形成家庭农场、种粮大户等新型农业经营主体。此外,专业合作社和企业两类新型农业经营主体是主要的农地需求方。三种农地流转去向可简称为"户户流转""户社流转""户企流转"。目前,我国农地流转去向逐渐多元化,主要体现为"户户流转"比例下降,"户社流转"和"户企流转"比例上升。如图3-1所示,2009~2020年,我国农村人口老龄化持续加重,与此同时,农地流入农户的比例明显下降,同时,流入企业和合作社的比例总体上升。

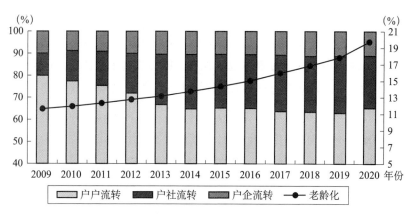

图3-1　2009~2020年中国农地流转结构与农村人口老龄化情况

注:老龄化采用全国农村地区人口调查数据中65岁以上人口与15~64岁人口比值衡量。趋势图区间选择2009~2020年,是因为农地流转结构数据在2009年之后才开始统计。

资料来源:2010~2018年《中国农村经营管理统计年报》;2019~2021年《中国农村政策与改革统计年报》。

---

① 农业农村部农村合作经济指导司,农业农村部政策与改革司. 2011~2015年中国农村经营管理统计年报[M].北京:中国农业出版社,2012~2016;农业农村部政策与改革司. 2021年中国农村政策与改革统计年报[M].北京:中国农业出版社,2022.

3. 工商企业与农民利益联结机制多样化。工商资本下乡之初一般采用"企业+农户"模式，即企业直接从农户手中租赁土地，此后，土地产生的收入为企业所得，农户每年以土地租金的方式获得收益，其间若企业雇佣农户工作，还需额外支付农户工资。之后，企业逐渐改变这种单一模式，选择"企业+合作社+农户""土地入股"等模式，合作社作为"中介"机构，积极引导农民以土地作为入股资本，然后再由合作社牵头，统一将获得的土地流转给企业，已入股农户可凭借自身持有的股份分得部分流转收益，这样不仅能够提高土地流转效率，而且能在一定程度上降低企业生产经营的土地成本，保证企业正常的经济效益。

（三）我国工商资本参与土地流转投资农业的主要模式

工商资本下乡在我国农业实现现代化的过程中发挥着重要的作用。目前，工商资本投资于农业的方式主要有以下两种：第一种是土地流转方式，即通过流转合同来实现对农业的投资；第二种是通过签订收购协议的方式，即投资者通过对农副产品的收购来实现对农业投资的目的。

1. 土地流转方式。根据土地流转方式的不同，又可以具体划分为以下四种投资模式：荒地拍卖、返租承包、委托代耕以及土地市场流转。

（1）荒地拍卖，就是将未承包给农户，但仍然属于集体的荒山等荒地通过公开拍卖的方式承包给工商资本的投资者。中标的投资者有权使用这片土地进行生产经营活动，但是投资者需要按照协议的要求定期缴纳承包费，再由集体组织将所收取的款项分配给农户，从而实现土地的流转。

（2）返租承包，即由村集体出面将承包给农户的土地租回来，统一安排。规划后再通过流转合同的方式将土地流转给投资者进行生产经营活动，投资者需要向村集体支付地价，再由村集体统一将收入分配给农户。

（3）委托经营，是指企业与农户签订委托代耕的合同，即农户将土地委托给投资者经营，而投资者需要向农户分红。

（4）土地市场流转，即农户所拥有的土地通过市场这一途径向工商资本投资者流转，具体可以分为以下几种形式：招标承包、农户自行出租或者农户交给合作社、集体出租等。

2. 收购协议方式。收购协议方式中，主要是投资者与农户签订收购合同，双方约定由农户进行生产，而投资者会收购其生产的农副产品。收购合同又根据是否有中介机构的介入分为两种形式，一种是农户直接与投资者签订收购合同，另一种是农户通过中介组织与投资者达成合作，中介机构可以是合作社，也可能是村委会等集体性组织。

当前协议的订立主要有以下几个路径："投资商＋农户""投资商＋基地＋农户""投资商＋合作社＋农户"以及寄托生产等模式。"投资商＋农户"的模式是由农户与工商资本的投资者直接签订收购合同，这是一种较为松散的经营方式，双方存在合同规定的权利与义务关系，农产品收获后直接出售给投资者，保持合作能良性开展的前提就是双方按期履约。"投资商＋基地＋农户"模式是农户与工商资本投资者签订合作协议，由投资者在该地区建设生产基地，通过基地向农户提供种苗、技术支持、饲料、肥料等，并把生产经营工作交给农户完成，农户在农副产品收获后，将其向投资商依约出售。"投资商＋合作社＋农户"模式则是由农户先自行组成合作社，再由合作社与投资商进行对接，进而签订收购协议。在整个协议履行过程中，投资者通过合作社向农民分配任务，提供服务，待农产品收获以后，也是由合作社与投资者交接。寄托生产则是农户与投资者签订协议，投资者提供生产所需要的种苗、技术支持和服务等，成熟后统一收购。

二、工商资本下乡驱动因素

本书的工商资本是指下乡的工商企业通过流转入农民土地承包经营权来经营农业等产业的外部工商资本。工商资本下乡已经成为实现乡村振兴的重要举措。近年来，借助中央顶层设计的政策，地方政府为了改革政绩的需要，积极吸引工商资本下乡。多年来的中央一号文件也发出了明确信号，优化农业农村的投资环境，并且降低了工商资本的准入门槛，吸引了大量工商资本下乡。同时，农业市场巨大的发展潜力和规模发展优势使其在诸多投资领域中具有较强的吸引力，吸引了大量工商资本下乡，其动因主要分为以下几点。

1. 政策环境宽松，政府、农民、企业合力推动。党的十九届五中全会提出，要在质量效益明显提升的前提下实现产业升级，提升农业产业链现代化水平，稳固当前农业基础，保障国家粮食安全，深化农村改革，加快我国农业现代化进程，全面实现乡村振兴。农民受种田和务工的比较利益驱动，转而从事其他经济活动；村集体为更好完成政府指派任务，积极参与推动土地流转；政府为实现农业产量增加、农民收入提高等目标，土地流转意愿较为强烈；技术与人力的结合，由于高效益投资项目的吸引，企业积极参与农业生产（徐旭、蒋文华和应风其，2002）。刘宇提出乡镇政府为实现经营业绩，从而和工商企业合作，与农户签订农业出租、转包合同（刘宇，2003）。同时，工商资本下乡会带来一些新的发展理念和生产技术，有助于促进地方经济的整体发展，因而各地政府大都降低了工商资本准入门槛，并出台扶农惠农政策以支持工商资本下乡，这种宽松的政策环境对于工商资本具有极强的吸引力，也为资本存量寻找新的利润增长点提供了契机。与我国其他投资领域相比较而言，农业领域具有其他行业所无法比拟的政策优惠，并且投资风险较小，因此，工商资本下乡也成为一种在政策推动背景下工商企业用来躲避风险的选择。

2. 农业市场发展潜力巨大且资金缺乏。随着现代科学技术的快速推广，现代农业的优势正在不断显现，尤其在实施了集生产、加工、仓储和销售等于一体的产业化经营模式之后，其在国民经济五大物质部门（农、工、商、建、运）中成本利润率最高。吕亚荣和王春超提出现代农业把生产、加工、储存、销售等与农产品密切相关的各个环节整合成为一个完整的产业链条，此时，农业市场显现出较高的投资效益，增强了企业下乡投资的动力。此外，由于土地资源具有稀缺性，稀缺性越大，投资价值越高，对于企业而言就越具有吸引力。匡远配和刘洋（2018）认为农业领域具有较大的发展潜力和盈利空间，且工商资本已不满足于行业内较高的比较利润，更倾向获得超额利润，因此，工商资本大量涌入农业市场。而与之相比较，部分工商企业科技则显得创新能力不足，利润显著降低，企业难以维持经营。通过对北京通州、山东宁阳等6地的案例分析得出，土地流转是农业现代化的基础和前提，而在土地流转和规模经营中，融资问题是个显著难题。张洪源等（2015）结合具体数据分析我国农业现代化现状发现，农业属于弱质产业，而缺乏足够的农业发展资金是遏制农业现代化水平提高的关键因素。

3. 农业生产具有规模经营优势。祝洪章等（2020）基于全国及粮食主产区的农地流转、粮食生产等现实状况，从多个维度分析得出粮食主产区农地流转后的耕种集中和规模经营有利于农村土地资源利用率的整体提升和农业现代化发展，能更好地促进农民收入提升。张惠中等（2021）认为通过土地流转把碎片化的耕地集中起来进行粮食种植，有利于降低农业生产单位成本，提高整体收益。进驻农业的工商资本大多是一些资金实力雄厚的企业，与一般农户相比，通过土地流转，它们所从事的农业生产能够形成规模优势。工商资本可以通过土地流转将农户分散的土地承租并连成一片，实现大规模经营，充分发挥各生产要素的能力，降低单位生产成本。工商资本能够增加对生产资料等技术投入的研究经费，可以发展机械化农业，实现产出质量效率双高。借鉴各个工商企业已有的生产管理经验，因地制宜，合理安排种植作物，科学栽培，注重投入产出效果。利用企业已有市场优势以及信息优势，开拓多元化销售渠道，创立自己的品牌，将精品高价位销售与大众化产品低价位销售相结合，提高农业收益水平。

三、工商资本下乡效应

工商资本下乡是城镇的工商资本投资于乡村进行经营获利的行为。工商资本下乡给乡村发展既带来了机遇，又带来了挑战。工商资本在下乡的过程中会产生正负双重效应，全面分析测度工商资本下乡对农地"非粮化"的影响效应，才能准确地分析其影响路径，为政策分析作准备。

1. 工商资本下乡的规模经济效应。规模经济是指在一定的时期内，随着生产经营规模的扩大，单位成本不断下降，经济效益不断提升的经济现象。规模经济的产生主要有三个方面的原因：一是规模内部经济，经济主体由于生产规模变化引起自身内部因素变化；二是规模外部经济，行业整体规模扩大导致单个经营主体的效益发生变化；三是规模结构经济，不同规模、性质的主体之间相互配合合作而使经济效益发生变化。下乡的工商资本凭借自身的要素优势调整农村生产效益，产生规模经济效应。

下乡的工商资本具有资本优势、技术优势和经验优势，通过将资本投入农村农地的经营，实现了其自身的规模经济效应。下乡的工商资本通过经营土地将原有的零散土地进行整合，从而发挥大型农机的效率优势，降低平均成本，发挥规模经济优势。顾天竹等（2017）采用全国8个省份的抽样数据，通过分析农机投入、劳动力投入、土地投入、单位成本和产量等变量构造计量分析模型，认为土地适度规模化经营对于农粮作物种植会产生规模经济效应,从而降低单位成本、提高种植效益。在家庭联产承包责任制度下,农地被分割,农地"破碎化"使得大型农机无法进入,机械化经营优势无法凸显。大量农户只能使用租用的方式使用农机,进一步提高了农地经营成本。此外,工商资本投资于农地进行生产,对农村地区的农业基础设施提出了更高的要求,同时凭借其资本优势也带动了农业基础设施的建设,降低了规模化成本,进一步提高了工商资本下乡的规模经济效益。不仅如此,工商资本也凭借自身资源优势吸引农资、农业机械等更多的相关机构参与到农业生产经营合作中,同时,还会吸引金融机构、科研机构关注农业农村领域,给农业发展带来更多的机遇。下乡的工商资本凭借自身优势整合土地资源,带动基础设施建设,加强产业合作,发挥了土地适度规模化经营的规模经济优势,为进行土地流转、支付土地租金和雇佣劳动力准备了条件。

2. 工商资本下乡的知识溢出效应。知识溢出理论是新发展理论的重要观点之一。魏守华等(2019)认为知识溢出效应是知识技术通过外部性向外扩散的一种方式,受时间空间、市场结构、接受者接受能力、社会网络等多种因素共同影响。在知识溢出过程中,知识的接受者没有给予知识的提供者相应的补偿,或者相应的补偿小于相应知识创造的成本,从而使知识的提供者不能获得全部利润,知识的接受者未承担全部成本。经过长期发展,不同学者已经从产业经济学、区域经济学、国际贸易学等多个角度进行了发展创新,进一步证明了新发展理论,同时,也促进了各自学科的发展。工商资本在下乡过程中凭借自身的知识、经验和人才优势发挥着知识溢出效应,推动农业产业的发展。

相较于城镇,乡村地区劳动力质量、平均受教育水平以及资金水平有限,先进的生产观念、生产技术进入乡村后难以发挥应有的作用,或是难以进入乡村领域,这也使得农业发展受到一定制约。工商资本下乡带来了先进的人才和知识经验,直接或间接地发挥出知识溢出效应,带动农业农村发展。首先,工商资本下乡给乡村带来了先进的知识人才和农业生产技术,在促进工商资本自身在农业方面发展的同时,也将先进的生产观念、生产技术传播给农民,带动农业生产技术和生产效率的提高。此外,工商资本投资者在从事农业生产过程中,会与农业生产的上下游经营者建立交流与联系,直接或间接地将先进技术和理念向外溢出,从而拉动农业产业链上下游的综合发展。除此之外，工商资本企业家的经营管理理念也是知识溢出的重要部分，下乡的工商资本企业家用工商业的经营管理经验管理农业产业生产，对农业合作社等农业经营者以及农民个体起到示范和带动作用，在相互学习中用更加恰当的经营方式改进农业生产管理，增加农业经营的综合效益。工商资本下乡进入农业领域，通过知识溢出效应将先进经验和技术引入农业生产，给农业生产注入活力，推动农村农业的现代化水平的提高。

3. 工商资本下乡的小农挤出效应。小农挤出效应是小农在市场竞争中的生存环境受到侵占以至被排挤出农业生产活动的现象。在市场经营活动中，规模较大的生产经营者由于规模经济效应优势和市场份额优势，会拥有更低的生产成本、更高的经济效益和更强的资金技术优势以及更强的风险承受能力，小规模经营者在市场竞争过程中会逐渐被迫退出市场。马克思在《法德农民问题》一文中指出，"资本主义生产形式的发展，割断了农业小生产的命脉"①，当工商资本生产方式进入到农业生产领域，便对传统的小农生产方式产生了不可避免的影响。

相较于一家一户的小农生产方式，工商资本具有更强的资本和技术优势，更容易发挥出规模经济效应，从而对小农产生竞争压力。安永军（2018）通过驻村调研发现，工商资本将土地作为一种盈利工具，在自身利益与农民或村集体利益发生冲突时，工商资本更倾向于忽略农民和村集体利益，加之农村政权的"悬浮"现象，农民和村集体难以对工商资本形成有效竞争力。在从事农业生产经营中，工商资本凭借自身的规模经济优势，可以用相对低的生产成本，以及相对低的销售价格，将更多上下游的经营者向自己引流，对小农形成压力，并将小农逐渐排挤出市场竞争。此外，将土地流转给工商资本的支持者预期工商资本在租用土地支付租金的同时，雇用农民参与生产劳动，使农民可以获得双重利润，但实际上出于劳动力质量的考虑，大量农民无法被再次雇用，他们被迫失业或从事其他产业。不仅如此，由于我国较长时间的农业发展历史的存在，大量农民依旧存在的"小农理性"对其自身的生存造成了威胁。我国是农业大国，拥有 4.98 亿乡村人

---

① 马克思恩格斯选集：第 4 卷［M］. 北京：人民出版社，1995.

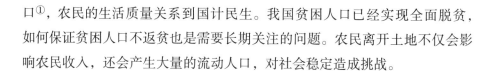

口[①]，农民的生活质量关系到国计民生。我国贫困人口已经实现全面脱贫，如何保证贫困人口不返贫也是需要长期关注的问题。农民离开土地不仅会影响农民收入，还会产生大量的流动人口，对社会稳定造成挑战。

四、工商资本下乡影响

我国农业自改革以来，基于家庭联产承包经营制的"统分结合"双层经营体制在土地集体所有制外壳下，实现了分田到户，使农业生产监督、农民积极性调动和涉农平等交易问题内化，极大地推动了农村经济社会的发展。但单一的小农经营制度也造成了农业资源浪费、机械化实现困难、粮食安全难以保障、集体经济发展受限等问题。而城市里的工商业者在国家政策的引导和农村尚未被开发的巨大利润的驱动下，纷纷以资本下乡的形式积极投身于农村时，工商资本下乡正面临着难得的历史机遇，而他们所取得的成效也体现在多个层面上。

1. 工商资本下乡影响。

（1）积极影响。随着工商资本下乡，企业将先进管理经营经验和技术带到农村，通过升级农业生产要素提高农业单位亩产量，促进农业收入上升。相较于小规模、分散化的农业生产，工商资本所形成的大规模农地生产更有利于提高农业生产率，从而有助于农民增收。通过土地流转的方式，扩大农业经营规模，从而在农业生产中发挥规模化效应，提高单位生产率，增加农民财政收入。徐章星等（2020）的研究表明，工商资本在总体上促进了农地流转，这在一定程度上增加了农户收入。但随着工商资本下乡的形式不同，其对农地流转所产生的影响也不同。如果工商资本对农户提供惠农措施，出租其先进技术，也会提高农户农业生产率，促进农户转入农地，这样既能防止农地撂荒，又能提升农业生产率，实现不同主体共同增收。李家祥（2016）发现，从现实的情况来看，我国农业地区，特别是发展相对落后的传统农业产区，由于长期以来存在资金积累缺乏和经营方式落后等问题，亟须从外部引入工商资本来发展现代农业。王文龙（2022）则认为工商资本下

---

① 国家统计局农村社会经济调查司. 2022 年中国农村统计年鉴［M］. 北京：中国统计出版社，2023.

乡能够有效补充乡村发展资源缺口，缩小农业生产力真空，缓解乡村空心化压力，但需协调好工商资本下乡过程中各个微观主体的利益冲突。涂圣伟（2014）认为工商资本下乡务农会产生规模经济效应、知识溢出效应和社会组织效应三大正面效应，是一种长期趋势而非短期热潮。

（2）消极影响。

①工商资本下乡损害农户利益。在我国目前仍然以小农户经营为主体的农业模式中，工商资本下乡往往会对小农户产生不利影响。相较于普通农户，工商资本具有更大的经济体量，若两者产生利益冲突时，小农户始终处于弱势地位，工商资本会为了维护自身利益而损害小农户利益。政府从发展经济的角度引入大量工商企业进入农业市场，虽然可以解决农业生产资金缺乏问题，但由于农户主体地位弱化，弱势农户难以与资金雄厚的企业抗衡，最终造成农户失业或沦为工商资本的雇佣。同样，张尊帅（2013）提出，虽然企业下乡投资可以解决一部分劳动力，但并不能吸纳原有土地上所有劳动力，从而造成农户失业；且农户谈判能力较弱，容易产生利益损失。尽管我们认为农业规模化经营会增加粮食的产出，但由于农民外出务工积极性、企业目的不纯等问题，有些地方粮食产出其实是下降的，并使当地的粮食安全水平下降。王春超和李兆能（2008）基于国家统计局湖北调查总队的调研数据发现，在外出务工的农民中，仅有2.16%的农民依靠政府组织就业，表明农村剩余劳力转移仅依靠土地流转效果甚微。王彩霞（2017）的研究也指出，工商资本下乡并没有显著地提高规模农业生产效率，规模生产的盈利性极不稳定。

②工商资本下乡制约农业生产的可持续性。如果工商资本下乡仅是为了流转土地来盈利，会导致土地撂荒或者将土地用于建厂等用途，这将加剧"非粮化"问题，严重影响我国粮食安全。土壤肥力是保持和延续农业可持续发展的核心，土地利用形式和农业生产技术手段极大影响土地退化和土壤肥力的延续。工商资本下乡后，为实现短期盈利目标，其大量使用化肥、农药，造成土壤严重退化；或者对土地进行整改，从事其他非农经济活动，对农业基础设施、农业生产资源造成难以恢复的影响，严重制约农业生产的可持续性。部分企业忽略农村生态状况，损害农民的公共利益。如果农民流转出耕地，且生态环境遭到破坏，这样往往会导致农村的贫困。

2. 工商资本下乡对农村经济的影响。

（1）创造更大的经济效益，加快我国现代化农业进程。工商资本下乡进入农业领域，可以为农村带来大量的资金、先进的技术、优秀的人才以及现代化生产经营理念等诸多进行规模化、集中化种植必不可少的条件。无论是继续坚持传统作物种植还是发展中国特色现代化农业，只要经营策略与管理制度使用得当，都势必会比原有的家庭联产承包责任制创造更大的产量与规模经济效益，使发展滞后的农村地区的经济快速得到提升，加快我国现代化农业进程。

（2）减少我国粮食安全隐患。在我国，土地本就是稀缺资源，而能够投入农业活动使用的良田就更是少之又少，如果能将有限的良田使用权通过土地流转的方式集中到工商资本的手中，只要他们不对土地进行掠夺性开发，合法、合理、合规地在土地上从事农业活动，那么工商资本的介入不仅能够避免土地撂荒现象、提高农地使用率与作物生产效率，还能够通过先进的技术来保护土壤的肥力，从而实现农业的可持续发展，减少我国的粮食安全隐患。

（3）分担农民承担的风险。随着城乡居民收入的增加和生活水平的提高，人们对高品质、多样化、安全、方便的农产品的需求将更加强烈，由此决定了城乡居民的生活消费结构和农产品市场供求状况正在时刻发生变化。工商资本介入后，能够使他们集中控制的农业生产活动更加从容地面对这些突如其来的变化，当他们需要由传统种植型农业向更加多元化、更加现代化的中国特色现代化农业转型时，可以为当地农民分担他们本要承担的风险，从而切实保护我国农民的利益。

3. 工商资本下乡对农村社会影响。

（1）提升农村人民生活质量。从长期来看，对于中国这样一个有十几亿人口的大国来说，农产品市场需求会越来越旺盛，现代农业的发展空间也会越来越大，农村的市场前景也会越来越广阔。资本市场下乡，不只带去了资金、技术、人才等现代化生产经营理念，也带去了城市人对生活品质的追求，传统的温饱型消费方式会被营养享受型消费方式所取代，而资本下乡通过工厂生产出的规模化的农产品，相比于以前小农经济生产的产品，质量更高且能够更加稳定地保持高质量的出品，通过现代化数字营销等方式，工商资本可以联合电商企业把这些优质的农产品带到城市居民的餐桌上，而农民本身则可以通过更低廉的价格享受到这些优质的农产品，大量高质量的商品将会以低廉的价格在农村市场流通，普通农民的购买力也会慢慢通过农村市场的发展得到提升，农民手里有了可以自由支配的钱，农民的生活质量就会得到提升。

（2）工商资本下乡是"以工补农、以城带乡"的重要途径。首先，资本下乡的政策推力源自我国经济发展水平的提高，城市与农村关系由"以农养工、以乡带城"的汲取型向"以工哺农、以城带乡"反哺型转变。目前，我国总体上已进入"以工促农、以城带乡"的发展阶段，来到了加快改造传统农业、走中国特色农业现代化道路的关键时刻，进入着力破除城乡二元结构、形成城乡经济社会发展一体化新格局的重要时期。而为了做到"以工哺农、以城带乡"，不仅需要从政策红利、基础设施建设等方面健全城乡发展一体化体制机制，更需要来自城市的工商资本从构建产业多元化、寻找资金、技术开发、人才引进等方面加大对农业和农村的支持力度。工商资本本身来自工业化、城市化的中后期，行业活力有限，再加上在城市化中后期，工业的产能过剩与部分社会资本闲置两者并发。在政策红利的鼓励与农业利润的诱导下，工商资本的大量涌入，不仅化解了当前我国城市化中后期工业产能过剩的问题，也是"以工补农，以城带乡"的重要途径。

（3）一切为了保障广大农民最根本的利益。资本下乡是与城乡二元结构调整、新型城镇化建设、社会保障建设协调发展的渐进过程，在这一过程中，务必要切实保障农民的利益，要使逐利的资本成为推动农村农业发展的助力。通过规范的工商资本下乡进行规模化、集中化种植，可以解放很多农村劳动力，而这些劳动力，不仅可以获得一笔租赁土地流转费用的收入，也获得了走出农村的机遇，可以选择去大城市拼搏，在有一笔租赁土地流转费用收入的同时，在城市里打拼，通过自己的劳动获取更高的收入；而那些愿意留在农村的人，也可以通过和工商资本签订工作协议，在获得租赁土地流转费用收入的同时，继续在自家田地里务农，也可以获得比之前更高的收入。可以说，只要是合规地实行资本下乡，就可以维护广大农民最基本的利益，而保障广大农民最根本的利益，这也正是中央倡导工商资本下乡的初衷。

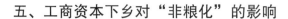

五、工商资本下乡对"非粮化"的影响

(一)促进作用

工商资本的投资和技术优势能够改善农业生产条件,提高粮食产量和质量。第一,工商资本流转土地可以引入更多的资金和技术资源,改善农田的灌溉、耕作、施肥等环节,从而提高粮食产量和质量。另外,工商资本经验丰富,具备现代化管理和农业科技的先进经验,可以带来更高效的农业生产方式和先进的种植技术。通过引进高效农业设备和精确农业技术,土地利用效率和粮食产量也得以提高。第二,在规模效益和资源配置方面,工商资本流转土地可以实现农业规模化经营,集中资源进行大规模种植。规模化种植能够降低生产成本、提高经济效益。此外,通过合理的多种作物轮作和资源配置,工商资本流转土地有助于避免土地的过度利用和退化现象。合理的轮作模式可以提高土壤肥力和水资源的利用效率。第三,工商资本流转土地促进了农业与农副产品加工的产业联动。通过将农业生产与加工环节有机结合,可以提高农产品附加值和市场竞争力,从而增加农民收入。工商资本投资建设农产品加工厂、仓储物流设施等,推动农业产业链和供应链的延伸,提高农产品的附加值。第四,工商资本流转土地为农民增加了收入来源和就业机会。农民可以通过与工商资本合作或租赁土地分享农产品的利润,增加收入。同时,工商资本流转土地还为农村创造更多的就业机会。农业产业发展需要人员进行农田管理、农产品加工、销售等工作,提供了更多的就业岗位,促进农村居民就业和增收。第五,工商资本流转土地还有助于促进农业的可持续发展。资本和技术的引进推动了农业的现代化和可持续发展。现代化农业生产利用先进的科技手段管理农田、生产农产品,减少资源浪费,保护环境。同时,现代农业技术和管理方法也有助于改善土壤质量、减少化学农药与肥料的使用,提高生态环境质量。

综上所述,工商资本流转土地对促进粮食种植具有多方面的积极影响。投资和技术优势提升了农业生产条件和粮食产量,规模效益和资源配置提高了经济效益和土地利用效率,产业联动和农产品加工增加了农民收入,农民增收和就业机会提升了农村居民的生活水平,同时也推动了农业的可持续发展。然而,在推动工商资本流转土地的过程中,还需注重保护农民权益,合

理利用土地资源,确保农业可持续发展。

(二)抑制作用

工商资本下乡参与农业生产可能会存在一些不利因素,对粮食生产产生一定的影响。

1. 潜在的土地流失问题:工商资本下乡参与农业生产时,可能会带来土地流失的问题。一些大型企业可能通过购买土地或与农民合作方式获取土地进行经营。然而,这可能导致农民丧失自己的土地所有权和耕种权,使得粮食种植面积减少,从而不利于粮食生产。

2. 忽视农民利益和可持续发展:工商资本追求经济效益和利润最大化的目标,可能忽视农民的合理收益和农业的可持续发展。为了提高农业产量和效益,一些工商资本可能过度使用化肥、农药等化学物质,从而带来农田环境污染的风险。此外,工商资本也可能将农产品定价权掌握在自己手中,压低农产品价格,导致农民利益受到损害。

3. 不符合农业特点和经验:农业生产具有地域性、季节性和农事特点等,要求适应自然环境和农事规律。然而,工商资本流转土地的企业可能缺乏对农业特点的了解和经验,导致生产管理不当,如施肥不合理、病虫害防控不当等,影响粮食生产质量和产量。

4. 人力资源短缺问题:企业自身的主营业务通常是非农业领域,它们可能缺乏农业生产所需的专业人才和相关经验,也无法提供稳定的人力资源支持。这可能导致其在农田管理、种植技术等方面的困难,从而降低了粮食生产的效率和农民的收入。

5. 不利于地方农业发展:一些工商资本可能将重心放在投资回报和利润上,而忽视了地方农业的发展需求。由于对地方市场需求和农业基础的理解不足,工商资本可能会偏向于投资短期项目或者忽视农产品多样性和地方特色农业的发展,从而制约了粮食生产的发展。

综上所述,工商资本下乡参与农业生产可能存在一些不利因素,并对粮食生产造成一定影响。忽视农民利益和农业的可持续发展、不符合农业特点和经验、土地流失问题、人力资源短缺等都是可能带来不利影响的方面。因此,在工商资本下乡参与农业生产时,应充分考虑农民利益,加强对农业特点的理解和适应,确保可持续发展和农民收益。此外,还需要注重保护土地

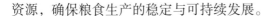

资源，确保粮食生产的稳定与可持续发展。

六、工商资本下乡"非粮化"原因

（一）政策原因

1. 政策对"非粮化"约束不足。《中华人民共和国土地管理法》第二十六条提出，只有经原批准机关批准，才能修改土地利用的总体规划。但在这里并没有明确提出不能进行改变的土地用途有哪些，且大部分农民对于土地流转的程序及合法用途了解甚微，因此，农民就会简单地认为，只要流转后的土地依旧从事农业种植，就不算作是改变土地用途。为了实现乡村振兴的目标，积极推动农业现代化进程，国家出台了多项政策鼓励企业投资农业，以期实现以工补农、工农互促的局面，从而带动农业经济发展。受各项惠农政策的吸引，一些工商企业决定下乡投资，但有些企业往往利用信息不对称、农户缺乏谈判能力等情况，压低土地流转租金，"欺骗"农户签订不利于自身权益的协议。更有甚者，有些企业利用相关政策漏洞，变相圈地，表面转入大片土地从事农业经营，实则是土地撂荒现象严重，或者利用银行低息贷款政策，利用资金投资非农活动，造成我国粮食产量下降，严重威胁我国粮食安全。

2. 农地租赁准入制度不完善。中央政府基于全国农业大环境制定土地流转、粮食种植等方面政策，然后由地方政府因地制宜地具体执行各项政策，但由于中央政府与地方政府所涉及的具体利益并不相同，就会产生经济学中常说的"委托—代理"问题，即个别地方政府为了短期利益，推动当地经济快速发展，利用中央政府制定的土地流转政策中的漏洞，与企业构成相关利益共同体，为实现企业顺利进入农业市场，降低对工商企业的资格审查，导致大量缺乏农业经营常识、风险管控能力较差的企业参与土地流转。低资质企业为了保证自身持续经营，加快成本回收速度，变相从事大量"非粮化"业务，如选择种植经济类作物或开发观光园等，从而威胁到农户的根本利益。

3. 政府对"非粮化"约束不足。由于地方政府和企业共同利益链的存在、地方政府在土地管制上的权力寻租等因素的影响，现阶段农地准入制度不健全主要表现在两个方面：一是在准入程序上，地方政府从源头上弱化对工商企业资质审查制度；二是在准入方式上，大量工商资本正以无序的方式投向农业。具体表现如下：一是弱化企业资质审查制度。由于地方政府是农地的第一监管者，在土地审批、土地管制、土地出让金收取等方面握有实权，因而具备了权力寻租的制度基础。在共同利益的诱惑下，地方政府可能会与工商企业相互勾结，降低工商企业投资农业的门槛。在农地准入上，对工商企业资质审查不明，对工商企业的技术力量、产业规划、跨职能团队建设、风险意识、农业经营经验等是否完备审查不清。企业资质是否完备，从源头上存在着改变土地用途的可能，威胁到农户的基本权益。二是农地准入无序性。实践中，资本投资农业存在"一刀切"的问题。部分地方政府在鼓励工商资本进入农业时，没能适时适度地引导工商资本投向农业。对于示范效应强、影响力大的龙头企业未能以适当的投资机制引入。部分工商企业超前大规模投资农业，与当地土地流转进度不相适应，与工业化、城镇化进程不相吻合，可能带来农村剩余劳动力转移困难及就业压力等诸多挑战。

4. 工商资本缺乏良好运转机制。就当前而言，我国农业和资本还处于融合阶段，规模经营的目标还远未实现。工商资本投资农业的风险补偿机制尚未完善，作为中介的土地流转平台、土地交易系统、土地交易对接方式尚未达到一个统一的标准，市场权威难以体现。此外，工商资本进入农业后，企业内部分级运行机制建立存在漏洞，使得真正分包土地种植粮食的人无法获得粮食补贴；企业没能充分考虑未知农业风险应对策略，导致企业面对种粮收益难以弥补生产成本的风险时，会采取极端手段或从事其他"非粮化"行为来提高企业收益，会给土地造成难以逆转的影响。胡煊（2021）发现即使在融资扶持政策的支持下，下乡企业也存在经营层次不高、农业现代化转型动力不足等问题。

（二）市场原因

1. 种粮成本高，收益低。对于土地流转进程中的流入方而言，获得土地使用权本身需要支付一定的租金给农户，若此时流入方选择种植粮食作物，随着种粮所需要的种子、农药、化肥等农资产品价格上涨，再加上承租成本，种粮成本大幅提高，且出售粮食获得的利润较低，很可能使得承租人入不敷出，故为了提高利润，其大多会选择种植收益较高的经济作物。因此，"非粮化"是目前农村土地流转视角下工商资本下乡的基本发展趋势。假定土地流转后种植稻谷，一亩地产稻谷按 500 千克算，出售价格为 3 元/千克，此时种植稻谷的总收入为 1 500 元，除去种子费、肥料费、农药费、浇地费等大约 700 元，此时农户仅剩 800 元，此时还需减去地租，若为农业承包大户，需要额外支付人工费用，最后承租人每亩地所获得收益相当低。但如果选择经济效益较高的生产经营项目，获得收益远高于种粮收益。工商资本下乡后，种植粮食作物很难实现产量的明显增加，在粮食作物收益较低的情况下，企业还需支付雇佣劳动力以及土地流转租金等费用，盈利空间极小，导致大部分企业纷纷退出农业市场，剩下的企业则改变经营模式，转而从事收益较高的非农经济活动，进而导致土地流转后的农田逐步"非粮化"。

2. 粮食需求市场发生变化。随着经济发展，人们生活水平有了显著上升，人们不再只局限于解决个人温饱问题，而是更加趋向多样化。近年来，粮食消费量正在逐年下降，人们倾向于增加肉禽、海鲜、鸡蛋、牛奶、水果等产品消费，也就是说，由于需求的多元化，人们对粮食需求总体呈现逐年减少的趋势，并且粮食生产成本不断上升，种粮收益持续下降，致使企业无法依靠种粮维持正常经营，从而导致"非粮化"现象日益加剧。

（三）工商资本自身原因

虽然工商资本的下乡确实对农业实现现代化起到促进作用，但是同样不可忽视其存在的问题，主要体现在以下几个方面。

1. 工商资本投机性。众所周知，资本具有逐利性，所以很多工商资本下乡的目的并不是看重农业自身的发展前景，而是看中了土地的价值。由于土地的价值是很大的，一部分工商资本开始钻政策的空子，名义上是开发农业，支持农业的发展建设，实则是利用农民与其信息的不对称性，在土地流转过程中"倒买倒卖""圈地""囤地"，更有甚者，以租地经营的名义来"炒地"，骗取国家的专项补贴款。比如有些资本首先注册空壳合作社，然后以合作社名义到大城市招徕租地者，估算出租地面积和种植养殖意向后，再以低廉价格预先流转土地或促使村民以土地入股形式成为土地股份合作社，最后加价转手租出。随着土地改革提速，各地出现了大批土地流转职业中介人。这些"土地中介人"在利益的驱使下，极易作出损害农民财产权利的事情，成为工商企业投资倒腾流转土地的操盘手。资本炒作农地，不但挤占农民的就业和发展空间，而且会因层层抬价导致土地流转的"非粮化"和

"非农化"倾向,影响我国粮食战略安全。

2. 工商资本进入投资盲目性。工商资本进入农业应该是一个市场导向的过程。然而,由于缺乏长期的科学规划,一些地方政府出于推进当地农业发展的冲动,通过提供各种优惠政策、降低准入门槛等方式吸引工商资本进入农业,造成工商资本进入农业具有很大盲目性、跟风投资和经营同质化现象。此外,一些工商资本为应对农业的风险与脆弱性,向地方政府申请远超平均水平的政策扶持,获得与其贡献完全不对等的资源投入,追求短期效益,投资农业动机不纯,投机心理严重,急于"铺摊子、造声势"。

3. 工商资本缺乏投入粮食生产的积极性。土地是我国农民的立命之本。一直以来,确保国家18亿亩耕地,保障粮食等主要农产品的安全供给,是关乎国计民生的重大战略性任务。由于种粮的风险大、周期长,与其他经济作物相比较收益低下,工商资本往往更偏好于比较收益高的经济作物,因此,可能造成部分良田"非粮化";部分工商资本下乡进行资本化运作,大量"圈地"待价而沽,待时机成熟租给农业大户或其他企业赚取差价。更有企业在土地上盖别墅、建度假村,造成部分耕地"非农化";还有部分工商资本套利后撤资,造成土地撂荒的可能。在土地资源稀缺、适合集约化经营的连片农地更是少之又少的情况下,如果引导和监管不力,极有可能出现"非粮化"甚至"非农化"的倾向,危及国家的粮食安全。

第四章

土地流转视角下工商资本下乡
"非粮化"案例

2023 年 2 月 13 日，中央一号文件公布。2004~2023 年，连续 20 年发布以"三农"为主题的中央一号文件，2023 年的中央一号文件首提"农业强国"，共包括 9 个部分 33 条，主要内容可以概括为守底线、促振兴、强保障。文件提出，强国必先强农，农强方能国强。要立足国情农情，体现中国特色，建设供给保障强、科技装备强、经营体系强、产业韧性强、竞争能力强的农业强国。下一步，我国将深入开展新型农业经营主体提升行动，带动小农户合作经营，共同增收；深化农村土地制度改革，扎实搞好确权，稳步推进赋权，有序实现活权，让农民更多分享改革红利；继续加大强农惠农富农政策力度，逐步提高农村社会保障水平。在中央文件的指引下，我国出现了许多土地流转未出现"非粮化"的案例，下面分析相关案例，以了解土地流转改革的进程。

一、正面典型案例：湖南锦绣千村农业合作社①

湖南锦绣千村农业合作社是由常德锦绣千村农业开发有限公司于 2011 年成立的农业合作社。锦绣千村位于有着"洞庭粮仓"之称的常德市，而常德市一向被称为传统农业大市，在 9 个区县（市）中，国家商品粮基地县有 8 个、国家粮食大县则有 7 个，连续 17 年全市的粮食播种面积和产量居湖南省第一。澧县几千年前就是种稻的有名之地，其城头山镇有着"中华城祖、世界稻源"之称，种春稻从古至今的都是该镇的种植传统。而锦绣千村农业合作社就位于常德市澧县城头山古镇，该合作社经过几年的发展与扩大，其合作社成员截至 2021 年有 7 132 户，并建立了 15 家乡镇分社、137 家村级服务站、21 处收购网点，其服务面积达 50 多万亩。湖南锦绣千村农业合作社主要种植的有水稻、蔬菜、水果、油菜等。根据锦绣千村官网数据，早在 2019 年合作社就建有锦绣千村粮食产业园、农资物流配送中心、农业综合服务中心。其中，粮食产业园流转土地 5 000 亩，有 4 000 多亩为优质稻示范田，粮食收储能力可达 30 000 吨，而每年大米加工能力可达 50 000 吨。

从合作社成立之初至今，合作社不仅为成员统一采购与销售，还为其提供技术培训、农业机械服务以及农产品深加工等业务。该合作社为其成员提供保姆式服务，同时，也可以为其成员提供包干式代耕、代种、代收、代销，通过托管形式的土地委托，为农民托管服务面积近 10 万亩，增加农民收入每亩 200 元左右。其服务内容主要有：统一种植和销售农作物，形成统种统销的模式，其所需的生产资料由合作社统一采购；为成员引进农作物种植新技术、农作物新品种；开展集中育秧、农作物种植技术培训、技术交流及咨询服务，于 2015 年建有 1 000 平方米的农机库、200 亩的育苗中心；为成员提供所需的农业机械服务，为其购置了 152 台大中型农机具、50 架无人植保机、5 台物流配送车、20 台技术服务车等农业设备；2016 年，合作社还增加了为合作社成员开展资金互助的业务，为合作社成员提供高效获得资金的新渠道。锦绣千村合作社提供多样化的服务模式，可为其成员提供多种

---

① 农村合作经济指导司. 2019 年全国农民合作社典型案例之十二：湖南锦绣千村农业专业合作社［EB/OL］.（2019 – 08 – 27）［2022 – 03 – 21］. http：//www. hzjjs. moa. gov. cn/nchzjj/201908/t20190827_6323245. htm.

选择。

　　锦绣千村合作社实行的是总社、分社及基层服务点的"三级化"运营模式，在县里建立总社，总社负责统筹管理与制定计划，在各个乡镇建立分社，分社则执行计划与对下一级进行监督，而服务点则建立在村里，服务点要落实所传达的任务，执行"供、耕、种、管、防、收、销"的全程社会化服务。县、镇、村下面分别建立总社、分社、基层服务点，该种三级化运营模式形成了层次分明、分工明确的农业生产社会化服务体系。据锦绣千村农业合作社官方网站统计，截至 2019 年，其已建立 15 家分社，137 家服务站。合作社从上至下都实行了品牌形象统一、价格管理统一、业务流程统一、服务标准统一、财务结算统一，该种三级化服务体系和流程统一为合作社社会化生产服务提供了组织保障，为合作社成员提供了强有力的组织支撑。

　　合作社现今已建立供销服务平台、生产服务平台、信用合作平台以及教育培训平台这四大平台，其中，供销服务平台主要是进行农资配送、产品收购以及消费合作；生产服务平台主要确保生产有序合理地进行，提供农机服务、农业技术推广、集中育秧；信用合作平台主要是为内部成员提供快而便捷的资金互助，解决成员生产资金短缺的问题；教育培训平台主要对成员进行教育培训和开展技术培训，并为满足成员创新需要成立了省农广校锦绣千村合作社分校。

　　锦绣千村农业合作社成立的初始目的便是满足农户规模种粮的需求，一般以种水稻为主，2016 年，合作社为了增加成员收入，在参考当地饮食的情况下，在粮食种植的基础上对稻米进行深加工，建立了米粉加工厂，实现了农业到农产品加工业的深度发展，丰富了合作社的服务深度，并为其成员提供了多种收入来源。2016 年，合作社种植的 2 万亩水稻能够为当地提供 27 万吨米粉的日均米粉产量。锦绣千村把田地里的稻谷加工成了餐桌上的米粉，将种植业、加工业以及服务业进行了有机的结合，有计划地实现了第一、第二、第三产业的融合发展，不仅增加了合作社的效益，还带动了成员的收入。

　　合作社在种粮方面实现了集中培育秧苗、机器种植、收割以及深加工等一系列发展，实现水稻的规模化、标准化、产业化种植，集中育秧成功地实现了双季稻的发展。并通过增加有机肥料和安全环保农药的使用，采用绿色防控与绿色种植方式，减少农业面源污染，发展绿色种植，打造了锦绣千村的绿色水稻。2019年，锦绣千村合作社在澧县发展了优质稻订单收购10万亩；合作社的大米、米粉等被中国绿色食品发展中心认为是绿色食品。而在发展绿色农产品的过程中，锦绣千村合作社推动了当地从传统农业到绿色种植的转型，特别是合作社服务区域内有30%以上的面积属于优质稻种植。同时，减少使用农药与化肥提高了农产品的质量并促进了对生态环境的保护。合作社成立以来，一直围绕成员服务，为成员提供社会化服务，在种粮方面始终保持初心，为成员提供规模化种植，并实现了粮食种植的产业化和绿色农产品的种植。湖南锦绣千村农业合作社曾被评为国家级农民合作社示范社，是湖南省唯一入选2019年全国农民合作社典型案例的合作社。

常德锦绣千村农业开发有限公司为农业合作社的创办成功及工商资本下乡经营提供了一条可借鉴的道路，工商资本在积极响应国家发展农村的同时，也要明确农村耕地不转变、国家粮食安全以及经济效益与社会效益相结合的发展路径。工商资本下乡本身是一件有利于农村产业化、进一步促进农村现代化发展的行为，那么如何在土地流转前根据当地的耕地种植情况发展与市场相符合的产业需求，并紧跟着国家农村农业政策以及确保国家粮食建设，是工商资本下乡前首先要考虑的问题。锦绣千村农业合作社是常德锦绣千村农业开发有限公司在符合当前情况下所发展起来的优秀成果，是工商资本下乡的成功案例，锦绣千村农业合作社在符合当地的粮食种植传统的同时，对粮食种植进行深度化与优质化的发展，不仅保障了当地传统的粮食生产和需求，还在种植时改进了种植方式，发展绿色生产，转变了当地的传统种植方式。在传统种植方式下进行规模化种植与农产品加工产业化与深度化的发展模式，既符合当时实际情况，又促进了农业发展与农民收入。工商资本下乡要在确保能够具备下乡的条件下而下乡，而不是仅单纯地因为农业政策补贴、资本转型及寻找新的发展空间等某一方面因素。

二、从事经济作物种植案例

（一）广西金穗农业集团种植香蕉案例

1. 金穗现代农业园[①]。广西金穗农业集团有限公司从1996年的隆安县

---

① 王艺彬. 农业产业化国家重点龙头企业广西金穗农业集团 ［J］. 广西农学报，2021，36（1）：97.

金穗农工贸有限公司发展至今共包含 10 家控股子公司，现今集团业务遍及国内与国外，国内主要分布在广西壮族自治区，国外分布在老挝。集团在成立前主要是由该集团创始人在 20 世纪 80 年代承包其家乡土地种植甘蔗起家，到 90 年代由种植甘蔗转向种植香蕉，最初是在 1996 年那桐镇定江村租用 60 亩土地开始种植香蕉，到 2000 年后，种植面积已经达到 2000 多亩，到 2005 年，定江村周边的土地已被金穗公司大规模流转，进行连片、大规模地种植香蕉等水果，再到 2009 年后，广西香蕉种植迎来一波浪潮，并且加速了当地的土地流转，同时，南宁市出台《中共南宁市委 南宁市人民政府关于稳步推进农村土地承包经营权流转和促进农业规模经营发展意见》发布了一系列相关配套政策，促进了种植香蕉等水果和农业的产业化与规模化，金穗农业集团截至 2019 年流转土地面积达到 8.7 万亩，其中，集团带动周边农户种植香蕉面积达到 4.5 万亩。

广西金穗生态园是广西金穗农业集团有限公司所打造的集休闲观光、乡村旅游及水果种植采摘于一体的休闲园区，该生态园位于广西壮族自治区南宁市隆安县那桐镇定典屯，是继广西金穗农业有限公司大面积流转当地土地种植香蕉、建立水果采摘园后，通过大面积流转定典屯土地在 2014 年正式建成对外开放的观光休闲生态园，该生态园占地面积达到 1.5 万亩，包含了万亩香蕉种植园、游乐场所、餐饮聚会等项目。广西金穗农业集团主要通过打造当地农村旅游文化与香蕉产业相结合的主题生态园，从而对香蕉产业文化进行推广①。同时，定典屯的 3 450 亩耕地面积全部都已流转给金穗农业集团，土地流转率 100%，金穗农业集团将该地打造成了著名的香蕉基地。

2. 金穗土地流转模式②。广西金穗集团从 30 多年前的土地承包到租用农户土地，到现在形成了一种"公司、农户、基地"的新型模式。"公司、农户、基地"的现代农业经营模式是金穗公司先从农户那流转土地之后，农户再回到金穗公司工作，在这种模式下，金穗公司流转了土地，对土地进行大片化整理，又带动当地人完成从农民到农业产业务工人的转变。该种模式

---

① 每日财讯网. 红土地绽放的"希望之光"从广西"金穗模式"看乡村振兴与发展之路 [EB/OL]. (2019–06–17) [2022–03–21]. https://www.sohu.com/a/321070968_100105408.

② 李威. 广西隆安集约化土地流转的实践及启示 [J]. 中共太原市委党校学报, 2016 (1): 36–38.

也可以称之为统包分租形式，具体形式是土地从农民手里流转到公司，然后公司将土地进行标准化与连片化整理之后分包给农户，农户则要在公司的统一安排下对所负责的土地上的作物进行管理。在这种情况下，每个月公司会预发基本工资，同时，农户还可以在作物收获后获得公司按产量向农户分发的承包金。在这种模式中，农民既可以在获得土地流转收入时把自己从土地里解放出来，又可以加入公司，进行承包种植，在公司保价收购后获得可观的收益。2019 年，金穗公司有近 5 060 名就业的农民。2012 年，金穗公司开始逐渐发展产业联盟模式，在这种模式下，通过一些小的种植公司或种植大户的加入形成产业联盟，而金穗公司提供流转后的土地和免费提供所需要的设施、物资及服务等，产业联盟成员则必须按照公司规程进行生产，等到香蕉收成后，由金穗公司按照基本价收购，再按市场价统一出售，而超出出售价格且多于基本价的部分则由公司与农户按比例分成。2015 年，与金穗公司合作经营的产业联盟有 1.5 万多亩。

3. 产生的影响。广西金穗农业集团在隆安县那桐镇定典屯及其周边村屯形成了现代化农业产业，建立了水果采摘园、休闲生态园等现代化农业园，还带领了当地农民脱贫致富，实现了从农民向务工人身份的转变，带动了村屯的发展。但这种现代化农业园的建立，使得在定典屯及其周边村屯的耕地基本上全部流转给金穗集团用于种植香蕉、火龙果等水果和建立休闲农家乐、水果采摘园等，在这种形式下，原本的耕地被种植香蕉、火龙果等水果占用，还有大量的土地也用于建设生态园所需要的设施，因此，用于建设生态园的土地存在一定的不可逆性，这意味着这些土地在用于建设生态园之后无法再重新复原成可以种植的土地，土壤已经在一定程度上丧失了其生物性质，那么一旦生态园不再营业，生态园所占据的土地将不能得到复原。同时，金穗公司所流转的土地大量用于种植香蕉等经济作物，而有些原来用于种植粮食作物的耕地已被用于种植香蕉，这必然对粮食种植面积与粮食安全造成负面影响。而种植香蕉在某些方面会造成环境的污染，相比农业种植一般使用一亩几十千克的化肥量，香蕉种植需要的化肥量极大，通常一亩便需要几吨，不仅远超出土地的承载能力，还会影响到周边区域的饮水与地下水的水质。土壤施肥量较大容易造成土壤重金属含量过高等问题，使得复垦难度大、投入多，而每亩复垦费需 1 000 元以上。

同时,在金穗公司种植香蕉这一风潮的引领下,大量的外地资本纷纷在香蕉潮期间流转土地种植香蕉,而在 2015 年时,由于香蕉价格波幅较大及黄叶病的影响,这些资本纷纷抛弃当地所流转的土地,转战其他地方,而那些流转了的土地只能等待下一次的资本或种植户来接手。在这期间,土地基本没有种植农作物,且也不可以把种植水果的土地恢复种植粮食。工商资本下乡所造成的影响不仅是促进乡村发展、农民收入提高等正面影响,还会造成土地质量严重下降、环境污染及粮食面积和产量减少等负面影响。因此,在资本下乡给第一产业和乡村振兴带来活力与资本的同时,也应该考虑到国家粮食安全、粮食产量的可持续发展。

(二)贵州金泽地水果园农业案例①

1. 金泽地精品水果基地。贵州金泽地有限公司是一家涵盖了培育果树苗、开发果林及果品加工等业务的综合性农业企业。2008 年,贵州金泽地绿色产品开发有限责任公司正式成立,经过几年的发展,该有限公司于 2013年扩大成立金泽地集团,彼时,旗下已具备完整的水果种植链与苗圃培育基地,拥有生物公司、流通商贸、种植基地以及苗木培育公司等八个有限公司与一个专业联合社。2018 年,该公司已经发展成为产业链完整的省级农业与林业产业化龙头企业,近几年又进化为多种业态并存的龙头企业。

金泽地绿色产品开发有限责任公司最早在 2008 年进入湄潭县官堰省级样板坝区(该坝区包含黄家坝街道和鱼泉街道的 4 个村,所占面积约 1.5 万亩)。2012 年,金泽地绿色产品开发有限责任公司进入湄潭县的桃花江现代休闲农业示范园,流转了 4 200 亩土地,其中建立果园 3 600 亩、苗圃 600亩。随后,2013 年,金泽地集团在湄潭县沿着黄家坝的桃花江两岸发展果林。精品水果基地于 2015 年建成,当时有 3 500 亩果园,位于湄潭县黄家坝、鱼泉两镇的桃花江沿岸。金泽地精品水果农业园区种植有李子、桃、橙等。金泽地集团共流转约 1.5 万亩土地,种植 47 个品种,遍及全县的 4 个街镇,带动农户种植果树 30 万余亩。

同时,金泽地绿色产品开发有限责任公司采取"公司 + 合作社 + 基地 +

---

① 遵义市农业农村局. 贵州金泽地绿色产品开发有限责任公司 [EB/OL]. (2015 – 06 – 06)[2022 – 03 – 21]. http://nyncj. zunyi. gov. cn/nyncgz/ltqy/201506/t20150606_61137024. html.

技术"模式，具体来说，该模式与前面金穗公司的"公司、农户、基地"模式有一定相似之处，主要形式就是由金泽地绿色产品开发有限责任公司从农户手中流转土地，然后公司返聘农户为果园工作，在这种形式下，这些农户在果园里面实现了双重收益：一是土地流转费；二是他们在水果基地务工获得的工资收入。而这一模式也与前面的金穗模式有所不同，因为金泽地模式还拥有三种可选择的模式：第一种是农户自建，规划区内的农户到公司购买果苗，公司为其提供技术服务；第二种是借苗还果式，该模式对于贫困农户来说可以先种植果树，等果树收获后，再把丰收的果子以每株2.5千克水果的方式交还给公司，之后的果子属于农户自己，可按约定价格再出售给金泽地公司；第三种是公司回收农户的水果，在农户无销售渠道的情况下，农户可将水果按最低保护价出售给公司。

2. 桃花江的种植情况。金泽地集团下的金泽地精品水果基地位于桃花江沿岸，而湄潭县桃花江有着汇聚巨多河流的鱼泉河流经而过①，从而形成了有利于种植粮食的肥沃土壤，也正因桃花江具备优越的自然资源，该处在土地流转发展经果林之前也是湄潭县的粮食生产地，有着湄潭县的"粮食后花园"之称。在金泽地绿色产品开发有限责任公司进入湄潭县发展经果林后，桃花江两岸以及周边村镇开始种植果树，在金泽地绿色产品开发有限责任公司与当地居委会带动下，周边农户也种植了约5 000亩的精品水果林。在金泽地集团进入周边村镇之前，当地农户大多数种植的是粮食作物，金泽地绿色产品开发有限责任公司的带领下，当地农户种植了大量经济作物，这一举措虽然在一定程度上增加了农户收入，起到了扶贫效应，同时，在桃花江沿岸打造现代农业观光示范园，打造了赏花、摘果及休闲的乡村旅游模式，满足游客在观赏田园风光的同时还能体验自身采摘水果的乐趣，但这样的发展大大加重了以后恢复土壤的质量的难度。

工商资本下乡对于农村农户的发展可以说是有一定的好处，也有利于国家乡村振兴战略的实施，但在追求经济利益的同时，不免忽视了国家粮食安全战略的发展。在看见工商资本下乡带来的好处时，更应该预见到其对当

---

① 遵义网. 本地"桃李梨"熟了周末摘果子去［EB/OL］. (2018 – 07 – 06) ［2022 – 03 – 21］. http：//zy. gog. cn/system/2018/07/06/016680124. shtml.

地、对未来甚至是对国家的可持续发展的全面影响①。

（三）京南生态谷农业园区农地流转案例

1. 园区农地流转现状。河北省任丘市属沧州市管辖，2021 年，全年地区生产总值 661.2 亿元，增长 6.2%②。全市土地流转面积达到 30 余万亩，占家庭承包耕地面积的近 50%。农地流转形式由散户流转转向大户规模流转。随着中央扶持农业发展的优惠政策的出台，近年来农民专业合作社、种养大户、家庭农场、农业龙头企业已成为流转土地的受让主体。现代农业园区作为乡村振兴的"助推器"，在优化农业生产结构、提高农业整体效益和增加农民收入、加快推进农业科技创新创业等方面发挥着重要作用。

京南生态谷农业园区作为省级重点项目，得到了各级政府的高度重视与大力支持，园区开发公司全面配合土地流转与基础设施建设工作，从 2016 年开始进行农地流转，一次性流转土地面积达 21 800.11 亩，涉及于村乡 11 个村庄，是我国一次性流转土地面积最大的案例。在土地流转后，充分考虑涉及农地流转土地性质的相关法律法规——不允许在基本农田和高耕农田上种植树木和搭建房屋——因此，充分利用林下空间，在保证兼容的情况下，继续耕作农作物，并与周边农户合作，园区与农户共同向独具特色的立体生态农业示范区迈进。2021 年，京南梦有限公司进行扶贫产品认定，全年供应小麦 800 万斤。在任丘市政府的大力支持下，园区年收入已达到 2 000 万元左右。这种有组织地进行的农地流转与自发、分散地流转相比时间较长，土地向农业产业化企业转移，实现农地规模经营，农村剩余劳动力流入第二、第三产业，农民、集体通过这类重组积累了资金和技术能力。（数据来源于实地调查）

2. 园区农地流转运作模式。如图 4-1 所示，园区采取自然人股东结构，采取龙头企业、合作社、种植大户和农民四级利益联动机制。年经营成本主要包括地租成本和养护成本各 500 余万元，共 1 000 余万元。以粮食作物耕种为主，"非粮化"收入占比 30%。

---

① 遵义市农业农村局. 贵州金泽地绿色产品开发有限责任公司［EB/OL］.（2015－06－06）［2022－02－21］. http：//nyncj. zunyi. gov. cn/nyncgz/ltqy/201506/t20150606_61167034. html.

② 任丘市人民政府办公室. 任丘市 2022 年政府工作报告［EB/OL］.（2022－01－31）［2022－03－31］. http：//www. renqiu. gov. cn/renqiu/ADD11602/202203/9b58bed78ec54ea69d28314a010f55a9. shtml.

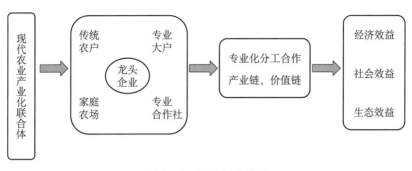

图 4 – 1 园区运作模式

园区进行农地流转,主要针对的是大农户和合作社,每年签订一次合同。由政府支持所在的乡镇成立农业开发公司,与农户签订合同,将转入的土地集中到公共资源交易中心,由中心统一进行公开招标。政府的转入价格为每亩 1 150 元,而招标价格仅为每亩 200 元。普通农户由于经营规模小,每季种植的粮食一亩收入 500~800 元,且平均招标价在每亩 600~800 元,政府的补贴给农户和企业带来了极大的资金优惠。农地流转后,农民实现土地经营权转让收入每亩 1 150 元,比农户自家每亩种粮收入高出300~500 余元,同时,农民可以通过外出务工的方式,实现二次增收。

3. 园区效益。园区的建设不仅是一个园区的发展,更是起到了广泛的带动和辐射作用,推行"一区多园、一园多社、一园多制"的运行模式,以核心区辐射带动周边的全景发展格局,具有经济效益、社会效益、生态效益。

(1)经济效益。

首先,实现了规模效益。园区进行土地流转满足了农业生产适度集中、集约规模经营的条件,生产成本下降,据调查,全市流转收入高出原承包农户40%,其中,粮油高出 10%,大棚蔬菜高出 5 倍以上。

其次,农民收入提高。通过政府集中进行土地流转,农民在不承担任何风险的情况下,除了每年每亩土地 600~1 000 元的流转收入外,还可获得外出务工、经商或养殖等其他方面的收入,尤其是不愿离乡或不能长期外出打工的农民直接为土地流转受让方务工,实现了就近就地就业,农忙时用工可达到 500 多人。园区致力于带动周边农户脱贫致富,产业园的招工重点人群是有劳动能力的贫困户与低收入家庭,并专门成立了扶贫产业园,接收年纪较大不能去工厂务工的村民,使闲散劳动力及他们丰富的耕种经验均得到有效利用。

（2）社会效益。

首先，促进了现代农业的发展，提升了机械化作业水平。通过土地流转实行规模化生产、规范化管理、品牌销售，促进了全市特色、高效农业的快速发展和农业产业化水平的提高。园区建设注重提高科技在农业发展中的应用范围，注重改善当地农业生产基础设施条件，提高土壤的综合生产能力；科学规划，合理发展，提高园区土地生产率的同时提升土地综合效益。

目前，任丘市通过土地流转，首先，建设了蔬菜、红薯、甜瓜、花卉以及肉鸡、肉鸽、奶牛等40多个特色种养基地，发展了1个国家级"一村一品"示范乡、1个百里棚菜长廊、98个农民专业合作社，培育市级以上重点农业龙头企业25家，带动了近11万农民增收致富。通过土地流转，过去分散的土地能够成方连片、集中使用，激发了农民购买大型农机具的热情，实现了农业种、管、收全部机械化，提高了合作社经营服务土地面积，实现规模化统管作业区，大大提高了机械化作业水平。

其次，实现了农村劳动力的有效转移。农村土地流转使农村劳动力从土地上解放出来，解决了"一心挂两头"的矛盾，真正实现第一产业劳动力向第二、三产业集中，并向城镇转移。

再次，带动了其他产业的发展。园区的各生产作业、加工销售环节在解决当地农村剩余劳动力就业问题的同时，也提高了农民的技能，使更多的农民转化成掌握一技之长的技术型、新型职业农民，同时，还可以带动运输、包装、储运、饮食、观光等各项相关产业的发展，推进农村城镇化建设和新农村建设。

（3）生态效益。园区遵守可持续发展的生态理念，改善当地的生态环境，形成农业生产与生态环境优化双线并行的良性循环的科学发展。京南花谷、四季花开园区着重打造了千亩花海观赏区，并注册"京南花谷"旅游品牌。樱桃、油菜花、二月兰及智能温室的高端花卉竞相绽放，带动了旅游业发展。

4. 现存问题。为进一步了解京南生态谷农业园区土地流转情况，通过问卷调查的方式对农户进行调研，共发放问卷150份，收回136份，回收率90.67%。其中，普通农户100份，专业大户（包括专业大户、家庭农场、农民合作社）36 份。主要调查内容包括农户家庭或组织的基本情况、土地流转情况、资金获取情况及政策了解情况。

京南生态谷农业园区农地流转的主体既包括以普通农户为主的传统经营主体，也包括以家庭农场、专业合作社为主的新型经营主体，其中以新型农业主体为主。如表 4-1 所示，样本农户中农业大户占比 26.5%，平均年龄集中在 40~50 岁，占比 66.7%。被调查的普通农户户主的年龄主要集中在 50~60 岁，占比 47%，40~50 岁占比 26%，40 岁以下及 60 岁以上人员占比较少。这说明新型农业经营主体的年龄结构相比普通农户更为年轻化，他们更易于接受新鲜事物，能够探索规模经营。

表 4-1　　　　　　　　　　　　调查样本个体特征

专业大户个体特征			
项目	选项	样本数量（个）	占比（%）
平均年龄	40~50	24	66.7
	50~60	7	29.17
	60 岁以上	5	20.83
普通农户户主个体特征			
年龄	40 岁以下	13	13
	40~50 岁	26	26
	50~60 岁	47	47
	60 岁以上	14	14
文化程度	小学及以下	32	32
	初中	54	54
	高中或中专	12	12
	大专及以上	2	2

资料来源：定点调研获取。

关于土地流转情况，如表 4-2 所示，大部分普通农户未进行土地流转，仅 22 家农户进行了流转，通常为转出自家大部分或全部土地，期限通常为 3~5 年，也有个别期限短至 1 年或长至 30 年。流转价格每亩 200~1 000 元不等。而调查的专业大户中 27 家进行了农地流转，占比 75%，相比普通农户，农地流转的意愿大大增强。流转方式大部分为入股方式，期限均为 5

年，流转价格均为每亩 500~800 元。在农地流转期限方面，最短为 1 年，最长为 20 年，相比普通农户期限较长。在流转后，大部分专业农户选择改种经济作物，说明土地流转较大程度加剧了土地"非粮化"行为，而普通农户倾向于仍然种植粮食作物。

表 4-2　　　　　　　　　　调查样本土地流转情况

专业大户土地流转情况			
项目	选项	样本数量（个）	占比（%）
土地流转面积	20 亩以下	7	25.9
	20~40 亩	12	44.4
	40 亩以上	8	29.6
土地流转方式	转包	1	3.7
	转让	2	7.4
	入股	24	88.9
土地流转后用途	种粮食作物	1	3.7
	改种经济作物	20	74.1
	从事非农生产	6	22.2
普通农户土地流转情况			
土地流转面积	5 亩以下	11	50
	5~10 亩	9	40.9
	10 亩以上	2	9.1
土地流转方式	出租	11	50
	入股	1	3.7
	转包	7	31.8
	转让	3	13.6
土地流转后用途	种粮食作物	15	68.2
	改种经济作物	7	31.8

资料来源：定点调研获取。

在土地流转后，土地用于种植非粮食作物的占到 96.3%，其中，种植经济作物的占到 74.1%。由此可以看出，土地流转后园区更多地从事经济作物的种植。同时，土地流转后，专业大户通常将土地改变种植用途，更多地用于种植经济作物。与普通农户相比，专业大户具备较高的文化程度与更强的

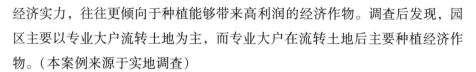

经济实力，往往更倾向于种植能够带来高利润的经济作物。调查后发现，园区主要以专业大户流转土地为主，而专业大户在流转土地后主要种植经济作物。（本案例来源于实地调查）

（四）贵州独山县种植经济作物案例

贵州省独山县是位于贵州省南部的一个小县城，2020年，该县刚刚摘除"贫困县"的称号。独山县基长镇董秧村于2019年引进贵州一丰农业发展有限公司，该公司成立于2019年4月份，由黄某担任法定代表人，是一家主要经营蔬菜、水果、苗木、花卉、中药材种植、加工、销售，家畜、家禽饲养、加工、销售，水产养殖、销售，农产品加工及销售的工商资本企业。该村引进一丰农业发展有限公司发展茄子种植业。2019年，该村种植了300亩茄子，通过土地流转、务工等方式，带领当地群众脱贫增收。2020年，该村更是将种植规模扩大到500亩①。

该公司法定代表人黄某来自广东，以前从事蔬菜收购行业，在来独山县基长镇董秧村收购蔬菜时发现，该村气候宜人，气温和土壤非常适合茄子的生长，因此于2018年11月通过考察后与朋友共同对该村的田地进行流转，于2019年4月开始种植，同年6月便收获了第一批茄子。根据茄子的品质不同，每斤茄子价格在5毛～1元不等，主要销往广东省。该村茄子种植基地采取了"企业＋合作社＋农户"的模式，集中流转村民土地进行规模化种植，年度土地流转价格为600元/亩。茄子种植基地负责人叶某谈道，"基地目前占地500亩，每亩产量能够达到16 000斤，年产量大概有1 000万斤左右。"② 该村土地自引进农业发展有限公司种植茄子以来，实现了茄子大丰收，并且能够成功外销贵阳、广东等地。

同样的，工商资本企业下乡帮扶乡村土地"非粮化"的例子也发生在独山县麻尾镇黄后村，黄后村由于地理位置、经济条件、群众思想等原因，以前在种植方面一直是以水稻、黄豆、玉米等传统作物为主，养殖方面也只是

---

① 莫宇，徐朦，彭悦，龙毓虎．独山县董秧村：茄子丰收人欢笑［EB/OL］．［2022 – 05 – 03］．http：//m. qnmeitiyun. com/p/53339. html.

② 莫宇．"光亮"照进董秧村 ——独山县基长镇董秧村脱贫攻坚驻村尖刀排排长梁光亮工作纪实［EB/OL］．［2020 – 07 – 09］．https：//www. dushan. gov. cn/xwdt/zwyw/202007/t20200709_756234 78. html.

"养牛为耕田""养猪为过年"的落后模式，产业结构单一，产业效益低下，贫困发生率极高，贫困面较大。但该村属于中亚热带湿润季风性气候，土壤肥沃、水质优良，特别适合种植香瓜。2018年，浙江德朗果蔬公司来到该村发展香瓜种植业，该公司是一家专业营销平台，一直致力于果蔬产业的生产销售、技术研发和市场拓展，它的出现无疑为黄后村香瓜的产销对接提供了有效的销路保障和平台支撑。2018年，该公司以每年每亩400元的租金向农户流转土地200亩，2018年，该村实现亩产香瓜6 000斤左右，以市场最低价每斤3元计算，每亩创收可在1.8万元以上，这意味着200亩香瓜至少可实现产值360万元。① 黄后村村民何某，在香瓜种植基地务工了几个月之后，认为种香瓜的收益明显比种玉米、土豆和水稻要好得多，利润甚至增加了数倍！

通过独山县两个村庄的案例分析发现，工商资本企业下乡帮扶贫困乡村，确实能够带动乡村经济的发展，通过参与土地流转，承包村民土地发展茄子、香瓜等经济作物的种植。工商资本企业利用其自身的资本、技术以及对市场的了解等相关优势，能够开拓多元化销售渠道，将农产品销售到城市发达地区，实现农民增收、乡村经济发展的目的，这也是国家积极鼓励工商资本下乡参与乡村振兴的原因。但是由于工商资本下乡主要以追求经济利益为主，以及乡村村民们认为种植粮食作物与其他经济作物相比，收益不高，因此，工商资本下乡参与土地流转在一定程度上导致了各地区的"非粮化"现象，大面积的土地不再用来种植粮食作物，而是用来种植经济效益较高的瓜果蔬菜等。

三、出现"非粮化"现象案例

2014年中央将鼓励创新土地流转形式写入《关于引导农村土地经营权有序流转发展农业适度规模经营的意见》并印发，旨在将资本引入农村，解决农民收入少、生产效率低等问题。然而，在土地流转规模逐渐增大的同时，有一些土地不再用于种植粮食，导致粮食用地面积萎缩，即土地出现了

---

① 李启发. 贵州独山：喜算丰收账 黄后香瓜分外香［EB/OL］.（2018 - 11 - 15）. travel. china. com. cn/txt/2018 - 11/15/content_72629260. htm.

"'非粮化'现象"。从长远角度看,"非粮化"现象会严重威胁到我国的粮食产出和粮食播种面积,甚至可能会引起粮食危机。

黑龙江省是我国第一产粮大省,耕地面积位居全国第一,粮食外销也远超其他粮食产量大省,是我国第一大粮仓。巴彦县位于黑龙江省的中部偏南,紧邻松花江,耕地面积344.5万亩,农业人口占比高达81.43%,其玉米和大豆产业都发展得比较好。[①]

2012年,巴彦县为招商引资,与七合畜牧签订了总投资为25.26亿元的生猪产业化项目。随后各乡政府以自己的名义与40多户农民签订合同,租地2 331亩,合同期限为16年,并表明租地用来创办农村生猪养殖基地及建立建筑物、设施、馆舍等配套产业。合同上盖有巴彦县人民政府的章,并有各农户和时任镇干部的签名。在合同第四条中明确写道:租金将由县政府分三期支付,前五年每亩租金为500元,中五年每亩租金为550元,后六年每亩租金为600元;超出实际租金的部分需由县政府支付[②]。合同签约后不久,就有工程队进村将坡地铲平;地表上的黑土也被推到地下,只剩下坑坑洼洼的黄土。据农户们反映,第一期租金政府按时缴足了,但第二期(即2017年)的租金却迟迟不见踪影。此时华山乡约397亩、巴彦港镇约562亩地已经荒草丛生,而政府并未按时支付足额租金,农户们的收入来源被阻断,无法正常生活。

对此,据当地政府部分回复:上一任县政府为尽快拿到投资与农民签订了合同,但实际用地人为七合畜牧,租金也应由该企业支付。2016年底时任县政府与七合畜牧沟通,其拒付账款并表示想将土地转手。律师表示,县政府与农民签订的合同是有效的,政府应及时履行义务,切实保护农民权益。最后,县政府起诉了七合畜牧,并表明判决后会给农民答复,维护其正当权益。2017年12月1日,此案件由黑龙江省哈尔滨市巴彦县人民法院执行并发表判决书,判决七合畜牧应在十五日内给付巴彦县人民政府2 331.07亩地中期五年的土地租金1 562 500.00元,并解除合同,将土地使用权返还。据

① 中国青年网.对千亩良田撂荒的三重追问 [EB/OL]. (2017–08–23) [2022–03–21]. http://news.youth.cn/jsxw/201708/t20170823_10569398.htm.

② 千亩良田何以撂荒——黑龙江省巴彦县部分乡镇政府拖欠农民租地款调查 [EB/OL]. [2017–08–21]. https://news.china.com/domesticgd/10000159/20170821/31146289.html.

调查, 黑龙江省七合畜牧有限公司时任董事长韩义文在 2014 ~ 2016 年指示财务人员造假, 虚增利润超 20 亿元, 被处以 90 万元罚款。2018 年韩义文失联疑似跑路, 留下一大堆烂摊子无人解决。不仅如此, 韩义文多次因金钱纠纷被起诉, 不仅拖欠账款, 还涉嫌生产、销售有毒、有害食品。

此案例中, 本应用来种植玉米的近千亩上好粮地撂荒, 且因其土地结构被破坏, 无法挽救; 农民没有收入来源, 生活困难; 县政府名声有损, 并且需要按合同规定弥补农民损失。现实生活中远远不止这一例, 企业看到土地流转中的红利就趋之若鹜而不考虑自身的实力和风控水平, 一旦经营不善就消失甚至跑路。不仅农民拿不到租金, 土地更是被破坏严重, 无法再耕种。

四、"非粮化" 诱因及防控思路总结

从本章节的案例分析中可以发现, 在我国导致 "非粮化" 现象的因素可以归结为资本自身与政府两个方面。工商资本下乡本身是一件既有利于下乡的资本又有利于下乡当地经济发展与提高农民收入的举措, 但在下乡的过程中出现了不可控制的 "非粮化" 现象。那么在认识到出现 "非粮化" 现象的诱因后如何确保国家粮食安全战略, 防止 "非粮化" 现象加重是我们所要探讨的。

(一)"非粮化" 的诱因

1. 政府招商引资时经验不足, 普通农户数量多且分布散落, 企业若想承包大片土地, 往往需要跟政府合作。政府为农户的福利着想, 但是在合作初期经验不足, 在签订合同时可能会有疏漏。政府既然有足够的威信引导人民, 就更应该在签订与民生相关的合同前仔细调查企业相关背景, 并将实际情况告诉人民, 非必要时不该以政府的名义为企业作担保。在企业施工过程中政府应该派人实时进行监督, 了解工程进度, 确保其顺利进行。在租金未付清前, 政府应详细了解企业资金状况, 发现有损人民利益的事件应立即处理, 不能将事情推迟解决。在农户利益受到威胁时, 政府应第一时间采取应对措施并竭力维护农户利益。

2. 政策落实力度不足, 政府监管不力。土地流转政策明确表示要坚持保护耕地, 重点保护基本农田的原则, 禁止改变流转土地的农业用途。但部分耕地转租给大户之后并没有用于种田, 而是改种经济作物, 甚至将耕地改造

成度假场所。土地承包大户手中的土地"非粮化"比例高达60%，但是复种率却是最低的，这种情况下竟无人制止并问责，说明政府在政策落实与监管力度方面有待提高。粮食是国家之根本，每一亩粮田的用途都应该由政府监督，不能放任企业滥用耕地。针对永久基本粮田，政府必须采取法律、技术、经济等综合手段，加强管理，严格保护。

3. 粮食补贴政策落后，农民权益缺乏保障。我国土地和农民数量都很庞大，涉及的补贴申请及发放程序十分烦琐，补贴面积需经过调查、公示、核算汇总、系统录入、上报等六步，才能发放补贴。但是基层财政配备的设备老旧，需要大量手工计算，导致补贴工作效率低且易存在失误。此外，粮食补贴数额少，粮食直补约10元/亩且隔年发放，农民的基本生活得不到保障，导致农户更倾向于把土地承包出去收取租金。同时，如果地方政府财政得不到补助，则农业基础设施建设也会相对落后，发展地方经济遇到阻碍，不能摆脱"贫困"的帽子。

4. 资本的逐利性。资本本身就是追求高利润的代表。资本在城市市场上的利润逐渐变少时，往往会在尚未开拓的市场重新追求高额利润。在土地流转市场开放的背景下，农村逐渐成为资本逐利的市场。在资本下乡后，面对大量的土地，资本相较于农民具备抗高风险的能力，在种植粮食作物与经济作物的选择下，资本通常会选择能够带来高利润的经济作物。比如在本章节提及的广西金穗集团与贵州金泽地集团两个案例中，前者在流转土地后选择了种植香蕉这种高利润作物，后者也是通过打造精品水果园来提高经济收益。

5. 资本盲目投资。近十几年来，政府一直重视农村农业农民的发展。各地方政府也为寻求当地农业的发展出台资本下乡的优惠政策。在国家和当地政府的推动下，一部分资本为追求政策补贴对农村市场进行开发，在开发时会出现获得短期利益后而跑路的现象。部分资本则会盲目地跟风，比如受广西金穗集团广泛种植香蕉的影响，农民大量种植香蕉，在2009年时出现了"香蕉潮"。由于盲目跟风种植香蕉，市场饱和，从而出现了香蕉滞销①。种植香蕉后的土壤难以恢复成适合种植粮食作物的土壤，这样的土地只能被

---

① 何程. 寒流加剧广西香蕉销售困境水果种植应避免一拥而上 [J]. 广西经济，2009（12）：10－11.

荒置。

(二) 防范与治理"非粮化"

1. 确保政府监督到位，完善农民福利机制。从粮田的划定、分配、使用、流转，到对农民的补助和技术支持，每一个环节都需要正确的引导和监管。地方政府应制订合理的法律法规和实施方案，建立健全监督制度，倒逼整治工作推进。相关部门各司其职，积极主动落实"非粮化"整治任务，如财政提供资金支持、技术部门提供科技服务等。政策和行动同时开展，相辅相成，缺一不可。

比起种粮，土地流转、种植苗木、挖塘养鱼等项目省时省力且效益高，吸引了大量农户。为调动农户粮食生产的积极性，需不断完善政府补贴和福利政策，除了保障农户基本生活质量外，还要弥补农户不能收租的机会成本。将补贴转换为实物分配给农民，如种子、肥料、农药等，在生产环节保障农户利益，确保资金补给真正的耕地者而不是拥有土地的人。同时，政府应该加强农业补贴系统的建设，更换设备，引进人才，提高补贴工作效率。只有切实为农户的利益着想，才能保证粮食产量，保证粮食生产安全。

2. 利用技术手段，提高工作效率。现代科技如此发达，机器的使用可以极大地降低人力成本并且提高工作效率。摸底排查工作需要大量基层人员去各处走访调查，但即使这样也会存在疏漏，如果运用卫星遥感摄像检测技术，不仅能实时监督大片区域，还能以最快速度报告违规行为的位置信息。这样可以释放大量人力资源，同时也提高了监督效率。此外，利用挖机和农户配合播种，可以加快播种进程；粮仓内充入氮气可以使储存的稻米保持新鲜；水利工程的升级使农田系统可持续发展，等等。同时，研究新型肥料，改善土地质量，提高土壤复耕率，为保障粮食种植面积及产量作出贡献。

实证篇

第五章

工商资本下乡中"非粮化"
组态驱动因素及路径

一、引言

乡村振兴背景下,资本下乡租赁土地现象日益普遍,工商资本拥有资金、技术、经营能力等方面的优势,对农业发展起到积极作用,但工商资本在长时间、大面积租赁农地过程中,也存在耕地"非粮化""非农化"隐患。"非粮化"引发的粮食安全隐患受到国家重视,2021 年中央一号文件指出要坚决守住 18 亿亩耕地红线,坚决遏制耕地"非农化"、防止"非粮化",《国务院办公厅关于防止耕地"非粮化"稳定粮食生产的意见》明确提出"要有序引导工商资本下乡,对工商资本违反相关产业发展规划大规模流转耕地不种粮的'非粮化'行为,一经发现要坚决予以纠正",对遏制"非粮化"和"非农化"提出了明确要求。在此背景下,深度探寻工商资本下乡"非粮化"现象影响因素、生成路径,对于保障粮食安全具有重要意义。

已有较多文献关注工商资本下乡"非粮化"现象，基于理论分析和案例调研，从多维度探究其成因（王勇等，2011；武舜臣等，2019）。研究表明，工商资本存在逐利性、农业种植能力不足等问题，导致工商资本缺乏种粮持续性和积极性（王勇等，2011；焦长权和周飞舟，2016），种粮比较收益、粮食种植条件等经济因素造成工商资本种粮动力不足（陈义媛，2016），此外监管缺失和经济增长导向可能导致政府忽视粮食种植和耕地保护（孔祥智等，2013）。现有研究存在以下特点：一是受限于数据获取难等问题，现有研究多基于案例和理论分析归纳成因，遵循"现状—成因—建议"的逻辑主线，以规范分析为主。二是侧重于通过实地调研获取案例，深入剖析案例，挖掘成因，对多案例的比较分析和普遍规律的提炼相对较少。三是从单因素视角出发，研究某一因素对工商资本下乡"非粮化"现象的影响，从而分析单个因素净效应（江光辉和胡浩，2021），对结果产生的核心条件和组态分析相对不足，未能充分揭示多要素互动的复杂运行机理。

基于此，本书引入组态视角和QCA方法，通过多案例分析工商资本下乡"非粮化"现象与影响因素之间的复杂因果关系，探究多因素驱动工商资本下乡"非粮化"现象的复杂机制。本书可能的边际贡献如下：其一，本书从投资主体视角、经济视角、政府视角构建影响工商资本下乡"非粮化"现象分析框架，系统整合了导致工商资本下乡"非粮化"现象的影响因素，为探索其形成的复杂路径提供了参考。其二，引入组态视角，采用QCA方法探究多因素组合驱动工商资本下乡"非粮化"现象的复杂路径，并分析其核心条件和边缘条件，揭示工商资本下乡"非粮化"现象形成机理，为工商资本下乡"非粮化"现象系统治理提供支撑。其三，工商资本下乡"非粮化"现象研究领域数据获取难度较大，传统回归模型面临样本容量不足的限制，针对当前实证研究的困境，本书在该领域率先运用了QCA方法，为工商资本下乡"非粮化"现象实证研究作出了有益探索。

二、文献梳理及研究框架

（一）文献梳理

投资主体视角下，学界主要关注资本逐利性和工商资本经营能力对工商资本下乡"非粮化"现象的影响。工商资本逐利性强，追求收益兑现速度、高收益空间和低风险，但粮食产业生产周期长、利润水平低、生产风险高，与工商资本逐利性产生了明显矛盾，诱发了"非粮化"倾向。具体来看，一是逐利性导致高成本收益敏感性。研究指出，规模经营主体对农业经营有着更强的利润最大化目标和更强的风险敏感性，面临较强的成本约束，因此在遇到风险和效益波动时，比其他经营主体更容易退出，而一旦"毁约弃耕"，农田将出现撂荒等"非粮化"问题（贺雪峰，2014；马九杰，2013；涂圣伟，2014）。二是资本逐利导致投机行为。土地资源属于稀缺资源，同时工商资本下乡在税收、融资、项目审批等方面拥有政策优惠，这对工商资本下乡产生了较大吸引力。调研发现，部分地区出现了圈地投机、骗取补贴等现象，部分地区工商资本出于占领稀缺资源的战略考虑，出现了"跑马圈地"和"圈而不用"现象，导致农田抛荒闲置（蒋永穆等，2015；谢天成等，2015；杨磊，2019）。从经营能力角度看，工商资本从业背景和经营管理方式与农业生产不匹配，一定程度上存在经营种植业能力不足和认知缺失的问题，容易出现经济困境（涂圣伟，2014；贺雪峰，2014；王彩霞，2017）。调研结果表明，某地工商资本从业背景多为房地产、钢铁、煤炭等产业，部分存在"用工业方式改造农业"等不合理认知，对农业经营客观规律不了解，导致企业经营困难（涂圣伟，2014）。工商资本是否适宜农业种植仍然存疑，如学者指出工商资本相比于农户不具备明显的种粮优势，大规模雇工经营从事粮食种植，效益低、亏损现象较常见（王彩霞，2017；王德福，2011）。

基于经济视角，现有研究主要从种粮比较收益角度分析工商资本下乡"非粮化"的成因（黄惠春等，2021；蔡瑞林等，2015）。从收益端来看，粮食生产具有周期长、风险高、利润水平低的特征，相比而言，经济作物相对收益更高、收益更稳定。随着消费升级，经济作物市场空间不断加大，因此粮食生产难以成为工商资本逐利性下的相对更优选择。马晓河（2011）通过分析1998年以来中国农产品的成本收益，指出研究期内中国多数农产品收益都呈现明显增长态势，而粮食的收益增长率最低。此外，中国粮食收购价格仍然相对较低，导致从事粮食种植收益减少甚至亏本（王德福和桂华，2011；匡远配和刘洋，2018）。从成本端来看，在当前农地要素市场化改革背景下，中国粮食生产成本却不断提高，其中土地成本尤为突出，对粮食生产造成较大压力（罗必良，2017）。对于工商资本而言，若选择种植粮食作物，随着种子、农药、化肥等农资产品价格上涨和承租成本上升，其利润空间将逐渐被压缩，导致入不敷出甚至亏本，故为了提高利润，多会选择种植收益较高的经济作物。

地方政府在工商资本下乡过程中存在利益相关者和监管者双重身份，对工商资本下乡的"非粮化"选择存在影响。出于利益考虑，地方政府与工商资本利益容易达成一致，通过支持工商资本流转土地来推动经济增长。调研结果表明，部分地区地方政府对工商资本下乡流转土地发挥了推动作用，部分地区地方政府不同程度地介入工商资本的土地流转过程，甚至发生强推土地流转至工商企业的现象（谢天成等 2015；黄惠春等，2021）。由于粮食种植利润空间小，在经济增长和招商引资目标驱使下，地方政府容易出现短视性和片面性的政绩观，对"非粮化"采取默许和放任态度，出现资本准入不严、耕地保护意识弱等问题（谢天成，2015）。由于工商资本在逐利性和经营能力上存在差异，缺乏严格监管会导致进入农村的工商资本良莠不齐，部分投机性强和经营能力不足的工商资本下乡容易出现"非粮化"倾向。从结果上来看，部分案例研究表明地方政府在遏制工商资本下乡"非粮化"中未发挥有效作用，如马九杰（2013）调研发现某地政府基于政绩考核要求推动资本下乡，但进入的工商资本导致了大面积改变土地用途的现象。

（二）研究框架

基于上述分析，工商资本下乡"非粮化"现象可视为投资主体在利益最大化目标驱动下，基于内外部多种因素做出的理性决策，可从投资主体视角、经济视角、政府视角进行分析，具体关注以下因素。

1. 投机倾向。按照获利方式区分，获利方式可分为经营获利和投机获利，经营获利方式包括粮食生产、非粮作物种植等，投机获利主要通过攫取土地资源、获取高额农业补贴等方式实现。经营获利中，粮食种植获利难度更大。投机获利直接导致土地资源被闲置、荒废或者滥用。如果工商资本过度追逐短期利润和高回报，投机倾向太强，则容易出现非粮种植或者投机行为，引发"非粮化"。

2. 经营能力。资本进入农村后，从事生产经营活动的工商资本面临持续经营、改变经营领域和退出经营环节的选择,这受到经营能力的影响。尽管部分工商资本出于良好动机下乡经营,但在市场判断、风险控制上可能存在不足,出现盲目投资等问题,进而导致经营失败,出现弃耕或弃租等行为,引发"非粮化"风险。而工商资本经营能力强,则能够有效化解短期收益波动,实现稳定持续盈利,减少弃耕退租可能,抑制"非粮化"。

3. 粮食种植条件。粮食种植条件是工商资本和地方政府选择产业的基本依据,地形条件、自然条件、交通区位等条件好的地区适宜粮食种植,在粮食种植方面具备成本优势和规模优势,这些地区的投资主体和政府有更强的粮食种植积极性。

4. 种粮比较收益。经济作物种植等非粮经济活动比较收益更高,粮食种植可能存在较高机会成本,抑制工商资本和地方政府粮食种植积极性。工商资本基于粮食种植机会成本考虑是否进行粮食生产,地方政府同样基于粮食种植机会成本选择合适的产业发展方向。在后期经营过程中,部分工商资本可能面临利润压力,在"非粮化"高收益的刺激下,可能出现"非粮化"。

5. 经营效益。经营效益影响工商资本短期决策,短期经营困难将直接造成工商资本萌生退出意愿,导致工商资本在高成本收益敏感性下出现弃耕、弃租等"非粮化"选择。

6. 招商压力。作为利益相关者,地方政府存在引入资本促进经济发展的考虑,如果地方政府经济增长需求强烈、招商引资压力大,有可能倾向于"非粮化"生产以获取更大经济增长空间,与工商资本行为选择出现一致性,从而支持或者默许工商资本下乡的"非粮化"选择。

7. 监管力度。地方政府作为管理者,对工商资本的行为选择存在以下几方面影响:一是在工商资本下乡之初,限制工商资本流转耕地后的经营范围,并在经营过程中监督工商资本,防止其偏离粮食种植环节;二是通过资质审查,过滤掉投机性强、资金实力弱的工商资本,提升工商资本质量,降低工商资本盲目下乡后出现经营危机等问题的可能性,防范"非粮化"。

基于上述分析,可以从投资主体视角、经济视角和政府视角三大维度,基于上述七个条件构建工商资本下乡"非粮化"现象影响因素的分析框架。在组态视角下,主体、经济和政府三大维度因素对"非粮化"的影响并非相互独立,而是通过复合联动方式发挥协同效应。具体而言,多重条件间的并

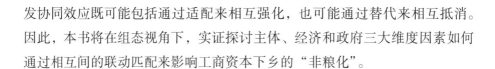

发协同效应既可能包括通过适配来相互强化，也可能通过替代来相互抵消。因此，本书将在组态视角下，实证探讨主体、经济和政府三大维度因素如何通过相互间的联动匹配来影响工商资本下乡的"非粮化"。

三、研究方法与数据

（一）研究方法

定性比较分析基于案例导向，通过多案例比较和分析，区分案例中某一现象出现的结果和前因条件，分析案例结果与前因条件之间的多重并发因果关系，主要回答"不同条件组态如何导致结果出现或者不出现"。定性比较分析结合了传统定性分析与定量分析的优点，具有以下优势：第一，定性比较分析通过跨案例比较，识别多因素共同驱动结果出现的机制，有助于提升实证结果的外部推广度。第二，传统回归分析主要用于探索单因素对于结果出现的"净效应"，定性比较分析则可以分析不同条件组态下结果产生的差异化驱动机制，解释不同条件组合对结果的影响和因果关系的复杂性。第三，定性比较分析样本限制较小，对于小案例样本仍然适用，能够在一定程度上缓解样本不足问题。定性比较分析主要包括 csQCA（清晰集定性比较分析）、fsQCA（模糊集定性比较分析）、mvQCA（多值定性比较分析）和 tsQCA（时间序列定性比较分析）。本书中，工商资本下乡"非粮化"现象的条件变量和结果变量均为二分变量，因此采用清晰集定性比较分析法进行分析。本书中，工商资本下乡"非粮化"现象受到投资主体、经济、政府三个层面多因素的影响，诱因复杂。通过 csQCA 方法，有助于明确哪些条件组态促成了工商资本下乡"非粮化"现象，识别工商资本下乡"非粮化"现象与其影响因素之间的复杂因果关系，明确形成路径。

（二）案例来源及赋值

本书中案例主要通过公开报道、期刊论文和实地调研获取，每项案例包括了工商资本下乡"非粮化"现象结果和其背后不同影响因素的组合，共计 27 个案例。从结果上看，$c20 \sim c27$ 这 8 个案例均为未出现工商资本下乡"非粮化"现象的案例，部分案例中，工商资本一直从事粮食生产，部分案例则出现过经营困难但仍然一直保持粮食生产状态。$c1 \sim c19$ 这 19 个案例中均出现了"非粮化"，具体包括工商资本脱离种植环节、耕地撂荒等。

根据本研究框架，共设置七个条件变量和一个结果变量，赋值方式如下：

1. "非粮化"。《国务院办公厅关于防止耕地"非粮化"稳定粮食生产的意见》提出对工商资本违反相关产业发展规划大规模流转耕地不种粮的"非粮化"行为，应予以坚决纠正。本书主要关注工商资本下乡带来的粮食安全问题，因此本书定义工商资本下乡"非粮化"现象为工商资本下乡参与农业生产过程中，通过土地流转获得耕地但不从事粮食生产的行为。具体来看，包括土地用途非农化、种植非粮食作物、农地撂荒等类型，这些问题造成了耕地存量减少和质量下降，对粮食安全产生潜在威胁。如果出现"非粮化"则记为 Y，赋值为 1，否则记 y，赋值为 0。

2. 投机倾向。投机倾向易导致过度逐利，诱发"非粮化"。如果案例中工商资本投机倾向明显，则记为 A，赋值为 1，否则记 a，赋值为 0。

3. 经营能力。工商资本经营能力能够有效保障工商资本盈利和持续稳定经营，减少经营失败导致的弃耕或者撂荒现象。如果经营能力弱，记为 B，赋值为 1，否则记为 b，赋值为 0。

4. 种粮基本条件。粮食种植条件差会抑制政府和工商资本种粮积极性，诱发"非粮化"，如果种粮基本条件差，记为 C，赋值为 1，否则记为 c，赋值为 0。

5. 种粮比较收益。种粮比较收益低易诱发"非粮化"，为便于理解，如果种粮比较收益低，记为 D，赋值为 1，否则记为 d，赋值为 0。

6. 经营效益。工商资本出现短期或者长期亏损或者效益不佳会导致经营压力，导致部分工商资本退出种植环节或者弃耕弃租，诱发"非粮化"。如果经营效益差，记为 E，赋值为 1，否则记为 e，赋值为 0。

7. 招商压力。地方招商引资压力会导致政府更加注重高收益和短期经济回报，抑制发展粮食种植产业积极性，从而引入工商资本开展"非粮化"经营。如果地方招商压力大，则记为 F，赋值为 1，否则记为 f，赋值为 0。

8. 监管力度。监管力度弱导致对工商资本从业背景、经营资质缺乏筛查，诱发"非粮化"风险。如果监管力度弱记为 G，赋值为 1，否则记为 g，赋值为 0。

上述七个条件变量和一个结果变量的赋值方式和赋值结果见表 5-1，案例中变量赋值见表5-2。

表5-1 变量列表

	变量名称	测量标准	代码	赋值	对"非粮化"影响
条件变量	投机倾向	投资主体投机倾向明显	A	1	促进
		否则	a	0	抑制
	经营能力	投资主体经营能力弱	B	1	促进
		否则	b	0	抑制
	种粮基本条件	粮食种植条件差	C	1	促进
		否则	c	0	抑制
	种粮比较收益	粮食种植比较收益低	D	1	促进
		否则	d	0	抑制
	经营效益	经营效益低	E	1	促进
		否则	e	0	抑制
	招商压力	招商压力大	F	1	促进
		否则	f	0	抑制
	监管力度	监管力度弱	G	1	促进
		否则	g	0	抑制
结果变量	"非粮化"	工商资本下乡后发生"非粮化"	Y	1	—
		否则	y	0	—

表5-2 案例中变量赋值

案例编号	"非粮化"结果	投机倾向	经营能力	种粮条件	种粮比较收益	经营效益	招商需求	监管力度
c1[1]	1	1	1	1	1	1	0	1
c2	1	1	1	0	0	1	1	1
c3[2]	1	1	1	0	0	1	0	1
c4[3]	1	1	1	0	0	1	0	1
c5[4]	1	0	1	0	1	1	1	1
c6	1	0	1	0	0	1	0	1
c7	1	0	1	0	0	1	1	1
c8[5]	1	0	1	0	1	1	1	1

续表

案例编号	"非粮化"结果	投机倾向	经营能力	种粮条件	种粮比较收益	经营效益	招商需求	监管力度
c9[6]	1	0	0	1	1	0	1	1
c10[7]	1	0	0	1	1	0	1	1
c11[8]	1	0	0	1	1	0	1	1
c12[9]	1	0	0	1	0	1	1	1
c13[10]	1	0	0	0	0	0	1	1
c14[11]	1	1	1	0	0	0	0	1
c15[12]	1	1	0	0	0	0	0	1
c16[13]	1	0	0	0	1	0	1	1
c17[14]	1	0	0	0	0	0	1	1
c18[15]	1	1	0	0	0	0	1	1
c19	1	1	0	1	1	0	1	1
c20[16]	0	0	0	0	0	1	0	1
c21[17]	0	0	0	0	0	0	0	1
c22[18]	0	0	0	0	0	0	0	0
c23[19]	0	0	0	0	0	1	0	0
c24[20]	0	0	0	0	0	0	0	0
c25[21]	0	0	0	0	0	0	0	1
c26[22]	0	0	0	0	0	0	0	0
c27[23]	0	0	0	0	0	0	0	0

资料来源：1. 刘银妹. 工商资本下乡稳定经营的多维视角研究——以南宁市隆安县那村为例[J]. 广西民族大学学报（哲学社会科学版），2020，42（2）：129-135.

2. 张兴军，马意翀. 河南土地流转现状与趋势调查：土地流转进入"新常态"[EB/OL].（2015-02-08）. http：//www. xinhuanet. com/politics/2015-02/08/c_1114294670_3. htm.

3. 山东工商资本介入土地流转调查："借力"还需防风险[EB/OL].（2016-12-28）. http：//www. jiaodong. not/news/system/2016/12/28/013343756. shtml.

4. 任晓娜，孟庆国. 工商资本进入农村土地市场的机制和问题研究——安徽省大岗村土地流转模式的调查[J]. 河南大学学报（社会科学版），2015，55（5）：53-60.

5. 贝燕威. 利弊交织下的挑战与出路——关于工商资本进入现代农业的案例调研报告[J]. 发展改革理论与实践，2016（3）：20-22.

6. 案例来源于研究团队对湖南锦绣千村合作社实地调研.

7. 瓮安中坪镇茶店村：蜂糖李园里，抬头是宝，低头还是宝！[EB/OL].（2020-07-06）. https：//www. sohu. com/a/406067743_120055035.

8. 独山县董秧村：茄子丰收人欢笑[EB/OL].［2022-05-03］. http：//m. qnmeitiyun. com/p/53339. html.

9. 陈晓燕, 董江爱. 资本下乡中农民权益保障机制研究——基于一个典型案例的调查与思考 [J]. 农业经济问题, 2019 (5): 65 - 72.

10. 赵久龙, 陈席元, 陈斌. 遏制耕地"非粮化"如何办 [J]. 半月谈, 2022 (2): 30 - 32

11. 吕添贵, 杨蕾, 汪立, 等. 资本下乡、农地流转风险与传导路径——以赣南传统村落为例 [J]. 国土资源科技管理, 2019, 36 (5): 78 - 88.

12. 坚决遏制农村乱占耕地行为 最高法发布耕地保护典型行政案例 [EB/OL]. (2020 - 12 - 14). https://www.chinacourt.org/article/detail/2020/12/id/5665789.shtml.

13. 中共独山县委组织部. 独山: 黄后香瓜分外香 [EB/OL]. (2022 - 04 - 17). https://www.qnzzgz.gov.cn/document/show/5364.html.

14. 贺亮, 张翼. 在地化: 资本农场中的农业雇工管理实践——基于湖北李村金川农场的实地调研 [J]. 农村经济, 2021, 460 (2): 1 - 11.

15. 农村调查: 资本下乡需防只"圈地"不种地 [EB/OL]. (2015 - 07 - 13). https://www.xxbcm.com/info/1050/11128.htm.

16. 胡新艳, 陈文晖, 罗必良. 资本下乡如何能够带动农户经营——基于江西省绿能模式的分析 [J]. 农业经济问题, 2021 (1): 69 - 81.

17. 蒋芳, 韦先超, 梁勤, 等. 新型稻田内循环 3.0 系统稻渔综合种养典型案例分析 [J]. 四川农业科技, 2021 (12): 65 - 67.

18. 中国新闻网编辑部. 江苏沛县"能人"返乡创业争当乡村振兴"领头雁" [EB/OL]. (2022 - 03 - 11). https://baijiahao.baidu.com/s?id=1727002015814776737&wfr=spider&for=pc.

19. 徐宗阳. 资本下乡的社会基础——基于华北地区一个公司型农场的经验研究 [J]. 社会学研究, 2016, 31 (5): 63 - 87 + 243.

20. 黄惠春, 管宁宁, 杨军. 生产组织模式推进农业经营规模化的逻辑与路径——基于江苏省的典型案例分析 [J]. 农业经济问题, 2021 (11): 128 - 139.

21. 案例基于对湖北省宜都市王家畈镇"非粮化"问题实地调研.

22. 中共莱西市委宣传部. 莱西市姜山镇: 以农业产业规模化助力乡村振兴 [EB/OL]. (2020 - 06 - 11). https://baijiahao.baidu.com/s?id=1669186425609569247&wfr=spider&for=pc.

23. 金东区人民政府. 让"良田"回归"粮田"我区"非农化""非粮化"整治稳定粮食生产 [EB/OL]. (2021 - 04 - 14). http://www.jindong.gov.cn/art/2021/4/14/art_1229171399_59026257.html.

(三) 真值表构建

按照上述赋值方式, 得到真值表如表 5 - 3 所示, 根据真值表, 共产生了 16 类条件组态, 各自对应相应案例。其中, 第 1 行和第 2 行分别对应 5 个案例和 3 个案例, 均为 0 组态, 第 3 行至第 14 行为 1 组态, 可以看出工商资本下乡"非粮化"现象影响因素存在多样化的条件组态, 说明"非粮化"形成背后的复杂驱动机制。

表 5 - 3 　　　　　　　　　　　　　　　真值表

投资动机	经营能力	种粮条件	种粮比较收益	经营效益	招商需求	监管力度	覆盖案例	"非粮化"结果
0	0	0	0	0	0	1	5	0
0	0	0	0	1	0	1	3	0
0	0	1	1	0	1	1	3	1

投资动机	经营能力	种粮条件	种粮比较收益	经营效益	招商需求	监管力度	覆盖案例	"非粮化"结果
1	1	0	0	1	0	1	2	1
0	0	0	1	1	1	1	2	1
0	1	0	1	1	1	1	2	1
1	0	0	0	0	0	1	1	1
1	1	0	0	0	0	1	1	1
0	1	0	0	1	0	1	1	1
1	1	1	1	1	0	1	1	1
0	0	0	0	0	1	1	1	1
1	0	0	0	0	1	1	1	1
1	0	1	1	0	1	1	1	1
0	1	0	0	1	1	1	1	1
1	1	0	0	1	1	1	1	1
0	0	1	0	1	1	1	1	1

四、数据分析与实证结果

(一)单条件必要性分析

单个条件必要性分析用于研究某个因素单独出现对于结果的影响强度，包括一致性分析和覆盖率分析。一致性比率计算了包含某个前因条件所有案例中出现同样结果案例的占比，衡量了条件变量对于结果变量的解释力度。覆盖率表示该前因条件组合的案例中出现某一结果的案例占比，表示条件变量的解释范围。根据判定标准，单个变量一致性大于 0.9 时，可认为该条件是造成结果的必要条件。表 5 - 4 是单变量必要性分析的结果。

表 5 - 4　　　　　　　　　单个条件必要性分析结果

变量	解释	"非粮化"		"趋粮化"	
		一致性	覆盖率	一致性	覆盖率
A	投机倾向明显	0.421	1.000	0.000	0.000
a	否则	0.579	0.579	1.000	0.421

续表

变量	解释	"非粮化"		"趋粮化"	
		一致性	覆盖率	一致性	覆盖率
B	经营能力弱	0.474	1.000	0.000	0.000
b	否则	0.526	0.556	1.000	0.444
C	种粮条件差	0.316	1.000	0.000	0.000
c	否则	0.684	0.619	1.000	0.381
D	种粮比较收益低	0.474	1.000	0.000	0.000
d	否则	0.526	0.556	1.000	0.444
E	经营效益低	0.474	0.750	0.375	0.250
e	否则	0.526	0.667	0.625	0.333
F	招商压力大	0.684	1.000	0.000	0.000
f	否则	0.316	0.429	1.000	0.571
G	监管力度弱	1.000	0.704	1.000	0.296
g	否则	0.000	—	0.000	—

注：鉴于指标计算规则，"—"无法计算覆盖率数据。

在各条件变量对"非粮化"影响的分析中，仅仅 G 的一致性为 1，大于 0.9 的临界标准，可判定为"非粮化"的必要条件，表明所有出现"非粮化"结果的案例，前因条件中均包含监管力度弱，说明监管力度弱对工商资本下乡"非粮化"现象的影响较明显。其他条件一致性小于 0.9，不构成"非粮化"的必要条件，表明这些条件单独出现对于"非粮化"影响力度较弱。

在各条件变量对"趋粮化"影响的分析中，A、B、D、E、F 对立面一致性均为 1，满足必要条件判定标准，说明这些条件的缺失有助于"趋粮化"，即要抑制"非粮化"上述问题均不能出现。值得注意的是，G 的一致性为 1，构成"趋粮化"的必要条件，说明"趋粮化"案例前因条件中也都包含监管力度弱的条件。但这并非表明监管力度弱助推了"趋粮化"，其本质含义在于，在资本投资动机良好、种粮比较收益高等情况存在时，此时无须较严格的监管即可避免"非粮化"，监管力度强弱对"非粮化"的影响不再重要。

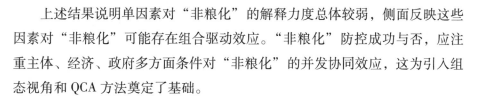

上述结果说明单因素对"非粮化"的解释力度总体较弱，侧面反映这些因素对"非粮化"可能存在组合驱动效应。"非粮化"防控成功与否，应注重主体、经济、政府多方面条件对"非粮化"的并发协同效应，这为引入组态视角和QCA方法奠定了基础。

（二）条件组态分析

本书基于FS - QCA进行条件组态分析，QCA分析得到的条件组态包括复杂解、简约解、中间解，不同之处在于三种解包含的逻辑余项，即在逻辑上可能但所研究案例中未出现的反事实条件组态。复杂解排除了所有逻辑余项，但结果过于复杂，对普遍规律的揭示较差；简约解包含大量反事实条件组态，但结果过于简单，结论可能与实际情况出入很大；中间解介于这两者之间，借助了与理论和实践知识相一致的逻辑余项，结果相对简单。以往研究表明，中间解更接近理论现实，复杂性适中，已成为多数QCA研究者报告和解释的主要选择。同已有研究一致，本书在此汇报中间解。为识别条件组态中单个条件的主次作用，通过中间解与简约解嵌套关系对比来识别造成结果出现的核心条件和边缘条件：核心条件既在中间解也在简约解中出现，其对结果出现起到主要作用，边缘条件只在中间解中出现，对结果出现发挥次要作用。

本书采用拉金和菲斯（Ragin and Fiss，2008）提出的QCA分析结果呈现形式，其中，●●表示核心条件存在，●表示边缘条件存在，⊕⊕表示核心条件缺失，⊕表示边缘条件缺失，空格表明条件变量存在与否对结果无关紧要。QCA采用一致性和覆盖率标准来解释实证结果可靠性，一致性比率计算包含前因条件组合的所有案例中出现同样结果案例的占比，覆盖率前因条件组合和结果能够解释的案例数量占案例总数的比例。通过计算得到的结果如表5 -5所示。

表5 -5中，$S_1 \sim S_3$呈现了解释"非粮化"的形成路径，包含3种条件组态，用于解释工商资本下乡"非粮化"现象。三种条件组态一致性均为1，说明所有前因条件相同的案例均出现"非粮化"，总体一致性为1，说明出现三种条件组态案例均出现"非粮化"。三种条件组态覆盖率均大于0，

说明能够解释一定数量的案例，总体覆盖率为 1，说明三种条件组态解释了所有"非粮化"案例，上述分析结果表明实证结果有效。

表 5 - 5 条件组态充分性分析结果

组态类型	代码	1 组态	1 组态	1 组态	0 组态
条件组态序号		S_1	S_2	S_3	NS_1
投机倾向	A	●●			⊕⊕
经营能力	B			●●	⊕⊕
种粮条件	C				⊕
种粮比较收益	D				⊕
经营效益	E			●	
招商压力	F		●●		⊕⊕
监管力度	G	●	●	●	
原始覆盖率	—	0.421	0.684	0.421	1.000
唯一覆盖率	—	0.105	0.368	0.053	1.000
一致性	—	1.000	1.000	1.000	1.000
解的覆盖率	—	1.000		1.000	
解的一致性	—	1.000		1.000	

（三）条件组态解释

1. 投机驱动型。组态 S_1 以投机倾向为核心条件、监管不足为边缘条件，可覆盖 8 个案例，唯一覆盖 2 个案例。该组态揭示了投机倾向和监管不足同时存在下的"非粮化"现象。其中投机倾向是核心条件，监管不足是边缘条件，表明资本逐利引发的投机倾向是主要影响因素，而监管不足是辅助影响因素，因此该组态可归类为投机驱动型。

按投机类型看，该类组态存在两种情况：一是经营性投机。该情况下工商资本以经营获利为动机，但由于认知不足和能力缺乏，在盲目投资后出现经营困难，由于缺乏长期经营的意愿，容易弃租跑路。以案例 c1 为例，工商资本受香蕉种植利润空间刺激涌入该地，但明显缺乏长期经营意愿和足够的经营能力，在外部市场冲击下，大量资本出现经营困难，引发资本跑路、农地撂荒等问题。二是非经营性投机。部分工商资本出于圈地等目的，打着粮食种植幌子下乡攫取土地资源。该类案例如 c15，工商资本以农业开发为幌子租用土地，但出现违法转包问题，破坏了耕地条件，造成了 "非粮化"。

值得注意的是，监管不足、投机倾向强时，经营能力、经营效益、招商压力、种粮条件、种粮比较收益条件存在或缺失不影响 "非粮化"。如粮食种植条件和 "非粮化" 收益空间两个条件可有可无，说明投机性强的资本并非都会考虑经营获利空间。如案例 c1 中，工商资本受香蕉种植价格上涨驱动涌入农村追逐短期利益，但案例 c15 中工商资本下乡主要是通过农业种植获取土地后转包，并不受当地粮食种植条件的影响。招商压力条件同样可有可无，部分地区地方政府在招商引资压力下引入了投机性强的工商资本，另外部分地区则未干预资本下乡，但存在监管不严问题，致使投机性资本涌入，出现 "跑路" 现象。

2. 政府推动型。组态 S_2 以招商压力为核心条件、监管不足为边缘条件，可覆盖 13 个案例，其中可唯一覆盖 7 个案例。该组态表明，地方政府招商引资意愿强烈，并且对引入的资本缺乏准入门槛和经营约束时，易造成 "非粮化"。其中，政府招商压力是核心条件，因此该组态可命名为政府推动型，反映了政府经济增长需求对 "非粮化" 的重要影响。

具体来看，一是增长驱动下，地方政府和工商资本结合地区实际，选择发展更利于经济增长和居民增收的产业。该类情况在后发地区较为常见，由于粮食种植收益低并且脱贫增收压力大，地方政府具有通过 "非粮化" 脱贫增收的需求。该组态典型代表如案例 c10，该地自然条件贫瘠不适宜粮食种植，但适宜种植经济作物，由于脱贫任务重，地方政府引入工商资本进行了 "非粮化" 种植，产生了较好的经济效益。二是增长驱动下，地方政府出于经济增长目的大力推进招商引资，在招商引资中缺乏对资本的准入要求和经营约束，由于资本能力不足，在遭遇经营困难后，出现脱离种植环节和土地摞荒的问题。在案例 c13 中，地方政府出于脱贫增收目的推进资本下乡，引入了煤炭从业背景的工商资本，由于缺乏经营农业的能力，投资者在煤炭价格下跌后，为优先确保煤矿正常生产，逐渐减少了对农业园区项目的投资，导致项目烂尾和耕地摞荒。

从其他条件来看，粮食种植条件和 "非粮化" 收益空间不重要，这主要

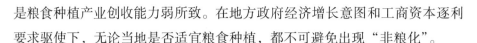

是粮食种植产业创收能力弱所致。在地方政府经济增长意图和工商资本逐利要求驱使下，无论当地是否适宜粮食种植，都不可避免出现"非粮化"。

3. 困境诱发型。组态 S_3 以经营能力为核心条件，以经营效益和监管力度为边缘条件，该组态揭示了经营能力弱、经营困难、监管力度不足下的"非粮化"，可命名为"困境诱发型"，可解释 8 个案例，唯一解释 1 个案例。该组态覆盖的 8 个案例中，工商资本存在农业认知不足、盲目投资等问题。以案例 c6 为例，该地缺乏对工商资本的严格监管，导致进入该地的工商资本资质不足、能力欠缺。如该地工商资本从业背景多为煤炭、钢铁等工业行业，部分存在"以工业模式改造农业"等不合理认知，在经营过程中，投资者忽视农业生产的复杂性和盲目投资扩产等现象频发，诱发了后期经营困境，出现撂荒、烂尾等问题，引发"非粮化"。该组态揭示了政府监管的重要性，政府应通过对工商资本进行资质审查约束，防止工商资本经营能力弱导致的弃耕、烂尾撂荒等问题。

（四）条件组态对比分析

通过对三种组态的核心条件、边缘条件进行对比，可以对不同影响因素下"非粮化"形成的路径进行对比分析，识别内在共性和差异。对比发现：

第一，三类条件组态均包括"监管力度"，但该条件并非核心条件，表明资本准入和经营监管缺乏在各种情况下均推动了工商资本下乡"非粮化"现象，导致不良动机和经营能力不足的工商资本下乡参与土地流转，引发盲目投资、低效经营、政策投机等问题。一旦工商资本的短期高额利润目标无法实现，则出现弃耕退租等问题。此外，部分工商资本直接选择骗补、囤地等政策投机方式作为获利途径，导致耕地资源荒废。

第二，三类条件组态均不包含粮食种植条件和"非粮化"比较收益两个条件，表明在不同的情况下，这两个条件对工商资本下乡"非粮化"现象影响不同。一方面，粮食生产属于弱势产业，即使粮食种植条件优越，在机会成本刺激下，也难以成为工商资本逐利和地方经济增长的最优选择，本书案例中，工商资本下乡"非粮化"既存在于平原等优质耕地区，也出现在山区等劣质耕地区。另一方面，部分工商资本投机性强，下乡投资以圈地、骗补为主要目的，因此不关注粮食种植条件，更多关注政策补贴和攫取土地的收益空间。

（五）未产生"非粮化"的条件组态

本书还分析了"趋粮化"的条件组态，对"非粮化"产生了反向例证作用，可以实现对"因果非对称性"的研究。实证结果表明，存在一种条件组态 ~ A * ~ B * ~ C * ~ D * ~ F，即 ~ 投机倾向 * ~ 经营能力弱 * ~ 种粮条件差 * ~ 种粮高机会成本 * ~ 招商压力，其中，A、B、F 为以三个条件同时缺失为核心条件，该组态能够有效解释为什么工商资本下乡后未出现"非粮化"。该组态表明，避免"非粮化"的关键在于政府和工商资本，即工商资本要有正确的投资导向和合格的经营能力。政府要有正确招商导向，从而有助于提升下乡资本的资质。优质的工商资本是确保工商资本能够稳定持续获利的基础条件，可防止因利润目标未能实现而出现弃租、脱离种植环节等"非粮化"行为。同时，当地种粮基础条件和比较收益均要具备，才能确保粮食种植成为工商资本获利和地方政府追逐经济增长的首选。值得注意的是，三种组态中，经营效益高低、监管力度强弱对抑制"非粮化"影响较小，前者说明工商资本短期的经营困境并不一定造成"非粮化"，这是由于良好的投资动机和经营能力能够克服短期经营困难，防止经营困难诱发的弃耕或者跑路行为。后者说明准入经营约束主要对象为动机不良和经营能力不足的工商资本，对于有正确投资导向和合格经营能力的工商资本，政府无须过多施加约束。

五、结论及启示

（一）结论

工商资本下乡支农中，如何防范"非粮化"带来的粮食安全隐患是重要议题。本书从投资主体、经济、政府三个视角，选取投机倾向、经营能力、种粮条件、种粮比较收益、经营效益、招商压力、监管力度构建工商资本下乡"非粮化"现象的影响因素框架，采用清晰集定性比较分析法，基于27个工商资本下乡案例，研究了工商资本下乡"非粮化"现象与其影响因素之间的多重并发因果关系，得出如下结论：第一，单因素必要条件分析表明，在投机倾向、经营能力、种粮条件、种粮比较收益、经营效益、招商压力、监管力度7个前因条件中,仅监管力度构成工商资本下乡"非粮化"现象的必要条件,说明工商资本下乡"非粮化"现象是投资主体、经济和政府三个层面多因素驱动的结果。第二,存在驱动工商资本下乡"非粮化"现象三种条件组态,包括"投机驱动型""政府推动型""困境诱发型",解释了投资主体、经济和政府三方面因素与工商资本下乡"非粮化"现象间的多重并发因果关系,说明工商资本下乡"非粮化"现象形成路径的多样化。第三,投机倾向、经营能力、招商压力是工商资本下乡"非粮化"现象的核心条件,监管力度是工商资本下乡"非粮化"现象的边缘条件,三种路径共同揭示了政府监管缺乏背景下,驱动"非粮化"的多种因素。本书的研究结论有助于深化对我国工商资本下乡"非粮化"现象形成的复杂影响因素和形成机制的认识,为治理工商资本下乡"非粮化"现象、强化耕地保护提供了启示。

(二)启示

第一,本书基于现有研究和案例观察,整合了投资主体特征、投资获利情况和政府行为三方面前因条件,并细化为7个二级指标,构建了影响工商资本下乡"非粮化"现象的多因素分析框架,该理论框架揭示了投资主体在利益目标的驱动下,基于自生特征和外部环境的"非粮化"决策。

第二,本书在工商资本下乡"非粮化"领域探索运用了定性比较分析法,发挥了QCA方法小样本和案例导向优势,一定程度上解决了当前该领域研究大样本数据不足、定量分析相对较少的问题,对于该领域深化研究提供了启示。

第三,本书从组态视角出发,进行单条件必要性分析和条件组态充分性分析,发现单因素无法充分解释"非粮化"成因,工商资本下乡"非粮化"现象是多因素复合驱动的结果,在当前单因素视角或单案例分析基础上进一步拓展了研究视角,有利于充分挖掘这一现象形成路径的多样性和复杂性。

第四,工商资本下乡"非粮化"现象治理需要基于组态视角。投机倾向、经营能力、种粮条件、种粮比较收益、经营效益、招商压力、监管力度是影响"非粮化"的潜在因素,但这些因素更多是通过联动匹配共同作用于工商资本下乡"非粮化",因此对工商资本下乡"非粮化"现象的成因也有必要考虑组态视角,注重系统思维,而非聚焦于单个因素,从而提升"非粮

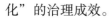

化"的治理成效。

第五，注重工商资本下乡"非粮化"现象生成的复杂机制。条件组态分析表明，存在多条途径引发工商资本下乡"非粮化"现象，因此应注重工商资本下乡"非粮化"形成的复杂性，并准确识别核心条件和边缘条件，出台有针对性的政策工具组合。具体而言，条件组态1主要受资本投机驱动，因此治理的关键在于通过严格监管，防止资本下乡投机；条件组态2主要受政府招商引资压力驱动，因此治理重点在于树立正确的招商引资导向，强化政府耕地保护意识；条件组态3主要是资本经营能力不足导致，因此治理关键在于通过严格监管提升工商资本的质量。

第六章

农民收入结构视角下工商
资本下乡"非粮化"诱因

　　随着我国农业结构不断优化升级,农民收入在逐年增加的同时,收入结构日趋多元化,大量青壮劳动力脱离土地,进入城镇务工。农民的工资性收入已超越经营性收入,占据了农民收入的主导地位(李国祥,2021)。其中伴随而来的耕地"非粮化"现象不容忽视,国家统计局数据显示,2016~2019年,我国粮食播种面积连续4年下降。国家对"非粮化"现象给予了高度重视,2020年11月17日国务院办公厅印发《关于防止耕地"非粮化"稳定粮食生产的意见》,2021年中央一号文件明确指出严格控制非农建设占用耕地,坚决遏制耕地"非农化"、防止"非粮化",明确耕地利用优先序,永久基本农田重点用于粮食特别是口粮生产。与此同时,大量工商资本进入乡村,通过土地流转的方式进行现代化农业生产,流转入企业的耕地面积占耕地流转总面积的比例逐年上升,由2011年的8.4%增加至2020年的10.4%①。工

　　① 农业农村部农村合作经济指导司,农业农村部政策与改革司.2017~2018年中国农村经营管理统计年报 [M].北京:中国农业出版社,2018~2019;农业农村部政策与改革司.2019~2021年中国农村政策与改革统计年报 [M].北京:中国农业出版社,2020~2022.

商资本下乡在对农业领域带来优化要素关系、促进技术进步、提升农民收入等积极效应的同时（涂圣伟，2014；高晓燕等，2020），会对小农户产生挤出效应（涂圣伟，2014）。而当前我国粮食生产的主力军依然是以家庭为单位的小农户（武舜臣等，2019；崔钊达等，2021），保障粮食播种面积稳定的核心在于调动农户粮食生产的积极性。因此，讨论农民耕种"非粮化"、农民收入结构变化与工商资本下乡之间的联系对于保证我国粮食安全有重要意义。本章利用2016年中国劳动力动态调查数据，从微观角度实证研究了农民收入结构变化对农户耕种"非粮化"的影响，发现工商资本下乡在一定程度上促进了农民收入结构的转变，进而促进了农户耕种行为的"非粮化"倾向。

一、文献综述

针对我国耕地"非粮化"现象，许多学者通过实地走访调查进行了深入研究并发现了不同程度的"非粮化"现象。张茜等（2014）对河南省舞钢市21个家庭农场进行了调研，认为"非粮化"现象的产生是因为相较于经济作物，营造出适宜粮食作物生长的环境需要更多的投入，而且粮食作物收益相对较低。张藕香（2016）对安徽省等10省区的农户进行了抽样调查，发现有近80%的农户选择了种植非粮作物，经济作物较高的利润空间对粮食作物产生了挤压效应。肖铁肩等（2017）从农民分化视角，通过对湖南省张家界市石牌村的农户调查发现，种粮农民的收入和社会地位较低，且劳动强度较大，农户的整体种粮意愿不足10%，愿意种粮的农户多数出于对土地的朴素情感。

土地流转对"非粮化"的影响主要从流转租金与流转规模两个角度展开。易小燕等（2010）在对河北、浙江两省农户的调查中发现，年流转租金越高，转入耕地的成本就越高，为弥补成本和获得更多收益，农户种植非粮食作物的倾向会越明显。韩国莹等（2020）通过对黄淮海地区农户调查数据的实证研究发现，流转土地租金价格的上升对耕地"非粮化"的概率和非粮作物种植比例均产生了正向影响。张宗毅等（2015）通过对全国1 740个家庭农场的实证研究发现，耕地规模会对非粮作物种植比例产生负向影响。曾雅婷等（2018）通过对六个粮食主产省农户调研数据的实证分析发现，"非

粮化"面积与土地流转面积呈倒"U"型关系。罗必良（2018）对九省
2 704个农户调查数据进行了实证分析，发现农地转入规模较小的农户倾向
于种植经济作物，情境依赖是土地流转中"非粮化"现象的显著特征。刘航
（2020）通过对控制土地质量后的地块层面数据研究发现，总体上土地流转
并不会导致耕地的"非粮化"现象，但是与大规模流转户相比，小规模流转
户倾向于"非粮化"的种植结构。综上所述，土地流转不必然导致"非粮
化"，关键取决于经营主体在各种约束下对目标最大化的经营选择。

工商资本的逐利特性是众多学者研究"非粮化"的出发点。马九杰
（2013）认为工商资本的逐利性导致其对市场环境很敏感，这增加了农业经
营的不确定性，从而威胁到粮食安全。蒋永穆等（2015）通过对四川省38
家涉农工商企业的调研发现，工商企业缺乏种植粮食作物的积极性，一些企
业在投资农业中存在着套取国家惠农补贴等投机行为。任晓娜等（2015）通
过对安徽省大岗村土地流转的调查发现，工商资本为了获取更高的利润，在
流转的土地中主要种植经济作物。而农户之间的土地流转则因为技术、管
理、市场等原因倾向选择种植粮食作物。蒋云贵等（2017）和侯旭平等
（2018）均指出工商资本在下乡过程中，会凭借其在土地流转中具备的投资
渠道优势，强迫农民同意变更耕地用途，进而威胁粮食安全。钟真（2018）
在对山东等5省的包括农业企业在内的农业经营主体调研后发现，各类经营
主体的平均土地成本和平均收益均高于普通农户，但各类经营主体平均利润
率低于普通农户，各类经营主体在种植经济作物上的利润空间高于种植种粮
作物。综上所述，工商资本的逐利本质与粮食作物收益低、成本高的现状促
使下乡的工商资本进行"非粮化"种植。

通过以上文献梳理可知，各经营主体会根据种粮比较效益进行粮食生产
选择。笔者发现现有研究存在以下局限：第一，许多文献研究发现农民的收
入结构正发生质的变化，农民收入结构日趋多元化，农业经营性收入占比逐
渐下降，工资性收入占比逐渐上升（何蒲明，2020；李国祥，2021）。这会
改变种粮的比较效益，在一定程度上影响农户的种粮选择。但仅有何蒲明
（2020）从宏观视角通过区分主产区与主销区研究了农民收入结构对农户种
粮积极性的影响。第二，多数文献研究了工商资本下乡种植粮食的行为，但
鲜有文献研究工商资本下乡对农户粮食生产行为的影响，并且鲜有文献从微

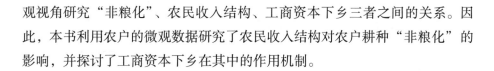

观视角研究"非粮化"、农民收入结构、工商资本下乡三者之间的关系。因此，本书利用农户的微观数据研究了农民收入结构对农户耕种"非粮化"的影响，并探讨了工商资本下乡在其中的作用机制。

二、理论基础与研究假设

（一）农民收入结构与"非粮化"

农业是弱质产业，而粮食生产更是农业生产中的弱质项（侯胜鹏，2009）。粮食生产不仅投入高，收益低，而且粮食作物的经营风险较大，相较于经济作物，粮食作物抗灾害能力差，对土壤墒情要求高，这在一定程度上使得农户对粮食种植望而却步。全国非粮播种面积和非粮播种面积占总耕地面积两者变化趋势相似，均在2016年后出现大幅度上升。非粮面积占比从2016年的28.58%增长至2020年的30.28%，"非粮化"现象逐渐加剧。①

与此同时，农业生产中存在的"新剪刀差"问题日益凸显，即种植经济作物的效益远远高于种植粮食作物的效益，农资价格的上涨幅度远远高于粮食价格的上涨幅度，外出打工与种粮的收益差距越来越大（朱明月等，2018）。随着我国城镇化和工业化的逐步推进，农村大量青壮劳动力转移，农民收入来源日趋多元化。虽然多元化的收入对维持农民生计发挥着重要作用（Dethier & Effenberger，2012），但是其中种粮收益的重要性在不断下降（姜天龙等，2012）。家庭农业经营性收入占比逐年下降，工资性收入占比逐年上升，农民增收的主要来源逐渐转为工资性收入。种粮的机会成本不断攀升，农民在利益驱动下会降低种植粮食的意愿（Talip et al.，2009；姜长云等，2021）。图6-1展现了2013～2020年农村居民人均可支配收入结构的变动情况，从中可知，农村居民经营性收入占比逐年下降，从2013年的41.73%下降至2020年的35.47%。农村居民工资性收入占比逐年上升，从2013年的38.74%上升至2020年的40.71%，并于2015年超过了经营性收入占比，在农民收入中占据了主导地位。财产性收入和转移性收入占比逐年上升，从2013年的19.54%上升至2020年的23.82%，但在农民整体收入中

① 农业农村部农村合作经济指导司，农业农村部政策与改革司.2017～2018年中国农村经营管理统计年报［M］.北京：中国农业出版社，2018～2019；农业农村部政策与改革司.2019～2021年中国农村政策与改革统计年报［M］.北京：中国农业出版社，2020～2022.

占比依然很小。

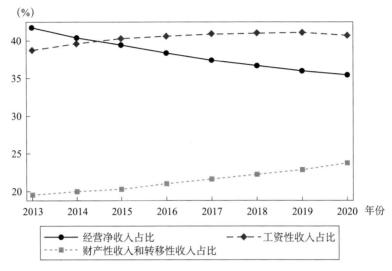

图6-1 2013~2020年农村居民人均可支配收入结构

资料来源：2013~2020年《中国统计年鉴》。

因此，本书提出如下假设：

假设（1）：农民经营性收入的增加会促进农户进行粮食生产。

假设（2）：农民工资性收入的增加会抑制农户进行粮食生产。

假设（3）：考虑到农民财产性收入和转移性收入在农民收入结构中占比不高，农民财产性收入和转移性收入不会显著影响农户粮食生产。

（二）工商资本下乡与农民收入结构

在工商企业进入农业生产领域的过程中，一方面，农户会自愿地将土地流转给工商企业以取得租金收入，进而从农业生产中解放出来，进入城镇务工取得工资性收入（杨磊，2019）。如王勇等（2011）在对唐山市玉田县东定府村的调查中发现，农户在租金的利益驱动下会倾向于将土地流转给种粮大户和工商企业。另一方面，在工商企业流转土地过程中，农户在与工商企业的利益博弈过程中处于弱势地位，农户会被迫脱离农业生产（张尊帅，2013）。具体而言，相对分散的小农户缺少决策权、话语权和主动权，具有信息不对称和谈判能力弱等劣势（田欧南，2012），而工商企业凭借其资金优势、信息优势、技术优势对农户从事农业生产进行挤压，导致违背农户意愿将土地流转给工商企业（曹俊杰，2017）。但是单纯依赖土地流转的租金收入不能确保农户维持生计，脱离土地的农户只能寻求其他性质的收入。虽然工商企业可能会雇佣原土地上的劳动力，但根据相关调查，工商企业通过土地流转获得农地后，原承包地上的农民仅有大约20%能进入工商企业工作（张尊帅，2013）。因此，无论是农户自愿还是被迫将土地流转给工商企业，均会在一定程度上降低农户的农业经营性收入，提高农户的工资性收入，加速农民收入结构的转变。综上所述，本书提出如下假设：

假设（4）：工商资本下乡会抑制农户经营性收入的提高。

假设（5）：工商资本下乡会促进农户工资性收入的提高。

综上所述，农户耕种"非粮化"的传导路径见图6-2。

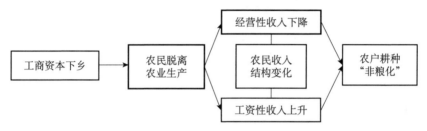

图6-2 农户耕种"非粮化"的传导机制

三、数据来源、变量选取与模型设定

（一）数据来源

本书所使用的微观农户数据来自中山大学社会科学调查中心公布的2016年中国劳动力动态调查（China Labor-force Dynamics Survey，CLDS）数据，CLDS数据覆盖了中国29个省份（海南、西藏以及港澳台地区除外），调查对象为样本家庭中15~64岁的家庭成员。本书对相关数据进行了如下处理：首先筛选出进行农业生产的家庭；其次运用Stata15合并劳动力家庭数据与村庄层面数据；最后对样本中相关变量的极端值进行了缩尾处理，进而得到了3911份农户家庭数据，涵盖全国26个省份。

（二）变量选取与描述性统计

本书使用农户粮食作物（稻谷、小麦、玉米）种植面积的对数来衡量农户耕作"非粮化"程度，并且剔除了农户弃耕的土地面积。经营性收入采用家庭农、林、牧、副、渔业的总体毛收入的对数来衡量。工资性收入采用家庭所有在职工作人员的薪酬、奖金、补贴等收入总额的对数来衡量。财产性收入为家庭股息、土地、红利、销售收益、债权、基金、厂房租赁等收入总额的对数。转移性收入为社会救助金,离、退休金收入,低保,失业救济金等收入总额的对数。

工商资本下乡的衡量方面,借鉴徐章星等(2020)和江光辉等(2021)的方法,将工商资本下乡分为两个渠道,即工商资本通过租赁农地的形式直接进入农业生产环节以及通过提供社会化服务的形式间接参与农业经营。直接形式以1990年以来该村是否有工商资本租赁土地来衡量,间接形式以本村是否可以享受到来自企业的机耕服务、统一灌溉排水等惠农服务来衡量。控制变量选取方面,借鉴江光辉等(2021)的做法,分别在农户层面、家庭层面和村庄层面选取相关控制变量。变量定义及描述性统计见表6-1。

表6-1 变量定义及描述性统计

变量	变量名称	简称	变量定义	平均值	标准差
"非粮化"	农户粮食生产	grain	农户粮食耕种面积的对数	1.694	0.837
农户收入结构	经营性收入	operating	农、林、牧、副、渔业总体毛收入的对数	7.127	3.784
	工资性收入	wage	家庭工资性收入的对数	4.656	5.045
	财产性收入	property	家庭财产性收入的对数	0.233	1.357
	转移性收入	transfer	家庭转移性收入的对数	1.496	3.128
工商资本下乡	工商企业租用土地	GSZB_land	本村土地是否被企业租用过(是=1,否=0)	0.387	0.487
	工商企业提供社会化服务	GSZB_social	本村是否有企业提供社会化服务(是=1,否=0)	0.044	0.206
户主控制变量	户主性别	sex	户主性别(男=0,女=1)	0.128	0.334
	户主年龄	age	户主年龄(年)	58.937	11.156
	户主受教育程度	edu	未上过学=1,小学/私塾=2,初中=3,普通高中=4,职业高中=5,技校=6,中专=7,大专=8,大学本科=9,硕士=10,博士=11	2.533	1.032

续表

变量	变量名称	简称	变量定义	平均值	标准差
家庭控制变量	从事农业劳动的人数	number	家庭从事农业劳动的人数（人）	1.755	0.807
	农业补贴	allowance	从事农业生产经营是否获得了政府补贴（是=1，否=0）	0.598	0.490
村庄控制变量	村庄经济水平	eco	本村人均年收入的对数	0.525	0.299
	本村粮食生产情况	source	本村农业经济收入的主要来源是否是粮食生产（是=1，否=0）	0.803	0.398
	本村非农产业发展	agri	本村是否有非农业经济（是=1，否=0）	0.194	0.395
	本村地势	terrain	本村是否处于平原（是=1，否=0）	0.540	0.499
	本村区位条件	place	本村是否处于大中等城市郊区（是=1，否=0）	0.935	0.247

四、实证研究

（一）初步检验

为了探究农民收入结构与农户耕种"非粮化"之间的关系，表6-2初步列示了各主要变量间的 Pearson 相关系数。其中，家庭经营性收入与粮食播种面积呈显著正相关，家庭工资性收入与粮食播种面积呈显著负相关，初步验证了假设（1）与假设（2）。家庭财产性收入和转移性收入与粮食播种面积虽然有着显著的负相关关系，但数值远小于工资性收入、经营性收入与粮食播种面积的相关系数，说明转移性收入、财产性收入与农户粮食生产面积关联度不高。

表6-2　　　　　　　　　变量间相关系数

变量	grain	operating	wage	property	transfer
grain	1				
operating	0.3254*	1			
wage	-0.2052*	-0.3181*	1		

变量	grain	operating	wage	property	transfer
property	− 0.0471*	− 0.0069	0.0563*	1	
transfer	− 0.0466*	− 0.0629*	− 0.0220	0.0277	1

注：*表示在10%的水平下显著。

为了进一步探究农户收入结构与粮食种植面积的关系，笔者进行了组间差异检验。首先，在每一类农户家庭收入中，根据收入大小的1/3分位数和2/3分位数将农户等分为高收入组、中收入组、低收入组三个小组。其次，计算每个收入小组中的平均粮食种植面积。最后，计算高收入组与低收入组之间的差，并对其进行显著性检验。表6-3列示了上述检验结果。

表6-3　　　　　　　　　　组间差异检验结果

变量	高收入组	低收入组	高组 - 低组	T（高组 - 低组）
operating	10.8773	3.8768	7.0005***	19.5108
wage	5.1125	8.2636	− 3.1511***	− 9.6231
property	6.6328	6.8552	− 0.2224	− 0.6732
transfer	6.6763	6.8075	− 0.1312	− 0.3907

注：***表示在1%的水平下显著。

在经营性收入中，高收入组的平均值比低收入组的平均值高出了7.0005，并且在1%的显著性水平上显著，说明经营性收入较高的农户更加倾向于种植粮食作物。在工资性收入中，低收入组的平均值比高收入组的平均值高出了3.1511，并且在1%的显著性水平上显著，说明工资性收入较高的农户种粮面积较低。低财产性收入组的平均种粮面积要高于高财产性收入组的平均种粮面积，但组间差异并不显著。低转移性收入组的平均种粮面积要高于高转移性收入组的平均种粮面积，组间差异同样不显著。说明财产性收入与转移性收入的高低与农户种粮面积的多少没有显著关系，初步验证了假设（3）。

（二）农民收入结构对"非粮化"的影响

在进行回归之前，为了防止变量间的多重共线性对回归结果的影响，本书针对主要变量进行了VIF检验，VIF值均远小于10，表明变量间不存在很强的多重共线性，可以进一步进行回归分析。表6-4列示了农民收入结构对农户粮食耕种面积的回归结果。

表6-4　　　　　　　　农民收入结构对粮食耕种面积回归结果

变量	(1)	(2)	(3)	(4)	(5)
	grain	grain	grain	grain	grain
operating	0.0415 *** (0.003)	0.0440 *** (0.003)			
wage	−0.0071 *** (0.002)		−0.0152 *** (0.002)		
property	−0.0045 (0.009)			−0.0038 (0.009)	
transfer	−0.0011 (0.004)				−0.0024 (0.004)
sex	−0.0252 (0.032)	−0.0298 (0.032)	−0.0513 (0.032)	−0.0648 ** (0.032)	−0.0650 ** (0.032)
age	−0.0004 (0.001)	−0.0001 (0.001)	−0.0017 (0.001)	−0.0009 (0.001)	−0.0008 (0.001)
number	0.1144 *** (0.014)	0.1144 *** (0.014)	0.1328 *** (0.015)	0.1354 *** (0.015)	0.1351 *** (0.015)
allowance	0.1122 *** (0.025)	0.1093 *** (0.025)	0.1238 *** (0.026)	0.1187 *** (0.026)	0.1194 *** (0.026)
eco	0.1181 ** (0.050)	0.1050 ** (0.049)	0.1191 ** (0.051)	0.0916 * (0.050)	0.0903 * (0.051)
source	0.0488 (0.035)	0.0432 (0.036)	0.0194 (0.036)	0.0014 (0.036)	0.0023 (0.036)
agri	−0.2216 *** (0.030)	−0.2211 *** (0.030)	−0.2271 *** (0.031)	−0.2246 *** (0.031)	−0.2249 *** (0.031)
terrain	−0.0639 ** (0.027)	−0.0616 ** (0.027)	−0.1030 *** (0.027)	−0.1057 *** (0.027)	−0.1047 *** (0.027)
place	0.3629 *** (0.055)	0.3776 *** (0.055)	0.3514 *** (0.056)	0.3749 *** (0.056)	0.3762 *** (0.056)
edu	YES	YES	YES	YES	YES
province	YES	YES	YES	YES	YES
constant	−0.2814 (0.223)	−0.3574 * (0.217)	−0.2407 (0.233)	−0.4117 * (0.232)	−0.4081 * (0.235)
Adj_R²	0.348	0.347	0.320	0.313	0.313
N	3 911	3 911	3 911	3 911	3 911

注：*** 、** 、* 分别表示在1%、5%、10%的水平下显著。括号内为稳健性标准误。

表6-4汇报了主回归结果。根据表中列（1）和列（2）中数据可知，经营性收入对农户的粮食播种面积有显著的正向影响，农户的经营性收入每增加1%，会使得农户粮食播种面积增加0.0440%。说明随着农户经营性收入的增加，粮食收入在经营性收入中占有较高比重，使得农户享受到了种粮带来的收益，进而促进了农户的种粮积极性。根据列（1）和列（3）数据可知，工资性收入对农户的粮食播种面积有显著的负向影响，农户的工资性收入每增加1%，会使得农户粮食播种面积下降0.0152%。说明工资性收入的提高会提高种粮的机会成本，使得农户放弃比较效益较低的粮食生产，进入工厂企业劳动，导致"非粮化"现象的加剧。根据表中列（1）、列（4）和列（5）数据可知，财产性收入与转移性收入对农户粮食播种面积没有显著影响。以上结论与前面初步检验的结果一致，假设（1）～假设（3）得到验证。

（三）稳健性检验与内生性问题

本书采用替换变量的方式进行稳健性检验，将农民收入结构的衡量方式替换为各种收入占家庭总收入的占比，表6-5列示了回归结果，主要回归系数的数值与显著性均与表6-4中一致，说明前面得到的结论具有稳健性。

表6-5　　　　　　　　　　　稳健性检验

变量	(1) grain	(2) grain	(3) grain	(4) grain	(5) grain
operating	0.2998 *** (0.037)	0.3445 *** (0.029)			
wage	-0.0799 ** (0.034)		-0.2497 *** (0.027)		
property	0.0645 (0.227)			0.0611 (0.234)	
transfer	-51.2182 *** (12.515)				-43.0761 *** (11.922)
sex	-0.0300 (0.032)	-0.0304 (0.032)	-0.0432 (0.032)	-0.0650 ** (0.032)	-0.0666 ** (0.032)
age	-0.0012 (0.001)	-0.0015 (0.001)	-0.0019 * (0.001)	-0.0009 (0.001)	-0.0005 (0.001)
number	0.1221 *** (0.014)	0.1265 *** (0.014)	0.1295 *** (0.014)	0.1354 *** (0.015)	0.1322 *** (0.015)

续表

变量	(1)	(2)	(3)	(4)	(5)
	grain	grain	grain	grain	grain
allowance	0. 1281 *** (0. 025)	0. 1252 *** (0. 025)	0. 1263 *** (0. 026)	0. 1190 *** (0. 026)	0. 1199 *** (0. 026)
eco	0. 1221 ** (0. 050)	0. 1212 ** (0. 050)	0. 1340 *** (0. 050)	0. 0903 * (0. 050)	0. 0839 * (0. 050)
source	0. 0513 (0. 036)	0. 0528 (0. 036)	0. 0293 (0. 036)	0. 0018 (0. 036)	− 0. 0012 (0. 036)
agri	− 0. 2259 *** (0. 030)	− 0. 2244 *** (0. 030)	− 0. 2314 *** (0. 031)	− 0. 2251 *** (0. 031)	− 0. 2245 *** (0. 031)
terrain	− 0. 0771 *** (0. 027)	− 0. 0788 *** (0. 027)	− 0. 0978 *** (0. 027)	− 0. 1047 *** (0. 027)	− 0. 1028 *** (0. 027)
place	0. 3435 *** (0. 055)	0. 3483 *** (0. 055)	0. 3502 *** (0. 056)	0. 3773 *** (0. 056)	0. 3766 *** (0. 056)
edu	YES	YES	YES	YES	YES
province	YES	YES	YES	YES	YES
constant	− 0. 3422 (0. 227)	− 0. 4194 * (0. 225)	− 0. 1290 (0. 232)	− 0. 4099 * (0. 232)	− 0. 4224 * (0. 231)
Adj_R^2	0. 342	0. 339	0. 327	0. 313	0. 315
N	3 911	3 911	3 911	3 911	3 911

注：***、**、* 分别表示在1%、5%、10%的水平下显著。括号内为稳健性标准误。

为避免模型构建中的内生性问题对结果造成干扰，本书选取工具变量进行修正。首先，农户耕种"非粮化"与农民收入结构可能存在双向因果关系，如在农户从种植粮食作物转向种植经济作物的过程中，会使得农户闲暇时间变多，从而外出务工，导致收入结构变化。其次，即使本书选取了诸多控制变量，但模型仍会在一定程度上存在遗漏变量问题。因此，本书选取"本村距最近县城/区政府的距离（千米）（distance）"作为农户收入结构的工具变量。这是因为，首先，本村距最近县城/区政府的距离会影响农户外出打工的决策。县城/区政府通常是一个区域内的信息交流中心与交通枢纽，离县城/区政府较近的农户，获取招工信息更加容易，并且便利的通勤会使外出务工更加容易。因此，本村距最近县城/区政府的距离与农户工资性收入应当为负相关关系，保证了工具变量与解释变量的相关性。其次，本村距最近县城/区政府的距离为村级层面的变量，与个体农户的粮食生产行为无关，满足工具变量的外生性假定。表6－6列示了通过工具变量进行的两阶段最小二乘回归结果。

表6-6 两阶段最小二乘回归结果

变量	解释变量：经营性收入		解释变量：工资性收入	
	(1)	(2)	(3)	(4)
	第二阶段	第一阶段	第二阶段	第一阶段
operating	0.3160 *** (0.058)			
wage			-0.2325 *** (0.045)	
sex	0.1873 ** (0.075)	-0.7728 *** (0.176)	0.1436 * (0.074)	0.8624 *** (0.235)
age	0.0052 ** (0.002)	-0.0183 *** (0.005)	-0.0123 *** (0.003)	-0.0502 *** (0.007)
number	-0.0149 (0.036)	0.4641 *** (0.072)	0.0973 *** (0.026)	-0.1483 (0.096)
allowance	0.0503 (0.044)	0.2866 ** (0.127)	0.1939 *** (0.047)	0.2279 (0.169)
eco	0.1924 ** (0.088)	-0.1203 (0.260)	0.5224 *** (0.123)	1.5827 *** (0.349)
source	0.2986 *** (0.078)	-0.8361 *** (0.169)	0.2704 *** (0.079)	1.0150 *** (0.226)
agri	-0.1967 *** (0.056)	-0.0834 (0.166)	-0.2559 *** (0.059)	-0.1414 (0.223)
terrain	0.2063 *** (0.073)	-1.0958 *** (0.136)	-0.0758 (0.048)	0.2761 (0.183)
place	0.3820 *** (0.085)	-0.1917 (0.257)	-0.0124 (0.117)	-1.4356 *** (0.344)
distance		0.0169 *** (0.003)		-0.0229 *** (0.004)
edu	YES	YES	YES	YES
province	YES	YES	YES	YES
constant	-0.0306 (1.026)	-1.4840 (3.070)	2.1813 * (1.189)	11.5295 *** (4.111)
N	3911		3911	3911
Hausman 检验	66.30 ***		75.31 ***	
F 值/Wald 值	659.66 ***	16.11 ***	594.49 ***	15.27 ***

注：*** 、** 、* 分别表示在1%、5%、10%的水平下显著。括号内为稳健性标准误。

根据表 6-6 经营性收入的两阶段回归结果［列（1）和列（2）］可知，第一阶段中工具变量与潜在内生解释变量回归系数为 0.0169，符合距最近县城/区政府的距离与经营性收入正相关的逻辑，并且在 1% 显著性水平上显著，F 值为 659.66，在 1% 显著性水平下显著，因此，该工具变量不是弱工具变量。根据第二阶段回归［列（1）］可知，经营性收入的回归系数为 0.3160，在 1% 显著性水平下显著，说明经营性收入对农户的粮食播种面积有显著的正向影响，与前面结论一致。同理，根据财产性收入的两阶段回归结果［列（3）和列（4）］可知，该工具变量不存在弱工具变量问题，并且工资性收入对农户的粮食播种面积有显著的负向影响，与前面回归结果一致。

（四）工商资本下乡对农民收入结构的影响

1. 工商资本下乡与经营性收入。表 6-7 列示了工商资本下乡对农户经营性收入的影响。根据列（1）中数据可知，工商资本租用土地对农户经营性收入有显著的负向影响，假设（4）得到验证。说明有工商企业租用土地的村庄会对农户产生挤出效应，原先依靠农业生产维持生计的农户会改变收入来源，进而减少了经营性收入，这会进一步加剧农户耕种"非粮化"倾向。根据列（2）中数据可知，工商资本提供社会化服务对农户经营性收入没有显著影响，说明工商企业提供机耕服务、实行统一灌溉排水等社会化服务不会对农户的农业生产产生挤出效应，进而不会影响农户的经营性收入。

表6-7　　　　　　　　工商资本下乡对经营性收入的影响

变量	(1)	(2)
	operating	operating
GSZB_land	-0.6096*** (0.136)	
GSZB_social		-0.3188 (0.284)
户主控制变量	YES	YES
家庭控制变量	YES	YES
村庄控制变量	YES	YES
province	YES	YES

续表

变量	(1)	(2)
	operating	operating
constant	-1.0488 (1.950)	-1.2014 (2.013)
Adj_R^2	0.153	0.148
N	3 911	3 911

注：*** 表示在1%的水平下显著。括号内为稳健性标准误。

2. 工商资本下乡与工资性收入。表6-8列示了工商资本下乡对农户工资性收入的影响。根据列（1）中数据可知，工商资本租用土地对农户工资性收入有显著的正向影响，假设（5）得到验证。说明在工商资本下乡租赁土地的过程中会使得部分农户脱离农业生产，进入城镇务工，提高了农户的工资性收入。并且工商企业还会雇佣部分当地农户为其进行农业生产，并给农户发放工资，同样会促进农户工资性收入的提高。而工资性收入的提高会使农户放弃粮食生产，从而加剧了"非粮化"现象。根据列（2）中数据可知，工商资本提供社会化服务对农户财产性收入没有显著影响。

表6-8　　　　　　　　工商资本下乡对工资性收入的影响

变量	(1)	(2)
	wage	wage
GSZB_land	0.7059 *** (0.175)	
GSZB_social		-0.5702 (0.351)
户主控制变量	YES	YES
家庭控制变量	YES	YES
村庄控制变量	YES	YES
province	YES	YES
constant	10.9687 *** (2.242)	11.1456 *** (2.316)
Adj_R^2	0.144	0.141
N	3 911	3 911

注：*** 表示在1%的水平下显著。括号内为稳健性标准误。

为了检验工商资本下乡租用土地对农民收入结构影响的稳健性，笔者采用工商企业租用土地次数来替换本村土地是否被企业租用,重新衡量工商资本下乡的强度,表6-9列示了稳健性检验结果。

表6-9 工商企业租用土地次数对收入结构的影响

变量	（1）	（2）
	operating	wage
租用土地次数	-0.0621 ** (0.027)	0.0796 ** (0.033)
户主控制变量	YES	YES
家庭控制变量	YES	YES
村庄控制变量	YES	YES
province	YES	YES
constant	-1.2563 (2.029)	11.2159 *** (2.326)
Adj_R^2	0.149	0.142
N	3 911	3 911

注: *** 、 ** 分别表示在1%和5%的水平下显著。括号内为稳健性标准误。

根据表6-9列(1)和列(2)中数据可知,工商企业租用土地次数对农户经营性收入有显著的负向影响,对农户的工资性收入有着显著的正向影响。这与前面得到的结论一致。综上所述,工商资本下乡租赁土地会对从事农业生产的农户产生挤出效应,降低了农户的经营性收入,提高了农户的工资性收入。这又会进一步影响农户的粮食种植,从而导致农户耕种的"非粮化"。

五、结论与启示

本书基于农民收入结构变化与工商资本下乡背景,研究了农户耕种"非粮化"的诱因,得出以下结论:一是随着农民收入结构的日趋多元化,工资性收入逐渐超越经营性收入,成为农民收入中的主导。工资性收入的提高会提高种粮的机会成本,进而促使农户耕种"非粮化"。经营性收入的提高会调动农户种粮的积极性,促使农户耕种"趋粮化"。而财产性收入与转移性收入由于在农户总收入中占比较少,对农户种粮积极性没有显著影响。二是工商资本租赁农村土地会挤出从事农业生产的农户,促进农户财产性收入的提高,抑制经营性收入的提高,进而影响到农户的种粮行为,导致农户耕种"非粮化"现象加剧。而工商资本提供社会化惠农服务对农民收入结构没有显著影响。对此建议:

(1)完善种粮补贴政策,提高粮食收购价格,抑制种粮成本过快上涨,保证农民的经营性收益稳步增长。首先,对种粮进行精准补贴,落实"谁种粮,补贴谁"的补贴原则,同时,当下种粮补贴的发放标准与耕地面积直接挂钩,而种粮补贴会在一定程度上转化为地租,客观上导致了土地租金的上涨,因此,要探索新的种粮补贴机制,通过更加有效的补贴政策提高农户种粮积极性。其次,提高粮食收购价格,降低种粮的机会成本。面对日益增长的工资性收入占比,要保障农户从事粮食生产的经营性收益同步提高,增强农户种粮积极性。

(2)充分发挥金融信贷支持以及农业保险的作用,为种粮收益保驾护航。首先,针对种粮效益低、成本高的问题,政府应联合金融机构为从事粮食生产的农户提供形式多样的金融产品。对种粮大户提供更加优惠的信贷服务,降低其融资成本,增加其从事粮食生产的积极性。其次,针对种粮的自然灾害风险与价格波动风险,要不断完善政策性农业保险制度。鼓励社会保险机构推出粮食灾害保险,降低粮食种植风险,增加农户种粮的信心与动力。推广"农业保险+期货"模式,充分发挥农产品期货的风险规避与价格发现功能,降低粮食价格波动风险。

(3)政府加强对工商资本下乡的监管,合理引导其进行粮食生产。政府倡导的工商资本下乡在惠及农业的同时,带来的侵害农民利益与"非粮化"问题不容忽视,需要政府的疏导与监督。首先,对于工商资本通过租赁农地进入农业生产的方式要制订适当的比例,优先安排提供社会化惠农服务的工商资本进入农业生产领域,有序引导工商资本下乡。其次,在工商资本进入农业前进行严格的审查登记,明确其流转耕地的面积和生产用途,防止工商资本因其强势地位而侵害农户利益。最后,对于正在经营农业的工商资本建立严格的动态跟踪机制,一旦发现其违背最初的经营承诺,及时纠正其行为,并予以惩罚。

第七章

人口老龄化、农地流转结构
与耕地"非粮化"

一、引言

2016～2020 年，我国粮食播种面积占农作物播种面积比例持续下降，农业种植结构调整中的"非粮化"倾向日益明显。据统计，2016～2020 年，我国粮食播种面积共下降 2.06%，粮食播种面积占农作物播种面积比例从 71.42% 下降至 69.72%。[①] 学术界也从省级和农户角度，关注了我国日益明显的"非粮化"问题。尽管种植经济作物有利于农民收入增加，但在我国耕地资源紧缺的情况下，非粮化直接挤占粮食播种面积，同时耕地长期种植非粮食作物也可能造成土壤成分改变，对粮食用地产生不可逆的损害，不利于粮食安全。为应对日益严峻的非粮化问题，2020 年发布的《国务院办公厅

---

① 国家统计局农村社会经济调查司 . 2016～2020 年中国农村统计年鉴［M］. 北京：中国统计出版社，2016～2020.

关于防止耕地"非粮化"稳定粮食生产的意见》提出"必须将有限的耕地资源优先用于粮食生产""确保粮食种植面积不减少",2022年12月习近平总书记强调要"有效防止'非粮化'""良田好土要优先保粮食",这些均凸显了防止"非粮化"的必要性。

与此同时,农村地区人口老龄化日益严重,根据2020年人口普查数据,我国农村地区65岁及以上人口占比约达到17.72%[①],按照联合国发布的标准,我国即将进入重度老龄化社会。农村人口老龄化诱发了一定程度的非粮化,据国家统计局针对某地的调查,农村人口老龄化导致农户粮食种植积极性普遍缺乏,而新兴的规模种植户多数也因粮食种植效益低下,在转入土地后改种瓜果、蔬菜等经济作物,"流转不种粮"趋势明显。因此,人口老龄化趋势下,如何合理引导农地流转,防止耕地"非粮化",关乎国家粮食安全。

目前,有关人口老龄化、农地流转、非粮化方面的研究主要集中于以下方面:一是直接关注人口老龄化是否加剧我国"非粮化",并且多从机械化替代角度关注人口老龄化对"非粮化"影响的异质性(杨进等,2016;王善高和田旭,2018)。二是直接关注农地流转对"非粮化"的影响,研究多基于成本收益视角,关注农地流转推动农业生产成本上升诱发的"非粮化"倾向(仇童伟和罗必良,2022)、工商资本下乡参与农地流转引发的小农挤压效应(江光辉和胡浩,2021;高晓燕和杜寒玉,2022)、工商资本逐利性导致的"流转不种粮"问题(涂圣伟,2014;高晓燕和赵宏倩,2021)。三是关注人口老龄化对农业的影响,包括对农地流转(汪险生和郭忠兴,2013;张军和郑循刚,2020)、农业生产效率(徐娜和张莉琴,2014)、农业高质量发展(唐小平和蒋健,2023)等的影响。综合现有文献发现,现有研究主要存在以下特点:一是较少从农地流转结构视角关注人口老龄化对"非粮化"的影响,更多关注机械化替代的作用;二是较多关注了农户农地转入和转出对"非粮化"的影响,较少关注农地流向不同经营主体对"非粮化"影响的差异。三是较多直接关注人口老龄化或者农地流转对"非粮化"的影响,

① 国务院第七次全国人口普查领导小组办公室.中国人口普查年鉴2020[M].北京:中国统计出版社,2020.

较少关注人口老龄化、农地流转、非粮化三者之间的关系。

　　基于此，本书关注人口老龄化、农地流转及"非粮化"之间的关系，重点关注农地流转去向在人口老龄化对"非粮化"影响中发挥的中介作用。相比于现有文献，本书创新点及边际贡献有以下几点：其一，本书重点从农地流转结构角度，按照农地流向农户、合作社还是企业，区分"户户流转""户社流转""户企流转"，关注人口老龄化通过农地流转结构作用于非粮化的中介机制；其二，本书考虑驱动农地流转结构变化的农村人口老龄化因素，在此基础上关注人口老龄化、农地流转及"非粮化"三者之间的关系，进一步揭示了人口老龄化对"非粮化"影响的复杂性，为治理人口老龄化下的"非粮化"提供了参考。

二、文献综述

（一）人口老龄化与非粮化

　　相关文献主要关注人口老龄化如何影响粮食播种面积占比。部分研究表明，受机械化替代的影响，人口老龄化有利于提升粮食播种面积占比，从而抑制"非粮化"，但地形条件会制约机械化替代，导致人口老龄化对不同地区"非粮化"影响存在差异。如杨进等（2016）从中国宏观省级及微观农户层面进行研究，均发现人口老龄化总体上有利于提升我国粮食播种面积占比，其可能原因主要在于机械化的推广。王善高和田旭（2018）基于全国农村固定观察点微观农户数据，发现平原地区老年农户家庭会增加机械化程度较高的粮食作物的种植比例，而丘陵山区老年农户家庭会增加经济效益较高的经济作物种植比例，差异产生的原因是平原地区更适宜农业机械化。也有研究基于不同类型作物劳动力需求差异，发现人口老龄化会导致农业种植结构调整，增加劳动消耗低的农作物种植比例。如魏君英和韩丽艳（2019）基于2002～2016年中国粮食主产区面板数据，分析发现地区人口老龄化降低了水稻、玉米、油料的种植比重，但增加了小麦种植比重，其可能原因在于小麦种植耗费劳动相对较少，而水稻、玉米、油料作物劳动消耗相对较大。

（二）人口老龄化与农地流转

　　农地流转受人口老龄化的直接推动。现有研究从宏观区域尺度和微观农户尺度，关注人口老龄化对农户农地转入、农户农地转出及区域农地流转的影响。研究发现人口老龄化能够显著影响农地流转。如凌若愚、潘镇和刘艺园（2018）通过对农村人口结构和农地流转规模分析发现，老龄化使得农业适龄劳动力供给数量下降，造成土地耕种效益降低，从而对农地转入和转出都产生显著推动作用。部分研究基于农户视角，研究发现老龄化会促进农地转出和抑制农地转入，农地转出需求旺盛和转入需求不足抑制农村农地流转市场发育（汪险生和郭忠兴，2013；张军和郑循刚，2020）。如张军和郑循刚（2020）利用 CLDS2016 调查数据进行研究，发现劳动力老龄化显著促进了农户转出土地，同时也抑制了农户转入土地，当前农村农地流转市场面临的问题并非土地供给的不足，而是土地转入需求的不足。部分研究进一步发现，老龄化推动农地由老龄农户转向年轻农户，有利于规模经营。如韩家彬等（2019）利用 2016 年中国农村固定观察点农户调查数据进行研究，发现农业劳动力老龄化推动老龄农户的土地转出，推动农村农地流转市场发展，有利于促进青壮年农户开展土地规模经营。周作昂等（2020）利用第三次全国农业普查微观数据进行研究，发现户主年龄增加总体上推动土地转出，推动农地转入 40～60 周岁人口所在农户。

（三）农地流转与"非粮化"

"非粮化"主要源于种粮比较收益低下。我国土地和劳动力等成本持续上涨，而粮食收购价格相对较低导致种粮效益持续下降，致使不同尺度下农业种植结构非粮化趋势明显（匡远配和刘洋，2018）。如匡远配和刘洋（2018）分析了我国粮食生产成本收益，发现化肥、农药、种子等农业生产资料价格连年上涨，粮食出售价格却保持在较低的水平，而高效经济作物种植的净利润和利润成本要明显高于种粮，导致农户种粮积极性不足，非粮化倾向明显。

农地流转后规模化经营主体需承担的高额地租是"非粮化"的重要诱发因素。农地流转意味着土地成本显化，显化了的高额流转租金压缩了农业利润，倒逼农业生产经营主体选择种植更高价值的经济作物。如蔡瑞林等（2015）依据统计数据和大样本调查数据，运用成本收益分析方法分析发现，过高的农地流转成本导致农户耕地集中后难以维持种粮盈利，进而导致"非粮化"。郭欢欢（2014）从成本与收益的角度分析认为，蔬菜作物可承受的土地租金压力要远大于粮食作物，土地流转造成农户租金约束，迫使农户增加经济作物的种植比例。高延雷等（2021）基于山东省调研数据计算发现，农户支付的流转租金在农户种粮亩均净收益中的占比高达20%~80%，租金成本压力和追求高额利润动机驱使农户选择比较效益更高的经济作物，引发种植结构的非粮化。仇童伟和罗必良（2022）基于2015年CHFS数据，将农地交易对象分为熟人和非熟人两类，发现将农地流转给外村农户或经济组织等"非熟人"更可能造成非粮化，其原因在于"非熟人"之间农地流转价格更高，熟人转入土地可能因为亲戚和朋友等社会关系而获得租金折扣。

工商资本下乡参与农地流转进一步加剧了"非粮化"。工商资本在农业生产中具有资金优势和规模优势，容易挤出传统农户。同时工商资本还具有相对较强的逐利倾向和投机倾向，导致其不适合从事回报周期长、经济效益低和公益性强的粮食生产活动。如涂圣伟（2014）研究指出，部分工商资本受土地价值诱惑进入农业，以"圈地"或非农化为目的，导致土地非农化、"非粮化"。高晓燕和杜寒玉（2022）研究发现工商资本租赁农村土地存在农户挤压效应，即工商资本转入农地导致农户工资性收入提高，抑制经营性收入提高，加剧农户耕种的非粮化倾向。江光辉和胡浩（2021）利用CLDS2016数据进行验证研究发现，资本下乡租赁农地促使农户农地转出，不利于农户继续维持粮食生产，出现"非粮化"。

三、理论分析及假设提出

（一）人口老龄化影响"非粮化"的理论机理

本书首先不考虑农地流转，从劳动稀缺效应和要素替代效应分析人口老龄化如何影响"非粮化"；而后进一步考虑农地流转，分析人口老龄化如何通过农地流转，进而影响"非粮化"。具体分析如下。

1. 劳动稀缺效应。人口老龄化弱化劳动者体能并推动当地农业劳动力成本上涨，可能促进"非粮化"。一方面，相比于经济作物，种植粮食作物如大米、小麦和玉米等劳动强度大，对青壮年劳动力需求相对更高；而部分经济作物种植如水果、蔬菜、花卉劳动强度相对较小，既适宜青壮年劳动力，也适合老年劳动力。人口老龄化导致劳动者的体能减弱，逐渐难以承受粮食作物种植所需的高强度劳动，部分劳动强度相对低的经济作物如茶叶、蔬菜逐渐成为替代选择,导致农业种植结构"非粮化"。另一方面,经济作物普遍价格更高,获利能力更强,人口老龄化直接推动劳动力成本上升,给生产经营者带来利润压力,为了抵消这一压力,生产经营者可能会选择种植经济价值相对更高的作物,以防止利润下滑。因此,人口老龄化的劳动稀缺效应加剧了"非粮化"。

2. 要素替代效应。老龄化影响下,农村劳动力供给总量减少,劳动相对于资本和技术等要素变得更加昂贵,因此受老龄化影响的家庭会增加劳动替代型生产要素的需求,特别是对农业生产机械的需求。农业机械的推广和应用逐渐实现对劳动力的替代,使机械化程度较高的粮食作物在种植结构调整中具有比较优势,促进农作物种植结构"趋粮化"(钟甫宁等,2016;黎星池和朱满德,2021;薛信阳等,2022)。如薛信阳等(2022)使用 CLDS2016 数据研究发现,农机社会化服务在粮食作物方面的高供给率与农户的高劳动力替代需求相匹配,促进了农业种植结构的"趋粮化"(薛信阳等,2022)。钟甫宁等(2016)的研究表明外出务工会促使农户要素投入结构和种植结构调整,增加机械要素投入并提高粮食播种面积比例,进而从整体上增加了粮食播种面积。因此,老龄化推高的农业生产成本,一定程度上可以通过机械化替代进行弥补,从而抑制成本推升下的"非粮化"倾向,进而防止"非粮化",甚至促进"趋粮化"。

3. 农地流转效应。农户、合作社和企业是我国农地流转的主要参与方。农户是主要的农地转出方,决定农地流转的原始供给。同时农户也是重要农地转入方,在自有土地的基础上转入农地从而形成家庭农场、种粮大户等新型农业经营主体。此外,专业合作社和企业两类新型农业经营主体是主要的农地需求方。三种农地流转去向可称为"户户流转""户社流转""户企流转"。我国农地流转去向逐渐多元化,主要体现为"户户流转"比例下降,"户社流转"和"户企流转"比例上升。如图 7-1 所示,2009~2020 年,我国农村人口老龄化持续加重,与此同时农地流入农户的比例明显下降,流入企业和合作社的比例总体上升。

首先,从人口老龄化对农地流转去向的影响来看,相比于"户户流转",人口老龄化更容易导致"户社流转"和"户企流转",这与图 7-1 中的趋势一致。这可从农地转入和农地转出两方面进行分析:从农地转入角度来

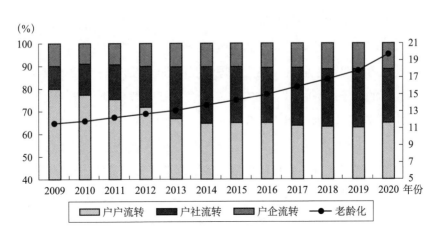

图7-1 人口老龄化与农地流转结构变化趋势

注：老龄化采用全国农村地区人口调查数据中65岁以上人口与15～64岁人口比值衡量。趋势图区间选择2009～2020年，是因为农地流转结构数据在2009年之后才开始统计。

资料来源：2010～2018年《中国农村经营管理统计年报》、2019～2021年《中国农村政策与改革统计年报》、2010～2021年《中国人口和就业统计年鉴》。

看，老龄化导致家庭经营能力下降，制约农户转入土地，导致农户土地转入需求不足，从而抑制"户户流转"。与此同时，农户为了应对劳动力缺失，可通过土地入股等形式参与专业合作社，以获得更多生产性服务，从而推动"户社流转"。或直接选择将农地流转至企业，以获取租金收入，从而推动"户企流转"。从农地转出角度来看，相比于将土地流转至农户，合作社和企业的资金和规模优势导致其能够给予更高的租金，更能吸引农户转出土地，这对于老龄人口特别是丧失劳动力的老龄人口吸引力更大。因此，无论是从农地转出角度，还是从农地转入角度，人口老龄化均更有可能导致"户社流转"和"户企流转"。

其次，从农业经营主体类型"非粮化"倾向差异来看，相比于专业合作社，企业"非粮化"倾向更高。企业和合作社在成本结构、经营导向和政策约束上存在明显差异，导致其转入农地后的"非粮化"倾向存在差异。一方面，从成本压力来看，企业几乎完全依赖转入土地和雇用劳动力从事生产，而相比于企业，专业合作社部分资金来源于农民土地经营权入股，成本压力相对较小。同时企业更多属于外来资本，转入土地时获得的"关系折价"较少，需要承担的租金成本更高，而合作社具有本地优势，转入土地可能获得"关系折价"。另一方面，从经营目标来看，企业存在逐利性强、投机性强等特征，遵循利润最大化经营目标，而粮食种植效益低，难以满足其对高额利润的追求。农业合作社则是农产品的生产经营者或者农业生产经营服务的提供者、利用者，是自愿联合、民主管理的互助性经济组织，其不以营利为目的，主要目的在于服务社员。且农业专业合作社一般受到一定的政策约束，需要响应国家政策。因此相比于合作社，企业的成本压力和逐利倾向更容易促使其选择"非粮化"生产。此外，无论是企业还是合作社，其流入土地均有利于规模化经营，这为大规模机械化种植创造了良好条件，但是企业逐利性导致其粮食种植积极性不足，而专业合作社在流入农地后则更可能选择继续种植粮食，因此更能够发挥规模化带来的粮食种植优势。

综上所述，人口老龄化有利于提升"户社流转"和"户企流转"比例。进一步来看，由于企业成本压力高、逐利性强和受政策约束相对少，导致人口老龄化更容易通过"户企流转"促进"非粮化"。

（二）假设提出

人口老龄化对"非粮化"存在劳动稀缺效应、要素替代效应和农地流转效应。劳动稀缺效应造成劳动者体能流失和成本上涨，增加粮食生产难度和压缩粮食种植利润，导致农业种植结构调整偏向于劳动强度相对低和经济效益相对高的非粮食作物，引发"非粮化"；要素替代效应可以缓解劳动者体能流失和成本上涨造成的"非粮化"压力，从而有利于粮食生产，防止"非粮化"。

进一步考虑农地流转问题，人口老龄化抑制了农户转入农地，推动企业和合作社转入农地，导致"户社流转"和"户企流转"比例上升。且由于企业成本压力和逐利性更强，农地流向企业更有可能促进"非粮化"。

综上所述，人口老龄化对"非粮化"总体上可能表现为促进作用或者抑制作用，农地流转结构可能在其中发挥中介作用。据此提出假设：

假设1a：人口老龄化总体上对"非粮化"具有促进作用。

假设1b：人口老龄化总体上对"非粮化"具有抑制作用。

假设2：人口老龄化推动农地"户社流转"和"户企流转"比例上升，且更可能通过"户企流转"推动"非粮化"。

上述理论分析及假设提出的逻辑思路如图7-2所示。

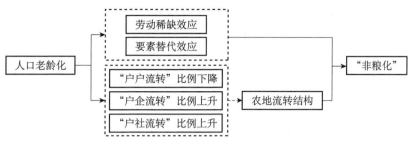

图 7-2 人口老龄化对"非粮化"的影响

四、研究设计

(一)变量说明

1. 被解释变量:非粮化(Ngrain)。本书关注人口老龄化如何影响"非粮化",根据中央相关政策文件及已有相关文献研究,采用非粮食播种面积占农作物播种面积比例来衡量农业种植结构"非粮化"。为便于表述,后面均表述为"非粮化"。

2. 解释变量:人口老龄化(Aging)。人口老龄化程度基于历年人口调查数据进行计算,数据源于《中国人口和就业统计年鉴》。历年人口调查数据统计了农村地区 0~14 岁人口、15~64 岁人口、65 岁以上人口数量及占比。人口老龄化不仅包括老年人口总体占比的提升,也意味着劳动年龄人口中高年龄组劳动力人口比重上升,即意味着农村劳动力平均年龄增加,青壮年劳动力相对减少。考虑到省级层面数据可得性,参照彭代彦和文乐(2016)的做法,采用农村地区人口调查数据中 65 岁以上人口与 15~64 岁人口比值来衡量人口老龄化。

3. 机制变量:农地流转结构。按照 2006~2018 年《中国农村经营管理统计年报》和 2019~2021 年《中国农村政策与改革统计年鉴》统计口径,我国各省份农地流转面积包括流转至农户、合作社和企业的农地面积之和,自 2009 年开始统计。本书按照不同主体农地流入土地的比例来衡量农地流转结构,采用以下三个变量衡量:

(1)户企流转(Trans1)。采用各省企业转入土地面积与农地流转总面积比值衡量。

(2)户户流转(Trans2)。采用各省农户转入土地面积与农地流转总面积比值衡量。

（3）户社流转（Trans3）。采用各省合作社转入土地面积与农地流转总面积比值衡量。

4. 控制变量。参照罗必良和仇童伟（2018）、檀竹平等（2019）的做法，考虑影响"非粮化"的成本收益、资源禀赋等常见因素，从收入水平、土地资源条件等角度，选取以下控制变量纳入基准回归模型。

（1）农民收入（Income）。农民收入增长易提升农业生产的机会成本，抑制农户粮食种植积极性，促使农户种植经济效益更高的经济作物，预期对于"非粮化"存在促进作用。

（2）农地流转（Trans）。农地流转是学界重点关注的农业种植结构影响因素。一方面，农地流转后生产经营主体的成本压力和逐利倾向可能诱发"非粮化"，但也有学者认为农地流转后的规模化生产有利于农业机械化，从而推动粮食生产，抑制"非粮化"。

（3）农业机械化（Mec）。采用亩均农业机械总动力的对数值衡量，由于粮食作物易于机械化替代，且我国农业机械化多应用于粮食生产领域，因此农业机械化对"非粮化"存在抑制作用。

（4）产业非农化（Is）。产业结构非农化能够影响农产品市场需求结构，增加经济作物需求，也会影响农业生产机会成本，抑制劳动力粮食种植积极性，从而影响"非粮化"。

（5）农业产值规模（Aav）。农业产值规模是地区农业发展水平的综合体现，既能够影响粮食作物播种，也会影响非粮食作物播种，从而影响"非粮化"。

（6）城镇化率（Urban）。城镇化对农村劳动力和土地要素存在影响，例如，城镇化可以转移农村剩余劳动力，便于农地集中和规模化经营；城镇化也可以推动近郊地区的农业发展，引导适宜市场导向的经济作物种植。因此，城镇化水平会影响"非粮化"。

（7）人均耕地（Pland）。耕地是影响农业生产的最基本条件，一般来说，人均耕地面积越多，越有利于发挥规模经济，推动粮食生产，耕地面积过少则不利于机械化的实现，不利于粮食生产，从而影响"非粮化"。

（8）工资水平（Wage）。地区工资水平是农业生产机会成本的体现，机会成本越高，农业经营压力越大，可能诱发农户种植利润率更高的经济作物，从而影响"非粮化"。

（9）粮食价格（Price）。粮食价格水平直接影响粮食种植收益，粮食价格水平越高，预期越有利于粮食增收，推动粮食种植，从而可能影响"非粮化"。

上述所有涉及变量定义如表7-1所示。

表7-1  变量选择及定义

变量类型	变量名称	符号	变量界定
被解释变量	非粮化	Ngrain	非粮食作物播种面积（亩）/农作物播种面积（亩）
解释变量	人口老龄化	Aging	农村人口调查中65岁及以上人口与15~64岁人口比值
控制变量	农民收入	Income	ln农村人均可支配收入（原单位：元/人）
	农地流转	Trans	ln单位耕地农地流转面积（原单位：亩）
	农业机械化	Mec	ln亩均耕地农机总动力（原单位：千瓦）
	产业非农化	Is	第二三产业增加值/GDP（%）
	农业产值规模	Aav	ln农林牧渔业增加值（原单位：亿元）
	城镇化率	Urban	城镇人口/常住人口（%）
	人均耕地	Pland	ln（耕地总面积/农业从业人员）（原单位：亩/人）
	工资水平	Wage	ln（城镇职工平均工资）（原单位：元）
	粮食价格	Price	粮食类商品零售价格指数（上年1）
机制变量	户企流转	Trans1	该省农地流入企业面积（亩）/该省农地流转总面积（亩）
	户户流转	Trans2	该省农地流入农户面积（亩）/该省农地流转总面积（亩）
	户社流转	Trans3	该省农地流入合作社面积（亩）/该省农地流转总面积（亩）

（二）描述性统计分析

表7-2为变量描述性统计分析结果。省级层面"非粮化"指标均值为0.338，即样本期内非粮食作物播种面积占比平均为33.8%，最低为黑龙江省，当年非粮食作物播种面积占比仅为2.9%，最高为新疆维吾尔自治区，

当年非粮食作物播种面积占比为64.5%，表明全国各省份农业种植结构存在较明显的差异。人口老龄化均值为0.163，其中最高为重庆市，当年人口老龄化程度为0.335，最低为宁夏回族自治区，当年人口老龄化程度为0.071，表明全国农村地区老龄化程度也存在较大差异。

表7-2　　　　　　　　　　　变量的描述性统计

变量	样本量	均值	标准差	最小值	最大值
Ngrain	450	0.338	0.139	0.029	0.645
Aging	450	0.163	0.057	0.071	0.335
Income	450	10 195.230	5 807.977	2 097.000	34 911.000
Trans	450	0.248	0.178	0.014	0.911
Mec	450	0.721	0.291	0.227	1.450
Is	450	89.454	5.624	69.752	99.724
Aav	450	1 725.853	1 311.908	67.600	5 750.100
Urban	450	55.769	13.726	27.453	89.583
Pland	450	6.204	3.865	1.745	22.703
Wage	450	54 048.560	27 530.670	15 590.000	185 026.000
Price	450	1.044	0.042	0.974	0.122

（三）模型设定

基于假设1a和假设1b，设定基准回归模型，研究人口老龄化对农业种植结构"非粮化"的影响，模型见式（7-1）：

$$\text{Ngrain}_{it} = \beta_1 \text{Aging}_{it} + \sum_{m=1}^{k} b_m \text{Controls}_{mit} + \text{Province}_i + \text{Year}_t + e_{it} \quad (7-1)$$

其中，Ngrain为农业种植结构"非粮化"，采用非粮食播种面积占农作物播种面积的比例来衡量；Aging为人口老龄化水平；Controls_m为第m个控制变量；Province_i为地区固定效应；Year_t为时间固定效应；e为随机误差项。

（四）数据来源

本书研究对象包括我国30个省份，港澳台地区及西藏由于数据缺乏，不纳入研究范围。本书以2006～2020年为研究区间，数据主要来源于国家统计局官网公布的省级数据库和《中国农村统计年鉴》。其中，人口老龄化数据来源于《中国人口和就业统计年鉴》中公布的人口调查数据。农地流转和农村从业人员数据来源于《中国农村经营管理统计年报》，其中农地流转结构样本区间为 2009～2020 年。涉农贷款数据来源于 Wind 及《中国农村金融服务报告》。

五、实证结果

（一）基准回归

基于假设 1a 和假设 1b，采用模型（7－1）估计人口老龄化对"非粮化"的影响，结果如表 7－3 所示。列（1）和列（2）为人口老龄化对农业种植结构"非粮化"的影响结果，其中列（1）为未控制年份固定效应的回归结果，结果表明人口老龄化系数显著为负（－0.157、－0.445），即人口老龄化总体上抑制了"非粮化"。上述结论支持了假设 1b，即人口老龄化总体上抑制了非粮化。结合前面提到的劳动稀缺效应、要素替代效应和农地流转效应，可能原因主要在于人口老龄化冲击下，机械替代劳动缓解了人口老龄化诱发的"非粮化"，同时人口老龄化驱动"户社流转"从而推动"趋粮化"，而"户企流转"对"非粮化"的促进作用尚不占据主流。在多种因素综合作用下，当前人口老龄化尚未诱发明显的"非粮化"。

表 7－3　人口老龄化对非粮化的影响

变量	（1）	（2）
	Ngrain	Ngrain
Aging	－0.157***	－0.445***
	(0.021)	(0.026)
Income	0.052***	0.154***
	(0.006)	(0.009)
Mec	－0.015***	－0.032***
	(0.002)	(0.004)
Trans	－0.013***	0.003
	(0.001)	(0.002)
Pland	－0.192***	－0.171***
	(0.003)	(0.005)
Is	－0.005***	－0.007***
	(0.000)	(0.000)
Aav	－0.039***	－0.024***
	(0.001)	(0.002)

续表

变量	(1)	(2)
	Ngrain	Ngrain
Urban	-0.001^{***} (0.000)	-0.005^{***} (0.000)
Wage	0.125^{***} (0.006)	0.356^{***} (0.016)
Price	-0.133^{***} (0.012)	-0.077^{**} (0.038)
Constant	-0.132^{***} (0.032)	-2.763^{***} (0.152)
Province FE	YES	YES
Year FE	NO	YES
Obs	450	450

注: 括号内为标准误, ** 和 *** 分别为在 5% 和 1% 的水平上显著。

(二) 稳健性检验

1. 更换估计方法。为应对潜在的内生性问题,可进一步采用差分 GMM 模型和系统 GMM 模型进行稳健性检验,结果如表 7 - 4 所示。差分 GMM 模型和系统 GMM 模型需要对工具变量的有效性以及模型设置的合理性进行检验。其一,通过 Sargan 检验来检验工具变量过度识别,如果不存在过度识别,则说明工具变量选取有效,Sargan 检验原假设为工具变量有效。根据结果,列 (1) 和列 (2) 中 Sargan 检验统计量对应 P 值分别为 0.497、0.534,表明工具变量选取有效。其二,对残差项进行自相关检验,列 (1) 和列 (2) 中 AR (1) 检验统计量对应 P 值分别为 0.066 和 0.029,可通过 10% 和 5% 的显著性检验,AR (2) 检验对应 P 值分别为 0.688 和 0.470,表明存在一阶自相关但不存在二阶自相关,符合模型假定。上述结果支持了基准回归结果,即人口老龄化总体上抑制了"非粮化"。

2. 剔除部分省份数据。一是部分省份农业经济占比非常小,可能造成实证估计结果的偏差。为此,本书通过计算样本期内各省级行政区第一产业占比均值进行排名,剔除第一产业占比均值排名最低的五个省级行政区 (北京市、天津市、浙江省、广东省、上海市),重新进行回归,结果如表 7 - 4 列 (3) 所示。二是考虑到直辖市经济的特殊性,去掉所有直辖市数据再进行回归,得到表7-4列(4)中结果。结果表明,人口老龄化显著抑制了"非粮化"。因此,可支持基准回归结果。

表7-4 稳健性检验

变量	（1）差分 GMM	（2）系统 GMM	（3）剔除农业占比低省份数据	（4）剔除直辖市样本数据	（5）剔除 2016 年以后样本数据
	Ngrain	Ngrain	Ngrain	Ngrain	Ngrain
L. Ngrain	0.581 *** (0.199)	0.772 *** (0.219)	—	—	—
Aging	-0.088 ** (0.040)	-0.139 ** (0.070)	-0.521 *** (0.025)	-1.188 *** (0.014)	-0.292 *** (0.057)
Incone	0.068 *** (0.026)	0.044 (0.031)	0.183 *** (0.008)	0.227 *** (0.008)	0.171 *** (0.020)
Mec	-0.001 (0.007)	-0.000 (0.008)	-0.040 *** (0.003)	0.003 (0.004)	-0.030 *** (0.006)
Trans	-0.005 (0.005)	-0.007 (0.007)	-0.004 ** (0.002)	-0.006 ** (0.003)	0.008 * (0.004)
Pland	0.007 (0.010)	-0.003 (0.012)	-0.178 *** (0.004)	-0.191 *** (0.002)	-0.176 *** (0.006)
Is	0.001 (0.001)	0.000 (0.001)	-0.007 *** (0.000)	-0.007 *** (0.000)	-0.008 *** (0.001)
Aav	-0.004 (0.016)	-0.006 (0.019)	-0.025 *** (0.001)	-0.042 *** (0.002)	-0.038 *** (0.004)
Urban	-0.001 (0.001)	0.000 (0.001)	-0.006 *** (0.000)	-0.004 *** (0.000)	-0.004 *** (0.000)
Wage	-0.009 (0.025)	0.009 (0.031)	0.476 *** (0.010)	0.471 *** (0.010)	0.250 *** (0.021)
Price	-0.036 ** (0.018)	-0.051 ** (0.021)	-0.051 (0.037)	0.096 *** (0.033)	0.036 (0.051)
Constant	-0.342 * (0.188)	-0.333 (0.208)	-4.121 *** (0.109)	-4.872 *** (0.111)	-1.880 *** (0.209)
Province FE	YES	YES	YES	YES	YES
Year FE	YES	YES	YES	YES	YES
Obs	390	420	420	390	330
Sargan [P 值]	89.426 [0.497]	101.133 [0.534]	—	—	—

续表

变量	(1)	(2)	(3)	(4)	(5)
	差分 GMM	系统 GMM	剔除农业占比低省份数据	剔除直辖市样本数据	剔除2016年以后样本数据
	Ngrain	Ngrain	Ngrain	Ngrain	Ngrain
AR（1）[P值]	−1.839* [0.066]	−2.180** [0.029]	—	—	—
AR（2）[P值]	−0.401 [0.688]	−0.708 [0.470]	—	—	—

注：括号内为标准误，*、** 和 *** 分别为在10%、5%和1%的水平上显著。

（三）机制检验

1. 模型设定。基于假设2，人口老龄化会推动农地"户社流转"和"户企流转"，并更多通过"户企流转"促进"非粮化"，本书构建如下模型，检验人口老龄化通过农地流转结构影响"非粮化"的中介机制。

$$Med_{it} = \beta_1 Aging_{it} + \sum_{m=1}^{k} b_m Controls_{mit} + Province_i + Year_t + e_{it} \qquad (7-2)$$

$$Ngrain_{it} = \beta_1 Aging_{it} + \beta_2 Med + \sum_{m=1}^{k} b_m Controls_{mit} + Province_i + Year_t + e_{it} \qquad (7-3)$$

其中，Med 为农地流转结构变量，包括户企流转（Trans1）、户户流转（Trans2）、户社流转（Trans3），控制变量与式（7−1）中保持一致。在中介效应的估计上，江艇（2022）认为传统的逐步回归法在检验中介效应上面临内生性问题。因此，本书尝试使用因果中介分析（CMA）模型来估算中介效应，该方法通过构建反事实框架，识别连续或0/1虚拟的处理变量通过中介变量来影响结果变量的因果机制，并基于准贝叶斯蒙特卡洛模拟估计得到平均中介效应和直接效应。

2. 结果分析。基于农地流转的因果中介分析检验结果如表7−5所示。综合列（1）、列（3）、列（5）中数据可以发现，人口老龄化显著影响了农地流转结构，体现为抑制了"户户流转"、推动了"户企流转"和"户社流转"，新型规模化经营主体兴起趋势较为明显。综合列（2）、列（4）、列（6）中数据可以发现，不同经营主体转入土地对"非粮化"产生了截然不同的影响，"户企流转"显著促进了"非粮化"，"户户流转"未显著影响"非粮化","户社流转"显著抑制了"非粮化"。因此企业转入土地诱发的"非粮化"倾向较为明显，这与近年来资本下乡参与农地流转引发的"非粮化"的现状较为一致，即由于企业较强的逐利性和成本压力，导致企业流转土地更容易出现"非粮化"。而合作社逐利性和成本压力相对小，且转入土地有利于规模化种植和机械化替代，更可能推动粮食播种面积占比提升，抑制"非粮化"。

进一步利用准贝叶斯蒙特卡洛逼近方法来估计平均中介效应显著性水平。结果表明，"户户流转"平均中介效应为 −0.018，但不显著；"户企流转"平均中介效应为 0.056，可通过 5% 显著性检验；"户社流转"平均中介效应为 −0.032，可通过 10% 显著性检验。表明部分中介机制存在。

综合来看，人口老龄化通过推动"户企流转"从而推动了"非粮化"，通过推动"户社流转"从而抑制了"非粮化"，"户户流转"则未显著影响"非粮化"。因此，人口老龄化冲击下，可通过合作社形式开展适度规模经营，改善小农分散经营现状；同时，控制土地过度集中于企业等逐利性强的经营主体，防范"非粮化"，保障粮食生产。

表 7 − 5　　　　　　　　　　　　机制检验结果

变量	(1)	(2)	(3)	(4)	(5)	(6)
	Trans1	Ngrain	Trans2	Ngrain	Trans3	Ngrain
	户企流转		户户流转		户社流转	
Aging	0.262 *** (0.067)	− 0.317 *** (0.031)	− 0.315 ** (0.133)	− 0.243 ** (0.030)	0.266 *** (0.089)	− 0.228 * (0.030)
Trans1	—	0.212 ** (0.095)	—	—	—	—
Trans2	—	—	—	0.058 (0.048)	—	—
Trans3	—	—	—	—	—	− 0.124 * (0.071)
Constant	2.500 *** (0.479)	− 1.477 *** (0.443)	− 0.579 ** (0.240)	− 1.210 *** (0.428)	− 1.036 *** (0.319)	− 1.461 *** (0.432)
Controls	YES	YES	YES	YES	YES	YES
Province FE	YES	YES	YES	YES	YES	YES
Year FE	YES	YES	YES	YES	YES	YES

变量	(1)	(2)	(3)	(4)	(5)	(6)
	Trans1	Ngrain	Trans2	Ngrain	Trans3	Ngrain
	户企流转		户户流转		户社流转	
Obs	360	360	360	360	360	360
平均中介效应	0.056**		−0.018		−0.032*	
直接效应	−0.319***		−0.245**		−0.231**	
总效应	−0.264***		−0.263**		−0.263**	

注：括号内为标准误，*、**和***分别为在10%、5%和1%的水平上显著。

六、进一步分析

前述部分基于全样本视角，从劳动稀缺效应、要素替代效应和农地流转效应角度，分析了人口老龄化对"非粮化"的影响。由于不同地区自然经济条件存在差异，人口老龄化可能导致上述效应强弱上的差异，因此基于粮食生产条件、农地产权保障和涉农贷款支持，来分析人口老龄化影响"非粮化"的异质性。

1. 是否为粮食主产区。粮食主产区在自然条件、政策支持力度、粮食产业发展水平等方面，均与非粮食主产区具有显著差异，总体上各种条件均有利于粮食生产，并且对"非粮化"控制力度相对更强。因此，基于上述标准将样本分为粮食主产区和非粮食主产区，进行分组回归。其中，黑龙江、河南、山东、四川、江苏、河北、吉林、安徽、湖南、湖北、内蒙古、江西、辽宁十三个省份为粮食主产区。回归结果如表7-6列（1）和列（2）所示，数据显示，人口老龄化系数分别为−0.923和−0.334，均显著为负，表明人口老龄化抑制了粮食主产区和非粮食主产区"非粮化"，但对粮食主产区"非粮化"抑制作用更明显。结合前述部分的分析，粮食主产区各方面均有利于粮食种植，在人口老龄化加速农地流转的背景下，促进了规模化经营和机械化种植，导致人口老龄化对"非粮化"的抑制作用更强。

2. 农地确权程度。农地确权有利于强化农地产权保障，激活农地价值，为规模化种植提供了条件，有利于促进粮食生产，防止"非粮化"；但也提高了农地流转成本，导致规模化经营主体成本压力增加。同时企业转入土地更需要完善的产权，因此农地确权程度更高的地区，可能越有利于企业转入土地，促进"非粮化"。因此，农地确权程度可能导致人口老龄化对"非粮化"影响存在异质性。农地确权程度采用 2006～2018 年《中国农村经营管理统计年报》和 2019～2021 年《中国农村政策与改革统计年报》中"颁发土地经营权证份数/承包地合同份数"来衡量。基于农地确权程度中位进行样本分组，确权程度高的省份包括辽宁、上海、浙江、安徽、福建、江西、湖北、重庆、四川、贵州、云南、甘肃、青海、宁夏、新疆；确权程度低的省份包括北京、天津、河北、山西、内蒙古、吉林、黑龙江、江苏、山东、河南、湖南、广东、广西、海南、陕西。结果如表 7-6 中列（3）和列（4）所示，数据显示，人口老龄化系数显著为负，分别为 -0.446 和 -0.369，但列（3）中系数的绝对值相对大，表明农地确权推进相对好的地方，人口老龄化对"非粮化"的抑制作用相对强。结合前述部分的分析，完善的产权保障更有利于推动农地流转，改善分散经营现状。因此，人口老龄化驱动下，农地确权程度高的地区通过规模化种植，改善了粮食生产条件，更有利于防止"非粮化"。

3. 涉农贷款支持。涉农贷款有利于改善农业生产条件，推动农业生产要素替代和规模化经营，缓解人口老龄化对粮食生产的不利影响。根据各省份人均涉农贷款年均值，将省份分为涉农贷款高和低两组，人均涉农贷款采用省级层面涉农贷款与农业从业人员数的比值进行测算，该数据来源于 2006～2022 年《中国农村金融服务报告》和 Wind 数据库，农业从业人员数来源于历年《中国农村经营管理统计年报》。根据分组，人均涉农贷款高的省份包括北京、天津、山西、内蒙古、辽宁、吉林、黑龙江、上海、江苏、浙江、福建、山东、青海、宁夏、新疆，低的省份包括河北、安徽、江西、河南、湖北、湖南、广东、广西、海南、重庆、四川、贵州、云南、陕西、甘肃。结果如表 7-6 列（5）和列（6）所示，数据显示，人口老龄化系数显著为负，分别为 -0.818 和 -0.011，但列（5）中系数的绝对值相对大，表明人均涉农贷款高的地方，人口老龄化对"非粮化"的抑制作用相对强。结合前述部分的分析，人口老龄化通过劳动供给、要素替代和农地流转，影响了"非粮化"。在老龄化冲击下，完善的融资保障有利于农户通过机械化替代和规模化种植来降低生产成本，防止成本压力倒逼下的"非粮化"倾向，因此涉农贷款水平较高的地区，人口老龄化对"非粮化"的抑制作用相对较强。

表 7 - 6   粮食主产区和非粮食主产区差异回归结果

变量	(1)	(2)	(3)	(4)	(5)	(6)
	粮食主产区		农地确权程度		涉农贷款支持力度	
	是	否	高	低	高	低
	Ngrain	Ngrain	Ngrain	Ngrain	Ngrain	Ngrain
Aging	-0.923 *** (0.061)	-0.334 *** (0.016)	-0.446 *** (0.021)	-0.369 *** (0.028)	-0.818 *** (0.041)	-0.011 *** (0.001)
Constant	-0.975 *** (0.177)	-2.152 *** (0.103)	-1.790 *** (0.084)	-0.557 *** (0.096)	-4.407 *** (0.159)	-1.204 *** (0.004)
Controls	YES	YES	YES	YES	YES	YES
Province FE	YES	YES	YES	YES	YES	YES
Year FE	YES	YES	YES	YES	YES	YES
Obs	195	255	225	225	225	225

注：括号内为标准误，*** 为在1%的水平上显著。

七、结论与启示

农村人口老龄化改变了农业生产条件，劳动稀缺和成本上升导致农业生产逐渐出现"非粮化"趋势，同时人口老龄化也加速了农地流转，在这个过程中新型农业经营主体流入农地的比例越来越高，但由于规模化经营主体成本压力更高，也诱发了一定的"非粮化"倾向。因此，厘清人口老龄化对农业种植结构"非粮化"的影响及机制有利于保障粮食安全，但现有文献较少关注农地流转结构变化在其中的作用。本书基于 2006～2020 年中国省级面板数据，研究农村人口老龄化对"非粮化"的影响。研究发现：第一，农村人口老龄化总体上抑制了"非粮化"，该结论在经过一系列稳健性检验后仍然成立；第二，机制分析表明，农村人口老龄化通过农地流转结构间接影响"非粮化"，表现为通过促进合作社转入农地抑制了"非粮化"，通过促进企业转入农地加剧了"非粮化"；第三，进一步分析发现，在粮食主产区、农地确权程度高和涉农贷款支持力度高的地区，农村人口老龄化对"非粮化"的抑制作用相对更强；而随着老龄化达到拐点值，农村人口老龄化对"非粮化"的促进作用开始更为明显。对此建议：

其一，合理引导农地转出，促进农业规模经营。农村人口老龄化导致劳动者体能流失和农地种粮成本上涨，导致体能消耗大和低收益的粮食作物比较优势逐渐弱化，造成"非粮化"压力。对此，应积极促进农地转出，培育新型农业经营主体，推动农业规模化、现代化，以提升粮食生产能力。

其二，重视农地流转结构变化对"非粮化"的异质性影响。随着老龄化加重，退出生产的农户越来越多，农地流转呈现出"户户流转"比例下降、"户企流转"和"户社流转"比例上升的趋势。相比于合作社，企业资本化程度高、逐利性强，一定程度上缺乏较强的种粮积极性，因此应更多发挥专业合作社作用，推动粮食种植。在此背景下，要重视专业合作社在经济互助方面的作用，通过政策引导，促进农业规模化经营，推动粮食生产机械化和专业化，以保障粮食安全。同时，各地特别是粮食主产区，应对企业种粮资质和动机进行辨别，适度流转，防止农地过度流向企业，导致大面积农田的"非粮化"。

其三，支持适宜地区农业机械化。机械替代劳动是缓解老龄化冲击的关键，机械化替代有利于缓解老龄化带来的适龄劳动力缺乏和劳动力成本上涨问题。因此，随着老龄化加重，要积极增加农业机械化投入。同时随着农户退出和规模化经营主体兴起，要积极引导规模化经营主体开展机械化耕作，从而维持粮食生产。此外，对于部分小规模农户，可通过农业社会化服务等方式，发挥第三方农业生产性服务公司的作用，满足小规模农户的机械化替代需求。

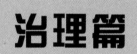

治理篇

第八章

土地流转视角下工商资本下乡 "非粮化" 国内治理经验

一、农地流转中 "非粮化" 治理案例

(一) 金丰公社农业 "全托管" 模式提升种粮积极性①

金正大集团作为金丰公社的发起单位，其组建于 2017 年下半年，属于国内第一家现代农业服务平台，创建资金由 IFC、华夏银行以及亚洲开发银行共同提供。金丰公社总部综合体建设项目主要包括三大功能区：一是建设全国金丰公社数字化农业服务中心；二是开展新型职业农民培养活动的金丰学院，其在国内职业农民培养示范基地领域内占据十分关键的地位；三是展示世界优质农业资源、农产品、农业技术、农业发展及金丰公社全程社会化服务的展示展览馆建设。金丰公社总部综合体建设项目总投资 3.5 亿元，总

---

① 任寨乡金丰公社："土地托管" 新模式 农业发展新途径 [EB/OL]. (2022 – 07 – 19) [2022 – 08 – 01]. https://www.ahjs.gov.cn/content/detail/62d61376886688b7428b456a. html.

建筑面积 49 392 平方米。

1. 金丰公社运营模式。金丰公社依托金正大集团在全球农业领域的广泛资源和在中国农业市场的网络布局，全面打造现代农业产业链闭环：上游聚资源，汇聚全球种植产业链优质资源（包括种子、农药、肥料、农机、农技、政府、科研等资源）；中游建网络，成立众多农业服务机构，并与合作伙伴共同参与国内网络渠道建设活动；下游作服务，力争为中国 5 000 万农民、3 亿亩耕地提供覆盖种植业产业链的综合服务。金丰公社希望能够带领我国快速进入农业可持续发展阶段，改善农业生产品质，尽快实现精益化发展目标。"全程托管、农业金融保险、农资套餐、农产品销售"是金丰公社目前比较重要的服务，也是针对农业主要痛点的服务内容。从产前、产中、产后全方位打造闭环式服务，帮农户种好地，卖好粮。

（1）提供全方位托管服务。金丰公社主要提供三大服务，即订单式服务、保姆式服务以及菜单式服务，在土地经营权不会在各个主体之间进行流转的条件下，满足不同生产环节作业要求。金丰公社利用优势平台资源，将村镇服务网点所具备的优势、效用全面体现出来，对于农民而言，其可以毫无顾虑地将土地资源托付给金丰公社进行管理，同时自身经济收益也会得到强大保障。

（2）提供农业金融保险服务。该服务能够帮助农民解决根本性问题，即获取贷款资金。通过与多家金融机构，如建设银行、蚂蚁金服等展开合作，依靠战略合作伙伴关系，确保供应链金融保障服务需求得到相应满足。2019年下半年，金丰公社为社长、种植大户以及农机师发放的贷款规模已经超过12.6 亿元，而且不同项目贷款金额差距较大。金丰公社在自身发展阶段内，不断对创新金融模式进行探索，2018 年第三季度中旬，为了缓解农民贷款压力，有效降低贷款业务成本，以现代农业服务模式为核心，临沭县人民银行与金丰公社共同打造了全新金融服务产品，即"金丰贷"，该项目有效解决了中小农户的种植资金需求，使金融资金真正进入了农业生产领域，依靠政策以及商业保险，避免农户由于自然灾害问题产生导致自身承担巨大经济损失的压力，同时通过对贫困户减免服务费和农作物降本增收，有力推动了精准扶贫项目落地。农业保险方面，金丰公社与太平洋保险总公司等国内保险机构开展战略合作，利用政策性以及商业保险业务发展，额外为农地购买商

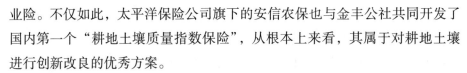

业险。不仅如此，太平洋保险公司旗下的安信农保也与金丰公社共同开发了国内第一个"耕地土壤质量指数保险"，从根本上来看，其属于对耕地土壤进行创新改良的优秀方案。

（3）提供农资套餐服务。传统种植农户普遍存在选肥、选药难的问题，金丰公社提供农业种植所需的一站式的农资产品打包服务以及配套的农业机械化服务，为种植户解决后顾之忧，农户不再为农资产品质量和使用技术为难。金丰公社可以汇总各地的总体需求以及定制化需求，向优质农资企业大批量采购，或者定制，金丰公社议价能力强，企业和其合作意愿高，从而可以帮助农户节省种植成本，优化种植方式，让农户获得更多益处。

（4）农产品销售服务。为了突破销售困境，金丰公社尝试与国外大规模企业保持良好战略合作关系，要求生产食品、饲料等类似企业加大供应链管理力度，更多从两个核心方面入手，使农产品销售水平得到全面提升。截至2019年下半年，金丰公社与各大集团签订的订单已经超过200万单，农产品类型包括小麦、玉米、特殊品种的花生等。此外，金丰公社打造了多个特色农产品品牌，如贵妃石榴、黄金富士等，涉及的农产品种类多达26个，每亩土地能够帮助农民额外获取3%的经济收益。实现农产品销售规模扩大目标后，金丰公社为农民在此方面的创收金额已经达到5亿元人民币。

2. 金丰公社的主要特征和运营成效。

（1）夯实"能下地"的农业服务。自正式成立以来，金丰公社持续开展农业服务基层团队的招募、种植技能培训、因地制宜开发农机及种植托管方案，实实在在地开展"能下地"的农业服务，并把"如何为农民种好地"作为重要工作内容，不断夯实"能下地"的服务，切实帮助农户提高种植收益。

（2）金丰学院培养新型职业农民。金丰学院可能是国内少有的以培养基层农业服务组织者和农技师/农机手为主目的的全国性职业农民培训机构，通过对农村年富力强的新型农民进行职业培训，让他们有能力从事现代农机和农技服务，获得更多收益，服务更多农田。

（3）增产提质、调整种植结构。金丰公社通过对种植作物的大面积托管，解决了规模化种植的问题，可以实现"一减双增"的效果，即金丰公社可以帮助农民"减少种植投入"，同时，由于金丰公社能够帮助农户选购优质的农资套餐,可以帮助他们"增加产量",此外,由于金丰公社能够对接采购商以高价回收托管作物,所以可以帮助农户"增加收入"。同时,金丰公社通过选择能够大面积种植优质的作物品种及设计种植方案,既确保农民收益,也能实现大规模种植品种结构的调整。

(4)为金融服务创新提供平台。在土地规模化经营的基础上,金丰公社为金融服务的落地提供了平台,目前,光大银行与金丰公社合作推出了"福农贷",人民银行临沂分行与金丰公社共同开发的"金丰贷—链式金融服务"在临沭县试点,华夏银行为金丰公社农机师量身打造了"农机师贷",这些都是农业金融领域的创新之举,金丰公社为农业金融创新提供了一个很好的实践平台。

(5)产销对接实现最终增收。针对农产品销售难的问题,金丰公社积极对接国内外大型粮食和饲料企业,如正大、鲁花、益海嘉里等,让优质农作物也能卖出优价;同时,对于果蔬类的经济作物,金丰公社也广泛对接线上线下的电商、超市等采购商,打造出了"黄金富士""陕陕的红心"等一系列农产品品牌,帮助农户实现农产品销售。

(6)村集体创收和精准扶贫。在金丰公社的运营过程中,基层村集体在农业生产中发挥着巨大的组织作用。金丰公社依托一些村集体有效地推动整村土地托管、组织青壮年农服团队、积极开拓农机和产销资源,以此实现村集体的增收和组织振兴,也能帮助精准扶贫得到实际的贯彻。

(7)金丰社员服务数字化系统。金丰公社面向未来智慧农业布局,打造了数字化农业服务系统,能让加入金丰公社的所有农民社员,通过该服务系统预订托管服务、选择农资套餐、联系服务自己的社长、获得相关资讯等,让农业服务拥有数字化动力。金丰公社的运行,对于农民来说,能让农民轻松种地,持续盈利,当上休闲农场主,有助于解决当前小农户生产和现代大农业发展的矛盾现状,即"谁来种地、怎样种好地"问题。对于政府来说,可以助力政府落实"三农"政策,推进乡村振兴和精准扶贫等战略更好落地。截至2019年7月,金丰公社已在全国各地开展了包含耕、种、管、收、售等的全过程托管服务,发展社员(农户)504万余人,服务土地面积累计超过2 522万亩,在全国22个省份签约建设县级金丰公社为农服务平台,总数达到366家。在农业生产性服务提供阶段内,农户种植成本有了大幅度下

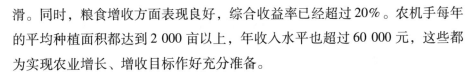

滑。同时，粮食增收方面表现良好，综合收益率已经超过20%。农机手每年的平均种植面积都达到2 000亩以上，年收入水平也超过60 000元，这些都为实现农业增长、增收目标作好充分准备。

（二）金华市"非粮化"整治案例①

金华市持续开展耕地改革互动，在不减少耕地资源数量的条件下，合理进行优化布局，守住耕地红线，避免粮食安全方面存在严重问题。2021年，全市粮食播种面积已经达到1 216 300亩，同比增长幅度达到3.8个百分点，增长面积为44 100亩，占全省粮食播种面积增量的22.2%；粮食总产量达4 582万吨，同比增长1.4%。开展"非粮化"整治以来，全市各地逐个逐块摸清粮食生产功能区真实现状以开展整治，并以此为基础，谋划安排高标准农田建设等项目向"非粮化"地块覆盖，加大资源保护力度，使农田标准得到提升，在满足基础设施建设需求的条件下，扩大资金投入规模，改善整体耕地质量，应用先进生产技术，避免服务机制不够完善，这样才能够为连片粮食生产区域建设工作开展打下坚实基础。

1. 建立激励约束机制。为了提升"非粮化"整治工作效率，金华市制订多项粮食安全激励政策，确保约束效用能够整体表现出来。对粮食种植户采取奖补政策，在原耕地地力保护、粮食作物种植等方面明确补贴标准，提升农民种粮积极性。市本级制订专项政策，每年安排500万元粮食生产功能区"非粮化"整治专项奖励资金；每年安排50万元资金，用于粮食生产功能区管护；规模种粮补贴从每亩200元提至215元。连片种植50亩以上的生产基地补助1万元，对以粮食种植为核心的水旱轮作、稻渔共作等稳粮增效模式达到50亩以上的经营主体，每户给予1万元的补助，市区开展"十佳"种粮大户评选活动，每户给予5万元奖励。

各县（市、区）参照具体发展状况，先后出台多项奖励性补助措施。比如，金东区按1万元/亩包干统筹使用，用于粮食生产功能区"非粮化"整治奖励。永康不仅提高规模种粮的政策补贴，还联合金融机构创新开设粮食生产贴息贷款，在省级3%的贴息优惠上再增加1个百分点，规模种粮可享

---

① 金华市严守耕地红线护好粮仓［EB/OL］.（2022－07－06）［2022－08－07］. http：//zj. people. com. cn/n2/2022/0706/c186327－40025666. html.

受4%的贷款贴息政策。与此同时,对粮食功能区内不愿意、不配合、不协助开展"退苗还粮"行动的种植户执行不再核发种苗生产经营许可证、不再享受相关政策性补贴、不再参加政府组织的相关评比活动的"三不"约束性政策,守住粮食功能区姓"粮"底线。

2. 发展数字化管理技术。金东区塘雅镇万亩全域土地综合整治项目是目前全省连片粮食种植面积最大的区域,共涉及 14 个行政村的 15 246 亩土地。2018 年完成统一流转后,这里启动湿地连片综合救治,对低丘缓坡资源和落后的农田基础设施进行整合提升,完善道路、水渠、灌溉,破除原先低小散的农业设施及落后的农业生产力,形成了适合大规模整体农业产业规划与生态友好循环型综合利用开发的良田。塘雅镇万亩全域土地综合整治项目最大的好处,就是粮食生产机械化程度更高了,大大节省了时间和人工成本。

针对"非粮化"整治中如何服务农民"种好粮食一件事",金东区通过数字化改革,上线"金地智管"应用,通过给农田"画像",推动全域农田精准动态管理,同时为每块土地及种植的粮食作物量身定制测土、施肥、销售方案,为农民种粮做好"种、管、销"全周期服务。截至目前,该应用已经在农村农业数字化改革阶段得到广泛关注。

如今,金东区 3.05 万亩粮食功能区的 35 692 个地块,每块都有独一无二的"金地码"。只需扫码,从地块属性到作物类型,再到土壤成分,粮田"身份信息"一目了然。全区 3 万余个地块的耕地数字地图,按未整治地块、正在整治地块以及正常种植地块,"金地码"会动态转换"红黄绿"三色。有了这个平台,就能做到"非粮化"整治进度实时掌握、方案实时更新。通过数字化改革,金东区打通了农业农村、资规、民政、气象、水务等多部门的数据壁垒,并利用航天航空遥感、地面物联网等现代空间信息技术,精准获取全区 24.33 万亩永久基本农田和粮食功能区的基础图像数据。该应用上线以来,已助力金东区整治"非粮化"地块 1.75 万余亩。

"金地智管"还能为农户种植、产销环节提供精准服务。农户只需要在手机上点击"申请测土",就有人免费上门测量农田微量元素,专人送肥药到户,让农民做到"缺啥补啥",实现减少肥药的科学种植。应用上线以来已为 2 550 个点位、近 2 万户农户提供测土施肥方案。同时,"金地智管"还利用大数据为农业主体提供信用水平评估、供求分析、技术推广、产品营

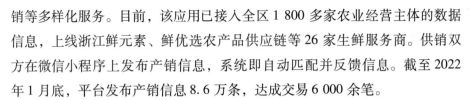

销等多样化服务。目前，该应用已接入全区 1 800 多家农业经营主体的数据信息，上线浙江鲜元素、鲜优选农产品供应链等 26 家生鲜服务商。供销双方在微信小程序上发布产销信息，系统即自动匹配并反馈信息。截至 2022 年 1 月底，平台发布产销信息 8.6 万条，达成交易 6 000 余笔。

（三）姜山镇农业产业规模化，整合碎片化土地①

姜山镇农村产业发展速度较慢，明显落后于其他区域，而且大部分农户都是采用传统农田种植方式，严重影响产出效益，自身收入水平也无法得到有效提升。党委政府需要对工作思维进行全面创新，通过率先制订土地流转奖补办法、成立农业开发建设平台公司、引进农字号龙头企业三项措施加快推进农业产业规模化，助力乡村振兴。

1. 率先制订土地流转奖补办法，打造土地规模化流转的"加速器"。该镇把加快推进土地流转作为"重点工作攻坚年"的一项主抓手，从调动农业企业和村庄开展土地规模化流转的积极性着眼，对推进土地流转的奖励激励措施，坚持先行先试。镇党委组织制订《姜山镇农村土地承包经营权规模化流转奖补办法》，合理开展土地流转，根据新增流转土地面积，在达到土地流转年限要求的基础上，每亩地发放不同额度的奖励资金；而新增流转成方连片土地面积超过 200 亩的村庄，不仅可以正常得到补助，还会额外每亩地增加 50 元的补助费用；与姜山镇规划目标一致，经过审核可以开展栽培设施建设活动的区域，达到面积要求都可以领取对应的补贴资金。为确保奖补办法规范有效，姜山镇将该奖补办法提交相关职能部门审核，通过了规范性文件法律符合性审查，是目前青岛市针对农村土地流转制订的第一份规范性奖补文件。

此外，从姜山新城总体规划方面入手，将规模化流转的不同区域，如埝埠片区等共同纳入集中规模化流转区域管理范畴，并制订相应奖励措施，以能够提高农业企业以及各个村庄参与土地规模化流转活动的积极性，而且规模化土地流转也会全面提高农业发展速度。在短短一个月时间内，实现规范性流转目标的土地面积已经达到 2 283.13 亩。

---

① 莱西市姜山镇：以农业产业规模化助力乡村振兴［EB/OL］.（2020 – 06 – 11）［2022 – 04 – 17］. http：//f. sdnews. cn/xczx/kql/202006/t20200611_2746354. htm.

2. 组建农业开发建设公司,提升科学技术水平。

组织搭建农业平台,走农业规模化发展道路,不断加大资金投入力度,快速提升科学技术水平。现阶段农业产业发展存在明显的资金紧缺等问题,针对涉农企业资金不足,只能"小打小闹,零散经营"的实际,该镇党委决定成立"青岛姜山金穗农业开发有限公司",将农业公司作为发展对象,尽全力为实现产业规模化发展目标提供强大保障。平台公司建设完成后,尝试与省级示范农场进行合作,并在中国农业大学、相关农业科研院等的帮助下,共同开展大面积标准农田项目种植活动,其覆盖多个村庄的农田,而且综合配套设施也相对较为完善,其将大量的小园区修改成为大型农场。预计粮食增长总量能够突破 4 740 000 千克,产值增长可达 11 850 000 元,这样该项目可以创造的农民人均收入为 490 元。

3. 将农字号领军企业引入其内,共同为实现农业规模化发展目标作好充分准备,对优质资源进行全面整合,积极与后引入的企业保持良好对接关系,并制订科学的三年计划目标。预计在 2022 年之前,实现保驾山生态文旅红色综合体建设目标,同时也为五大农田综合体建设工作开展作好充分基础准备。

其中,保驾山生态文旅红色综合体以红色资源为核心,在红色资源引导下,将文旅小镇所具备的优势特征整体表现出来,在文旅小镇建设系统涵盖胶东第一农村党支部等红色旅游内容,这样南通三建集团也可以在充分发挥人才、资金、产业等优势条件基础上,开展市场化经营活动,确保文旅小镇能够以红色旅游为重点,持续传承红色基因,同时文旅小镇内容也会变得更为丰富。不仅如此,一体化发展范畴也要涵盖北汽新能源汽车工业游览项目,其有助于村庄与企业联合发展,在实现合作共赢目标条件下,打造不同要素的综合发展体。朗坤集团田园综合体项目始终以朗坤集团为核心,通过开展不同项目、平台建设,达到理想发展效果。生态文化田园综合体地处城镇的东部位置,其将不同文化基地全面整合在一起,其中包括花卉产业基地等,共同为游客提供亲子采摘、休闲娱乐等生态文化服务。利用五大特色综合体,不断打造知名度较高的农产品品牌、地理标志产品等,这些均有助于乡村真正发展目标的最终实现。

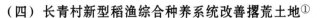

（四）长青村新型稻渔综合种养系统改善撂荒土地①

长青村在传统稻渔综合种养的基础上，开创稻田内循环3.0系统稻渔生态综合种养新技术，本案例将内循环3.0系统和水稻种植、小龙虾养殖结合，对目前所打造的稻渔综合种养模式进行相应调整，最终目的即是满足经济以及生态双重收益发展需求，提升稻渔综合种养发展水平，为稳粮增收、渔业高质量发展和推动乡村振兴找到一条新的发展之路。

大竹石桥铺镇稻田内循环基地于2019年9月开建，2019年12月建成，水稻品种为德优4727，2020年5月20日插秧，8月30日收割，亩产700斤，水稻种植期间全程没有施用化肥及农药。长青村建设基地实行公司＋集体＋农户的经营模式，从根本角度入手，避免出现严重的土地撂荒现象，同时保持良好的农业增产增效状态，提高农民收入水平。基地新增就业30余人，带动近10余农户增收，项目2020年收入来源主要为水产品和稻米销售，总收入为156万元。在产业发展阶段内，促进农民就业，同时也为实现乡村振兴发展目标打下坚实基础。

本稻田内循环新型稻渔综合种养技术把水稻生产放在第一位，充分利用内循环水产养殖设施拓展水产养殖空间、保障粮食安全，在沟坑占比没有达到预期目标的情况下，该模式的实施并不会对水稻种植产生不良影响，而且很多典型的农村问题也会得到有效解决，提高农民参与热情，实现粮食生产规模的稳步提升，这些都属于保障粮食生产安全的有效手段。项目生态效益方面，本案例中的"稻田＋内循环"生态养殖模式，在设备内养殖鲈鱼，在稻田和环沟中养殖小龙虾，将系统收集的粪污泵送至稻田（由高处向低处分级分流），作为水稻的有机肥，并繁育浮游生物作为虾的饵料，同时净化水体，生产有机水稻；在设备设置区域进一步利用微生态制剂（如硝化细菌、光合细菌、小球藻等）调水，维持水质达标后供养殖设备系统的循环利用。稻田中养殖鱼、虾等能够大规模地捕捉蚊子以及钉螺等不利于水稻生长的生物，而且可以降低重大传染疾病发生率，控制杂草生长速度，这样可以最大限度节约人工以及农药投入量，此外，二氧化碳等温室气体排放量也能够全

① 石桥铺镇："稻＋虾＋鱼"共作 点亮乡村振兴路［EB/OL］．（2020－09－21）［2022－06－03］. http：//www. dazhu. gov. cn/xxgk－show－195494. html.

面降低，这也是该生产模式所具备的核心优势特征之一。

（五）永康市"田长制"推动"非粮化"整治①

永康市芝英镇芝英村位于永康市中部，全村建有粮食生产功能区 630 亩。2021 年前，因种植经济效益低下，粮食生产功能区中有 278 亩外包种植苗木和闲置抛荒。2021 年起，永康市全力推动新地"非农化""非粮化"整治，芝英一村将出租的耕地收回归集体所有，对 278 亩苗木和闲置抛荒地块进行全面清理，重修路网、水网，承包给章天寿经营。

在永康市农业农村部门推广下，章天寿引进高产优质的单季稻品种甬优 15，一年内种植小麦、单季稻等品种共 800 多亩，产量、效益相比普通的单季稻每亩能提高不少，通过"非粮化"整治实现稳粮增收的目标。在落实永久基本农田和粮食生产功能区长效管护主体责任方面，永康市在当地建立起一套市、镇、村、农户四级"田长制"。其中，市分管领导为总田长，市农业农村局为"田长制"单位，对功能区进行定位、定量、定人管理，落实长效跟踪管理机制。对镇级田长争优考核的一个重要导向，是鼓励通过科技创新、数字赋能等手段，稳定耕地质量，提高粮食生产水平。除了领导干部对"田"负责，还在市场销售端入手，永康市连续 3 年出台《五优联动工作方案》，鼓励大家种植试点品种，其收购价格比普通订单每 50 千克提高 2 ~ 5 元。在产业链另一端，2020 年新建设两个新品种展示示范基地，全年引进新品种展示 30 个、生产试验两个，筛选优良绿色品种嘉丰优 2 号、通优 7860 等多个适应性好的新品种，强化种子保障。

（六）临浦镇粮食生产功能区"非粮化"清理整治②

粮食生产功能区作为稳粮保供的核心区，确保其种粮属性是实现全年农业增产丰收、保障百姓"米袋子"的重要基础。

2020 年以来，临浦镇积极响应省区市要求大力推进"非粮化"整治工作，确保"良田"回归"粮田"。目前，临浦镇已经完成了 900 多亩闲置土地的招标，之前荒废的土地或是种植苗木的散田，现在都已经变成保障"米

① 永康：跟进监督 落实落细"田长制"［EB/OL］.（2022 - 05 - 19）［2022 - 06 - 05］. ht-tp：//www. zjsjw. gov. cn/gongzuodongtai/jiandujiancha/202204/t20220418_5945493. shtml.

② "粮田"回归 非粮化整治有序推进［EB/OL］.（2021 - 01 - 11）［2022 - 05 - 19］. http：//www. xiaoshan. gov. cn/art/2021/1/11/art_1302906_59028083. html.

袋子"的粮田。为加强对粮食生产功能区的管理与保护，2020年初，临浦镇多举措"试水"推进粮食生产功能区整治，在杜绝粮食生产功能区内有新增苗木种植的基础上，一方面，及时组织苗木清退，苗木承包合同到期后，一律不再批复续签申请，对失管的苗木地块要求农户直接清退。另一方面，扩大周边非粮食生产功能区的粮食生产，这些土地中，有的是失管的荒地、苗木地，有的是被临时征用的复耕地。

2020年，临浦镇成功招引传化智慧绿谷项目，该区块已全部租赁给传化。横一村粮食功能区也成为临浦最规范的粮食生产功能区。同时，南江村的大片荒地也变成了平整的水稻田，路、渠、沟都已经疏通完毕。此前，为了扩大粮食种植面积，南江村对这里的101亩闲置土地进行招标。现已开始发展立体循环经济，通过养殖水稻龙虾、水稻甲鱼等，形成良性的生态循环，扩大土地的利用价值。塘郎孙村200多亩承包地，都属于非粮食生产功能区的土地，原先大多是失管的苗木地，收益不高，后经整理改造，已经全部种上水稻，每亩土地产1 200斤粮食，就可以有三十多万元产值，真正实现变废为宝。目前，临浦镇已清退40%以上的苗木面积，恢复70%的粮食生产功能区的种粮属性，基本恢复粮食生产功能区的种粮属性。

（七）福建省福清市拆违复垦①

为控制"非粮化"现象，福清市积极开展整治工作。据悉，福清市对乱用耕地建设和侵占耕地的情况进行全面且细致的排查，将观察到的违法现象列成问题清单，其中包括违法主体、占用的耕地面积、土地用途、违法时间等详细信息。完成摸底工作后，对相关的违法建筑，严格依照《中华人民共和国土地管理法》《中华人民共和国城乡规划法》等法律法规进行查处。同时，福清市出台了《耕地"非农化"问题集中整治工作方案》，明确整治对象为未经合法审批的占用耕地建设行为，如交通、殡葬、工业、商业服务等项目，乡村旅游设施，农业设施，临时用房等。对于居民强烈反映的恶意侵占耕地及耕地设施的行为，进行重点整治。

此外，福清市还运用卫星遥感摄像检测技术实时进行巡查，做到以最快

---

① 福清集中整治耕地"非农化"问题 拆违复垦土地665亩［EB/OL］.（2020－12－30）［2022－06－03］. http：//m.fznews.cn/dsxw/20201230/5febd3f6c54f3.shtml.

速度发现并制止违法行为。通过卫片监测到违规建筑后，各部门迅速集合对违规建筑进行拆除。2020年，福清市拆除大壤村内某房地产宿舍楼8 200平方米并完成复耕；音西街道在得知有违规建筑时组织村民力量拆违，300平方米的土地被复垦。在这次的整治工作中，多部门合力推进政策落实，居民积极配合，多个镇统一行动。截至目前，福清市已拆除占地违建并恢复土地原貌249宗，涉及土地面积665.38亩。

2020年12月17日，福建省政府办公厅出台《关于进一步加强耕地保护监督工作方案》，方案中规划了2020～2022年的三年行动计划。据相关负责人介绍，"十四五"期间，福建将同时规划新建和改造任务，以严格的标准要求农田建设工程。2022年时，要做到累计建成1 380万亩以上高标准农田，其中有800万亩为粮食生产功能区；每年有10万亩粮田实施高标准农田建设省级示范项目。2023年后，将重心从新建转移到升级优化，确保高标准农田的可持续发展。

（八）建德市粮食生产功能区"非粮化"清理整治①

自2010年以来，建德市共建成粮食功能区191个，总面积8万亩。为深入贯彻"六保"任务，建德市成立粮食增产保供工作专班，保证粮食生产各项任务有序开展。2020年5月下旬，建德市启动粮食功能区"非粮化"整治"百日攻坚"计划。为确保粮食功能区发挥其种粮功能，针对在粮食功能区种植花卉苗木、经济作物、挖池塘养鱼等"非粮化"现象，建德市加大惩治力度，绝不容许粮食功能区的种粮属性被破坏。同时，在乡镇（街道）"五大比拼"考核项中加入粮食功能区"非粮化"整治工作，效果最差的三个乡镇（街道）将会出现在"黑榜"上，并被重点跟踪监督直至整改合格。

自"百日攻坚"计划启动以来，大同镇溪口村对省级粮食功能区编号12—002的地块进行平整，整治鱼塘面积24亩；杨村桥镇梓源村用6台挖机清理杨村桥镇粮食功能区编号17—014地块的约145亩桃树并及时复耕播种晚稻。恢复2 412亩粮食功能区的种粮属性，将花卉苗木、经济作物、鱼塘等换成粮食作物。复垦荒田3 189亩，累计完成粮食功能区"非粮化"整治

---

① 市政协专题议政粮食生产功能区"非粮化"整治［EB/OL］．（2022 - 04 - 29）［2022 - 06 - 04］．https：//mobile. epaper. routeryun. com/index. php/home/article/index/appkey/78/date/2022 - 04 - 29/page/1204572/aid/6747689. html.

6 000 余亩，部分乡镇整治力度达到 40%。

"非粮化"整治工作取得阶段性成果后，建德市继续为下一步工作制订计划。市财政将给予资金支持，同时争取得到杭州市"非粮化"整治政策的专项支持；加大排查力度，在 7 月底之前基本完成粮食功能区"非粮化"整治任务；为恢复种粮属性提供农业技术支持，包括选种、技术应用以及计划时间表，逐步实现恢复种粮、种好粮、保丰收的目标。

（九）金华市金东区退苗还粮实例①

金华市金东区澧浦镇曾被誉为"苗木之乡"，苗木易管理且效益高，一批又一批的村民选择种植商品苗木。随着年轻人选择离乡闯荡，镇里种植的水稻越来越少。然而，种植苗木需要移栽取土，会严重破坏土壤结构；根系发达的苗木在生长过程中要吸收大量养分，导致土壤中有机物含量降低。因此国务院发布《关于坚决制止耕地"非农化"行为的通知》，要求禁止在耕地上种植苗木或其他绿化植物。

2019 年金东区以澧浦镇为试点，开始"非粮化"整治行动。金华凡人金生农业发展有限公司（以下简称公司）承包土地 4 230 亩，于 2020 年 3 月前平整土地并种植了第一批早稻。由于土地面积较大，为加速完成播种，公司引入机器辅助工作人员，并将农田分区，包干到户，用定期考核的方式提高人们的积极性。金东区组建了助农先锋团，组织技术人员深入一线，为农户提供技术支持。走访过程中发现部分区域用水不足，向财政申请 549 万元资金支持用于水系完善工程，并出台监管措施以确保水利工程优先用于粮食生产灌溉。不仅如此，金东区为鼓励农户种植水稻，在规模种粮补贴、早稻收购补贴和农业机器购置补贴的基础上，新增退苗还粮和抛荒地复垦水稻补贴，对粮食生产功能区中退出种植苗木和经济作物后改种水稻或在永久基本农田中抛荒一年以上的耕地种植水稻的农户，金东区给予农户 1 500 元/亩的补助，再加上市财政给予农户所在乡镇政府的 2 000 元/亩的补贴，共计 3 500 元/亩的补贴，这极大地提高了农户的积极性。

种粮很重要，但储粮也不容忽视。前几年，金东区几乎没有本地粮，为

---

① 金华：让"良田"回归"粮田"［EB/OL］. （2021－04－14）［2022－06－03］. https：//k. sina. cn/article_7505202169_1bf584bf902000uas6. html.

了保持粮食库存，只能从周边省份购买粮食。随着粮食生产升级优化，本地粮食日益增多。粮食入库前，会接受严格的抽样检查，只有水分、杂质、粗糙率等各项参数符合标准的粮食才能入库。保存时为了保持粮食新鲜不变质，工作人员需要定期检查舱内氮气含量，并将其维持在标准水平。粮仓清空后，会进行全面的杀虫杀菌工作，保证粮仓的安全性。

2020 年，金东区粮食播种面积达到 4.5 万亩，同比增长 18.1%。2021 年 2 月，区政府在第八十三次常务会议中再次强调"非粮化"整治是稳定粮食生产的重点。

二、"非粮化"治理经验总结

（一）加强粮食生产功能区建设

粮食生产功能区主要在水土资源条件较好、具有粮食种植传统的地块划定，许多产粮大县都是粮食生产功能区的重点县，因此加强粮食生产功能区建设对确保粮食安全、增加农民收入具有重要意义。

首先，要摸清粮食生产功能区"非农化""非粮化"的类型、面积、分布，加强实地核查，全面掌握真实现状，确保调查数据真实准确，并登记造册、上图入库。其次，根据粮食生产功能区"非农化""非粮化"不同情形，采取"一地一策"的办法，逐个逐块稳妥有序推进清理腾退。对确实难以清理腾退或不符合要求的地块，要按照"总量不减、质量不降、集中连片、局部调整"的原则进行调整优化。同时，要严格保持粮食生产功能区种粮属性，种足种好粮食，提高利用率，确保每年至少种植一季粮食作物。推进以粮食为重点的农作制度创新应用，提高产出效益，研究出台粮食生产功能区种粮鼓励政策和激励机制，提振农民种粮的积极性。

（二）有效利用"数字化监管 + 金融赋能"

随着云计算、移动互联网 + 、大数据、人工智能等数字技术的快速创新与应用，数字经济不仅正成为全球经济社会发展的重要引擎，而且已加速向农业农村广泛渗透，为农业农村数字化建设提供了良好契机。

加大对耕地的资金和技术投入，一方面要建立数字化的土地动态监管制度，合理规划引导农业产业结构的调整与布局；另一方面要利用数字化技术，为规模化种粮者提供更完善的信贷、保险服务，在提高耕地质量的同时

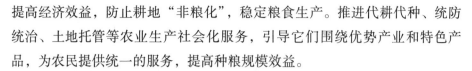

提高经济效益，防止耕地"非粮化"，稳定粮食生产。推进代耕代种、统防统治、土地托管等农业生产社会化服务，引导它们围绕优势产业和特色产品，为农民提供统一的服务，提高种粮规模效益。

（三）加速推进农业规模化、产业化发展

规模经营是现代农业发展的必然要求，也是农业现代化的重要途径，而土地流转正是发展多种形式适度规模经营的关键，要让土地流转更加顺畅，明确界定承包地的所有权、承包权、经营权是基础的基础。因此，要加快推进农户承包地的"三权分置"，明确所有权，稳定承包权，放活经营权。同时，要鼓励规模经营业主与农户建立稳定合理的利益联结机制，探索实物计租货币结算、租金动态调整、土地入股保底分红等利益分配办法，保护流转双方合法权益。

新型农业经营主体是建设现代农业的骨干力量，要加快培育。因此，要引导和鼓励农民以土地经营权入股，建立土地股份合作社，实行土地股份合作经营或委托经营；引导和鼓励龙头企业采取"公司＋农户""公司＋合作社＋农户"等模式，发展农业适度规模经营，实现土地、资金、技术、劳动力等生产要素的有效配置，推进农业产业链整合和价值链提升，让农民共享产业融合发展的增值收益。

（四）推行高效能种养模式

种植业和养殖业相结合的生态农业模式，与传统种植业和养殖业分离的养殖模式相比，不仅养殖业污水、污粪排放问题得到解决，还可以再利用于种植业，一举两得。种养结合产业是一种"种养轮作、种植轮作、移动牧场、循环农业"的种养结合生态模式，并形成了多链条的良性循环生态圈。另外，要将畜牧养殖业与精准农业、智慧农业、高新生物技术农业与传统农业相融合，以找到实现现代畜牧业和现代农业可持续发展的重要路径。这种模式不仅不影响农业生产，而且解决了土地撂荒闲置和"非粮化""非农化"等突出问题，大大调动了农民种稻积极性，促进粮食稳产，是提高粮食生产效益、保障粮食安全的有效途径。

第九章

工商资本下乡"非粮化"治理
国外经验借鉴

一、美国经验

(一) 美国的农地开发问题

美国农地保护是在不断加速的城市化进程背景下提出的,1830 年之前,美国的城镇化人口占据总人口的 10% 左右,但到 1970 年城镇居民占比高达 73.6%,这反映了美国工业文明的发达和经济的突飞猛进,但也预示着原本的农业发展规模由于城市化进程的推进而遭受了排挤,本地粮食安全面临着挑战,农业逐步呈现衰落的发展态势,再这样下去,将会有更多的农业从业者抛弃农地走进城市,加剧城市人口负担和运转问题,也加速农村地区荒芜化,农地利用率和农产品供给都会再度下降。

1967~1975 年,超过 200 万英亩的农地被改造为城市、交通、工业用地,其中 1/3 土地的前身是农牧场。作为美国重要农业大州的密歇根州,20

世纪 20 年代以来农地就在不断缩减，1920 年密歇根州的农地资源约为 1 900 万英亩，这也是该州拥有农地面积最大的时点，到了 50 年后的 1970 年农地总量缩减为 1 270 万英亩。而到了 2007 年，农地面积一路下滑，相比于 1920 年减少了 900 万英亩，减少了 47.3%，年均减少约 10.3 万英亩。

（二）美国政府在政策和法律法规方面的措施

基于缓解城市人口压力，更是基于保障本土农耕地生产和粮食安全的战略考虑，美国政府支持并在政策上放宽和引导城市工商资本更多地流入农地合理开发利用和农产品加工。从政策上来说，美国总统环境质量委员会和农业部为地方农业保护信托基金提供每年 1 000 万元的贴息补贴，用来保护重要的农耕田；发布《联邦农业改革与改进法》，通过法律限制资本购买农业用地超过 50% 的开发权，同时又通过合同约定的方式让农牧场主们保证土地的用途不受改变。2002 年，《农业安全与农村投资法》通过了新的联邦牧地农场保护计划，将农地保护的范围拓展到了牧区、草原等，并通过对所有者实行补贴来监督他们履行义务，限制他们改变土地的运作方式。

（三）对工商资本在农地开放中的规定和引导措施

美国农田经营组织的形式是家庭农场和农户，农业发展的规模化、集群化、现代化是美国现代农业发展最显著的特征。从 1992 年至今，在一系列农田政策的保护下农场数量持续新增，牧场也在不断发展，其中除了政策方面的原因，工商资本的介入也让原本的农田开发利用得到了更加合理的统筹开发和经营改善。

美国的土地是不允许对资本全部流转的。资本发展农业用地时，不能够得到全部的土地使用经营权，只能够以合作的方式在农地上进行合理开发，保证自己盈利的同时保障农户的合法权益。而且农户的土地也不允许在用途上直接变更为其他的非农业项目类型，需要大量的手续和有严格的规模限制，这样一来工商资本在农用地上既有利益取得又有一定限制，做到了利益捆绑。

另外，既然通过农地流转的限制将资本与农户经营的利益捆绑到了一起，因此资本力量出于盈利目的的考虑，自然而然地也在帮助农民更加合理地利用土地以增加量产，推进科技在农业领域的使用和推广，促进规模化、集约化产品的打造。改善农地经营合理利用并不能仅凭农场主的先前经验，而是应当适用市场交易和资本规则,这一点通过资本下乡得到了弥补。

建立不同行业的准入和限制规定。美国的工商资本企业在进入农村投资时,也有对不同行业的准入和限制规定。一些有较大污染或具有不稳定性质的资本投资项目(例如,化工厂,再比如周期较短的短期经营发展项目)也是不允许进入农地市场的。这样做的目的主要是考虑到一旦改变了原有的农户发展方式,而不能够保障现有的发展对象农地破坏的程度和对农业收入的合理预估,则农业从业人员就会失去原有的营生渠道,造成他们的困难。

总之,美国对工商资本下乡和农业开发采取的一系列举措,具体可以概括为:政策引导—法律法规限制—鼓励下乡带动致富—资本与农户利益捆绑—带动农用地合理发展、农民增收和农业市场发展,扩大资本收益。

二、日本经验

日本与美国在农业经营结构上是十分相似的,都是家庭农场和农户经营。

(一) 日本的"非粮化"问题

日本地形有超过一半都是山地地形,农业地域分布较散,农民对土地的管理难度大,加之日本经常受到自然灾害的影响,对于原本脆弱的农业发展更是有着致命打击。随着日本城市化发展和工业进步,农业开始成为日本资本力量选择的投资之一。在工业经济发展鼎盛时期,为克服贫瘠的土地和老龄化的影响,家庭经营农场的方式应运而生,集约式生产经营也在那时候出现。面对悬殊的资本力量和农业现状,资本下乡开始了初期活动,但在此过程中,由于政府部门没有及时对资本下乡的范围、规模等进行调控,加之资本的逐利性,以及农民对于土地管理的方式和本身素质偏低,资本下乡出现了很多的矛盾,这就需要政府加以引导规范。

(二) 日本政府在政策和法律法规方面的措施

日本政府出台法律法规,鼓励以土地租佃为中心,将农户手中的经营权、土地流转和使用的权利通过合同的方式让与工商资本以换取租金,此后,在经营流转的权限被放开后,工商资本对于土地实现了集中管理与租赁，使得集中性的土地营业活动出现，减少了农业分散给日本家庭经营带来的影响，这样一来，资本的力量帮助整合了农业集中，这对于农地开发是有利的。但日本田地生产一直是有大地主存在的，所以在 1946～1950 年，日本政府强制从大地主手里买地分给少地或无地的农民，使得农业真正地开始在农民心中被重视起来。

政府一系列对于农地的举措到后来都以法律的形式正式地确定了下来，也为工商资本进入农地开发提供了便利条件。虽然日本政府明面上并没有公开限制工商资本对农用地的开发的一系列操作，但其实通过以上论述就可得知，在过于庞大的资本力量与基础较弱、经验不足的农民对于农地利用之间，可能会出现资本通过土地确权、长期租赁、成立合作社等方式对农地绝对控制，因此在大地主买地后的所有的政策中，严格规定了农地流转、租赁委托、所有制变化方面的条件。因此后期工商资本进入农地开发领域的结果都是比较理想的。

（三）对工商资本在农地开放中的规定和引导措施

1. 鼓励农地所有权和使用权分离，逐步实现了规模化的农业发展集群经营目标。工商资本带动了小家庭农业走向集群发展、规模化运营的正轨；通过成立农地发展合作社，建立一系列的农地开发规章制度，鼓励农民在农地上使所有权和使用权分离，放开土地经营权的流动，很好地解决了土地资源的利用问题，资本的力量帮助提高了农业生产机械化、现代化的程度，农业生产效率也有了很大的提升。这一时期农地的开发问题已经得到了解决，资本与农地主人之间也没有产生太多的矛盾，发展和谐。

2. 工商资本提高了农地作物的产品产出，通过农产品深度加工，形成了品牌化的农业特色产业链。日本很多的农业家庭都种植有机农作物，这种农作物自带宣传流量和广泛知名度，市场潜力巨大，起初就是由于家庭经营规模有限，没有市场口径，也没办法形成市场效果，而工商资本的加注让原本就有优势的农产品通过深度加工成为市场商品，既拓宽了农民的收入来源，又最大化利用了农地。日本大北食品的豆腐采用四叶联合会旗下的有机黄豆种植户的黄豆作为原料，采用现代技术与传统工艺相结合的方法进行加工，对加工质量控制非常严格，并采用会员制进行销售，产品在日本具有较高知名度，往往供不应求。

3. 增加农业的附加值。工商资本也在另辟蹊径，对农地利用不仅体现在对已有的农业优势进行开发利用，还通过关注经济社会发展热点，投其所好，将农田利用打造成了集农业发展、旅游业于一体的多重利用模式。自从20世纪90年代日本全民旅游热潮如火如荼后，下沉的工商资本也认识到了旅游同样也适合于农地开发，不仅能提高收入，还能创新体验式消费服务，实为一举两得。因此在日本境内至今都在不断开发着大大小小的田园风光，提高农地的附加利用价值。

4. 加强日本农村的基础设施建设。稳定的农村基建在生活的便利程度上对农业生产者安居乐业起到了很大的作用。日本的农村基础建设的投入力度和发展程度在东方国家一直是遥遥领先的，农户个人的社会保障和公共福利做得也是比较完善，农民有工种分别，遇到天然灾害也有保险作为兜底赔付，工商资本在农户身上的压榨力度也是有限的，绿色有机蔬菜的品牌响应度也是比较好的，基本上农村的发展是以现代化城市社群的发展建设为样板的。

值得注意的是，日本高度的城市化发展并没有太过严重地让日本居民有投身大城市的想法，主要原因是日本现代农业发达，农业所提供的劳动技术岗位和创造财富的能力并不亚于城市，且在城市发展的人们压力过大，所以很多的农业从业者并不向往去城市发展，反而供给充足的农产品和技术成熟的农业领域、农村地区成了不少日本大都市年轻人所向往的工作地。另外，家庭经营的方式可以很好地绑定人们对于土地发展的依赖和传承，人们不愿意放弃农地财富，在日本农业市场中农产品价格处于中等，农业收入十分可观，且政府每年在农业发展中给予农户的补贴和优惠政策也是稳定农业持续生产发展的重要因素。

总之，日本工商资本对于农地的利用，是在政府通过法律保障农地用途后，将农地的自主利用权全部交给农户，并鼓励资本多样开发。前期限制土地的所有权被工商资本购买，中期开放了农业经营权的自主性，使日本农业集约化得以发展，后期鼓励工商资本进入农地开发，帮助农户增收，扩大农产品市场，可谓一举两得。直到现在日本工商资本仍旧从技术、营销、品牌建立、农户保障等多方面满足市场对于日本农产品的需要，尤其是核泄漏后，日本人民对于健康的农产品更加渴望。

三、韩国经验

韩国的工商资本下乡对农地的保护开发，最重要的一点便是韩国当局实行了"新村运动"，使得土地改革一举获胜，促进了韩国农村的发展和土地的合理利用，也善意地引导着资本对韩国农业现代的建设。

韩国在经历了第二次世界大战之后，由于长期被日本殖民统治，加上朝鲜战争以及半岛分裂等，自身的经济发展困难，在这样的前提下，城市和农村在经济以及土地利用方面并没有出现相对太大的隔阂，当时耕者有其田成为土地改革的主要目标。随着现代工业化的发展以及城市建设的日趋完善，在有限的国土领地上，韩国的工业开始对农村的土地进行占用和建设，在当时韩国内部其实已经出现了不明显的粮食危机。

为了从根本上应对城市发展和农村地区在经济方面的滞后和土地方面管理的失衡，韩国政府开始了新村运动，首先对土地进行了一系列的改革。新村运动主要涉及对农村土地私有制度的改革，划分了哪些土地是农地所有，哪些是国家公益林业用地，后期又开始主动地扩张农村地区的土地，在工业资本去农村投资以及住宅土地建设等方面作出了法律上的限制，同时在意识到环境保护、生态文明、粮食安全和城市经济圈划分，以及农村地域划分等多项土地改革和社会问题后，1977～1986年，农村土地进入了合理划分阶段，直到现在农村土地政策一直通过法律不断完善。

新村运动首先保证了小农经济的发展，使得农村人口有地种、有田收，但对农业基础本就薄弱的韩国来说，仅仅依靠农村种地经验和土地种植技术，以及不合理的土地开发等，完全不能解决农民的自身利益和对于土地最大化地利用开发的问题，于是国家也开始鼓励工商资本进入农业方面发展。具体做法如下：

（1）韩国资本进入农地改革的第一阶段，就是对原本细碎的农田进行集中管理。和美国一样，小农为主的生产经营模式占据韩国农地经营的半壁江山，这很不利于农业规模的扩大。因此政府鼓励资本在农村的土地规模集中化和农田治理以及公共基础设施的建设方面下功夫，主要是为了吸引资本进入农村，大力发展对农村基础建设的投入。

（2）政府在第二阶段特意强调城乡一体化的发展，其中土地改革是发展农村的重要手段。

（3）土地政策在第三个发展阶段的重点开始转向实现国土资源的发展均衡，政府开始重点关注偏远地区的国土开发问题，实行更广泛的国土综合治理和农村土地改革。韩国工商资本对于土地利用的作用，更多的是在韩国农村土地基建方面起到的作用，而不是直接对农户或者农田产生影响。究其原因是农业的现代化建设以及相关的农田开发，很大程度上都是由政府进行帮扶，这期间资本的力量比较有限。本身韩国在土地确权以及土地利用开发当中并没有太多的历史沉淀问题，除了确权上有硬性规定，在使用与流转方面依然是尊重农民自身，因此，当后期资本进入农村发展时，这种做法为双方提供了较大的自主性。

四、经验启示

纵观我国工商资本在农地开发方面的历史，其实可以可追溯到分田到户时期，分田到户解决了农村人口基本的物质需要，使得人人有地种、有田收，加之中国国土面积比较大，本身就是农业大国，因此在农地开发利用方面存在的最大问题便是资本如何去推动农地开发和利用。

从市场来讲，我国农产品作物的收入并不能满足农民的实际收入需要，因此很多的农民踏上离乡之路，进城打工，使得原有农用地荒废，耕地面积逐年减少。

农地细碎化经营很大程度上阻碍了生产力的发展。我国地域辽阔，不同地方有适合当地种植的特色农作物，像我国东北地区的大米、西北地区的青稞、宁夏地区的枸杞打出了自身的品牌，实现了土地的集中利用，但其他很多地区的农地开发其实是很不完善的，经营程度和种植也比较稀碎。因此综合美国、日本以及韩国的工商资本对于农地保护和开发经验，笔者总结了以下六点经验。

（1）应当进一步放宽工商资本进入农地领域，对土地进行合理开发。我国各个地方在农业方面的招商引资力度显然是不够的，通过政府行为的招商引资主要集中在工业领域，农业发展多数是来自政策扶持，而并非引入工商资本去直接介入。究其原因是农业开发需要长时间的投入，前期投资也过大，中期还可能遇到不同程度的非可抗力，且农作物在中国商品市场流通当

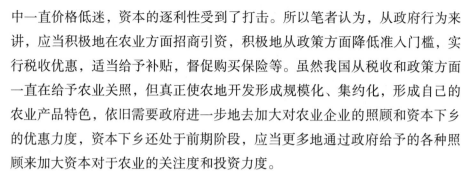

中一直价格低迷，资本的逐利性受到了打击。所以笔者认为，从政府行为来讲，应当积极地在农业方面招商引资，积极地从政策方面降低准入门槛，实行税收优惠，适当给予补贴，督促购买保险等。虽然我国从税收和政策方面一直在给予农业关照，但真正使农地开发形成规模化、集约化，形成自己的农业产品特色，依旧需要政府进一步地去加大对农业企业的照顾和资本下乡的优惠力度，资本下乡还处于前期阶段，应当更多地通过政府给予的各种照顾来加大资本对于农业的关注度和投资力度。

（2）严格筛选资本下乡的目的。我国城市化发展造成了城市用地租金昂贵、环保问题突出等弊端，因此很多的企业借助扶农利农的口号下乡建工厂等，而政府所引导的农地开发只是这些工厂的副业，这些企业依靠着国家给予农业的资金倾斜继续享受着应有的国家补助，但是农地开发建设的效果却甚微。因此建议严格筛选资本下乡的目的，不要让产生污染的企业凭借着农村比较便宜的租金成本以及人工成本去继续享受不属于农业开发的政策鼓励。

（3）努力提高农地开发的专业性和技术性。农地开发的专业性和技术性是指在适合的农地领域开发适合种植的作物，以及通过技术手段来提高产量和现代化。我国国土幅员辽阔，南方耕地基本已实现了种植的专业性和技术性，但是在北方一些地区尤其在西北地区，由于天然条件的受限，很多地域成为荒地，但是从生态种植的角度来讲，其实荒地也可以有适合自己种植的作物，例如，在沙漠当中可以适当种植枸杞等，在贫瘠的土地上也可以适当地通过退耕还林来实现草场绿化，这些都不能仅凭国家一己之力去完成，也应当大力鼓励资本下乡。从技术性方面讲，我国农业机械化程度几乎已经实现了全覆盖，但技术更新的问题需要更加注意，农业最终是应对市场的，对农业影响广泛的是自然原因，而市场对于农作产品的上市时间、播种效率、收割等影响很大，需要技术不断更新、农业机械效率不断改进（收割播种的机器、农药喷洒机器等效率的提升），因此还要不断地投入新的农地开发技术。

（4）尽力打造多样的农业收益渠道。农地开发不限于对于农业基础作物的开发，还可以通过农地农业自有的建设基础来开发其他项目，例如农地旅游、农家乐。工商资本能够很好地解决多样发展中的资金问题，也能够通过农地多样开发利用获得好处，在不破坏农地本身的种植作用的前提下，应当鼓励对于农地的多方面经济优势的发掘。

（5）提高农村基建。之所以中国农村更多的年轻人想去外地发展，主要原因是农村的基础建设不能满足村民的需要，农村可提供的岗位不能满足农民的经济物质需要。因此工商资本下乡不应当全面集中于农地开发，与农业相关的农村基础建设也应当列入农地开发的范畴，与政府部门一起为农村发展多创造契机和可能。完善农村地区的衣食住行，完备农业开发的技术性和人力需要。只有提高农村基建的程度，创新农地利用的多样途径，才能够更好地留住农民，让其种地致富，减少因人力原因和经济收入较低造成的农用地流失。

（6）提高农地的专业开发。增加农地开发的技术筹码，探索农地利用的多样路径，这也是当下我国农地开发当中工商资本在下乡后应当重点关注的问题。只有专业开发和技术引用才能改变农业收入，增强粮食产量，保障国家粮食安全和农地的合理有效利用，不至于"非粮化"。

第十章

工商资本下乡进程中"非粮化"现象治理对策

鉴于我国正处在工业化发展后期和推进传统农业向现代农业发展转变的时期,加上我国农业领域存在缺乏资金支持、专业化人才、专业规模化管理的弊端,这就为工商资本下乡提供了机遇,也使工商资本注入农村发展成为必然。工商资本下乡对于推进传统农业向现代农业的转变发展具有促进作用,同时工商资本的争相下乡,也会产生一些问题,例如,一方面导致农业的"非粮化"趋势;另一方面对农民的就业产生影响,引起农村问题。为了避免这一问题的发生,尽量减少工商资本下乡带来的消极作用,本章节从以下五个方面展开,针对改善工商资本下乡"非粮化"现象提供可行性对策。

一、从战略上继续重视"非粮化",细化防控目标及要求

目前国家明确了防止"非粮化"的总体目标,由于"非粮化"形式多样、危害不同,可进一步将"非粮化"内涵细化至区分农业种植结构"非

粮化"、第一产业内部"非粮化"、第一产业外部"非粮化"、耕地撂荒等多种类型，以指导地方进行针对性治理。严格落实"藏粮于地"战略，重视潜在生产能力、重视耕地面积，不能因为粮食单产的提升从而压缩粮食耕地面积，将耕地用来从事非粮食生产活动。可在耕地面积、粮食播种面积占比的基础上，考虑结构性、动态性等方面指标，纳入不同类型粮食播种面积及占比、粮食播种面积及粮食播种面积占比增长率等监测指标，全方位、多层次构建"非粮化"防控目标体系。如在结构性目标上要考虑粮食作物内部结构的变化，优先保障谷物等基本粮食作物播种面积；同时在非粮食作物内部，要严控良田改茶园、良田改果园等对土壤性质改变大的"非粮化"现象；在第一产业内部，要抑制良田改鱼塘、种植对土壤破坏大的速生林等严重影响耕地质量的行为。要平衡耕地保护与区域发展需求，充分考虑区域资源禀赋条件，综合考虑经济发展、脱贫增收、地形地势、区域功能定位，实施分类监测和监管；明确各级政府"非粮化"防控任务，建立中央、省、市等多级目标体系，确保层层分解落实，并将"非粮化"防控目标纳入各级政府政绩考核体系，强化责任落实，特别是基层政府要发挥遏制"非粮化"的重要责任；构建产业部门、农业部门、执法部门、国土部门间联动配合机制，构建横向一体化的责任落实体系。

二、推动粮食种植降本增效

（一）提升粮食种植收益

工商资本下乡在农业现代化进程中起到重要作用，但由于资本的逐利性导致工商资本往往更加偏好收益高的经济作物，造成"非粮化"，粮食作物的高风险、周期长和收益低是造成这一现象的重要原因。为此，应该从产品价格和利润空间着手，提升粮食种植收益。

1. 加强粮食价格保护。国家一再强调要重视粮食安全，而确保粮食安全就要确保粮食产量稳定，所以国家对于粮食价格制度十分重视。以前为了防止"谷贱伤农"，我国采取设置保护最低收购价的措施。尽管我国生产产能在增强，但农民收入水平增长相对缓慢，影响种粮积极性，进而影响粮食供给量，这与我国的粮食价格机制密切相关。但是当下的现状是，国家一系列支持举措未能完全落实到位，增收效果不显著。导致这种现象的主要原因有以下几点，首先是购销环节中存在一些中间商的套利行为；其次是市场中供需关系不平衡造成价格的波动；最后是粮食定价时忽略了粮食不同品种、品质之间的比价关系，造成高产而不高质。对此，迫切需要对粮食价格保护机制进行调整，尽快构建异质的市场优质优价制度，形成合理的粮食价格，构建价格和粮食供给的良性循环，保障国家粮食安全。

2. 提升粮食品牌溢价。在一味强调粮食数量的当下，出现了粮食数量增长、质量安全与消费者需求升级之间的矛盾。推进特色化经营为我们找到了一条可行的路径。通过政府引导、市场运作、政策支持和资金扶持等模式，推进品牌培育和整合，一批区域性粮食品牌涌现出来。通过多年的粮食品牌化建设，我国已形成一些区域性的粮食品牌，如黑龙江的北大荒大米、五常大米，吉林公主岭玉米、辽宁盘锦大米、湖北荆州大米、河北优质小麦等，这些粮食品牌已成为区域经济发展的重要资源。通过打造特色农产品，提高粮食品牌价值，提高对内竞争力、对外影响力，以优势产业为依托，以优势产品为核心，打造具有中国特色的粮食品牌；通过强化良种培育，聚焦农业科技革命主攻方向，大力推进种业等重点领域振兴，提升粮食产品产量和质量；在绿色发展和数字化背景下，还可以通过区块链溯源等数字技术，激活农产品生态价值，提升产品生态溢价。当前，粮食产业正在进入大流通、大融合时代，引导企业内部整合、外部联合，推动构建物联网研发与应用，支持企业"走出去"，培育具有国际竞争力的大品牌。

3. 改善耕地种植条件。农户在充分理解国家实施各项农业政策的目的及享受国家对于种植粮食的补贴后，合理利用手中的土地从事粮食生产，对于个别未被划为基本农田，且不适宜种植经济作物的土地，可以转而从事利于社会发展的其他生产经营，但整体上，农户间相互合作，在全民抑制"非粮化"的形势下，适当增加粮食作物耕地面积，努力做到自给自足。强化农业基础设施建设，分区域、分品种补上农机装备短板，强化现代农业技术装备支撑，改善交通、灌溉等条件，建设高标准农田。采取重大技术推广与服务补助、机械化耕种设备补贴、贷款贴息等方式，支持新型经营主体发展多种形式的粮食适度规模经营，开展农业社会化服务。定期开展耕地粮食作物品种和种植面积等情况的监测监管，实行信息化、精准化管理，发现问题及时整改，重大情况及时报告。同时随着科技的研发，依托生物技术提高单产水平也非常

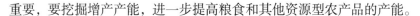

重要，要挖掘增产产能，进一步提高粮食和其他资源型农产品的产能。

（二）完善粮食种植服务体系

1. 强化金融支持。近年来，在政策引导下，我国金融机构对"三农"领域的金融支持力度不断提升，涉农信贷投入力度稳步加大，不过，仍存在重点领域信贷投放不足、金融机构积极性不高、配套机制有待完善等难点。为此，政府发布一系列政策，新增一些精准支持措施。首先，加强金融服务，全力保障好粮食安全和重要农产品产销。具体来看，运用好支农再贷款、再贴现工具，适时增加再贷款额度，引导地方法人金融机构加大对涉农主体的支持力度。围绕粮食全产业链，采取差异化信贷支持措施，鼓励金融机构参与粮食市场化收购，主动对接收购加工等金融需求。其次，金融机构要加强对品种改良、耕地质量提升、农田基础设施的完善和农作技术的进步等农业核心技术攻关的资金支持，精准施力，才能切实保障粮食安全。再次，引导金融机构加大对粮食规模经营主体的信贷支持，积极争取纳入三大粮食作物完全成本保险和收入保险等农业政策性保险试点，降低粮食生产风险。最后，鼓励政策性金融和商业性金融要联合发力，鼓励政策性银行继续发挥粮食收购资金供应主渠道的作用，同时也鼓励商业性金融机构开发一系列金融产品，服务粮食市场主体，在政策性为主商业性为辅的格局下，保证粮食收购时的资金支持。

2. 畅通销售渠道。拓宽粮食销售渠道，加快现金的变现能力。具体来看，首先，充分利用"互联网+"、QQ群、短信、微信群等，及时向种植户提供最新的粮食价格信息，通过订单农业、多方联系收购商、粮食统营等多种渠道，积极为种植户搭建粮食销售平台，加快粮食销售进度。其次，通过主播、种植户、稻米加工企业负责人出镜等联动方式走进农户家、加工车间、直播间等拍摄粮食品质、储存加工等环节，全方位宣传新粮，同时通过引领示范方式引导种植户拿起手机拍摄、剪辑短视频，并通过抖音、快手、微信公众号、头条等新媒体进行发布，以原粮产地直供、加工工艺标准、大米性价比高等优势争取更多的粮食销售订单，打出粮食销售组合拳。

（三）增加政策性种粮补贴，提升粮食种植比较收益

1. 贯彻落实粮食补贴政策。为了刺激农民种植粮食作物的积极性，增加粮食种植率，相关部门也出台了各项粮食补贴优惠政策，但政策的实施并不尽如人意，导致政策优惠并没有被真正需要的人获得，政策效果收效甚微。因此，要在已有粮食优惠补贴政策的基础上，进一步完善政策内容及相关的落实普及措施，秉承粮食种植补贴由种植主体依法享有的原则，将政策具体落实到每个种粮主体，提高种植粮食作物的收入，减小与经济作物之间的利润差额，从而达到刺激农民种植粮食作物积极性的目的。

2. 强化对粮食作物财政补贴资金"一卡通"的管理。农业农村部明确指出要优化财政补贴资金的发放体系，建立健全监管体系，保证财政补贴资金发放的公平、公正，最大限度满足农民的幸福感。主要在以下方面进行完善：向社会公布补贴政策清单、规范代发金融机构、规范补贴资金发放流程、搭建集中统一管理平台、依法依规公开补贴信息。

三、有序引导工商资本下乡

（一）合理审视工商资本下乡

工商资本逐利性的本质特征与粮食生产的外部性存在本质矛盾，要明确工商资本下乡领域、细化引入标准，对于公共性外部性强的粮食作物生产领域要谨慎引入，着重发挥工商资本在二、三产业发展中的作用；要限制工商资本直接参与耕地流转，着重发挥工商资本在提供农业机械、生产性服务上的优势，推动农业机械化、现代化。

（二）严格准入门槛

2018 年修正的《中华人民共和国农村土地承包法》明确要求建立工商企业等社会资本通过流转取得土地经营权的资格审查、项目审核和风险防范制度。此法对完善工商企业等社会资本通过流转取得土地经营权的准入门槛监管制度作了明确的规定，明确各级人民政府要依法建立分级资格审核和项目审核制度，并规定了审查、审核的一般程序，引导并监督社会资本规范流转土地经营权。

（三）明确工商资本下乡合法经营范围

首先，法律应对工商资本的经营范围予以明确，企业应在法律允许的范围内开展经营活动，不得肆意扩大自己的经营范围。其次，可以通过引入定期评估制度，对企业经营过程中资金状况、盈利状况、环境适应性、农业生产经营行为进行定期评估，以便实时全面掌握了解企业的实际经营情况，并根据评估结果建立企业信用档案，对于信誉好的企业予以政策扶持，对于信誉不良的企业予以及时清理。

四、建立工商资本投资农业全流程动态监管体系

伴随着工商资本争相投资农业，参与经营的农地规模不断增加，不可避免地会出现大资本挤兑小农户、土地大规模的合并、大批农户失去经营主体地位的现象，为了减轻此现象给农村以及农业生产带来的消极影响，亟须探索并制订一个严格的工商企业承包耕地准入制度和监管制度。例如，限制工商企业租用农地数额的上限、资格审查、项目审查等，尤其是避免工商企业私自改变土地使用用途，出现"非农化""非粮化"或者"圈而不用"的现象。

（一）强化工商资本下乡事前审核

1. 审核工商资本经营能力。工商资本在从事农业生产方面有优势，但也有不足，有适合的领域，也有不适合的领域，应扬长避短。要鼓励、引导、规范工商资本下乡，既保护企业在乡村投资的积极性，又保护集体和农民的利益不受侵犯。资本下乡不应偏离"三农"发展轨道，要确保不损害农民权益，不改变土地用途，防止土地"非粮化"。为此，2013 年中央一号文件明确要求，要"建立严格的工商企业租赁农户承包耕地准入和监管制度"，对于资本的资信状况和经营能力进行严格审核后，再签订承包合同。必须加强"四个审核"：企业资质审核、经营项目审核、企业信用审核、土地流转审核。这样，既可为"三农"发展设立"防火墙"，也可为工商资本下乡减少不必要的风险。

2. 审核工商资本下乡动机。工商资本下乡带来了资金投入和管理经验的同时，实现了产业的品牌化。但是，有的工商资本下乡后以发展特色小镇、乡村旅游等名义，"跑马圈地""圈而不种"，开展"非农化"经营管理，一旦经营不善就"跑路"，给农村留下诸多后遗症。有的工商资本下乡后，搞大拆大建，破坏了当地生态环境，打破了农民原有的生活状态，也激化了双方矛盾。所以，对于工商资本下乡的动机要进行严格审核，并建立事中、事后监督机制。首先，实行监管跟踪制，在加强工商资本下乡准入审核的基础上，对项目运行风险要实行监管跟踪制，防止可能出现的违规行为和"半拉

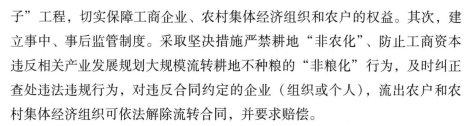

子"工程，切实保障工商企业、农村集体经济组织和农户的权益。其次，建立事中、事后监管制度。采取坚决措施严禁耕地"非农化"、防止工商资本违反相关产业发展规划大规模流转耕地不种粮的"非粮化"行为，及时纠正查处违法违规行为，对违反合同约定的企业（组织或个人），流出农户和农村集体经济组织可依法解除流转合同，并要求赔偿。

（二）强化工商资本下乡事中监管和事后监管

1. 运用卫星遥感等现代信息技术，定期监测耕地利用情况，建立耕地"非粮化"情况通报机制。并依托卫星遥感等现代信息技术引入评估制度，对企业经营过程中企业资金状况、盈利状况、环境适应性、农业生产经营行为进行定期评估。各地区要对本区域耕地种粮情况进行动态监测评价，发现问题及时整改，重大情况及时报告。定期对粮食主产区内粮食作物种植情况进行监测评价，实行信息化、精细化管理，及时更新电子地图和数据库。

2. 及时清退低效益的工商资本，完善退出机制。由于工商资本逐利性的特点，一些工商企业看到资本下乡有利可图，开始盲目跟风，随着大批工商企业进军农业生产领域，由于具体准入制度的缺失，必然会出现鱼龙混杂、良莠不齐的现象。有些企业大片租赁农用地大搞农业生产，而自身实际的生产经营能力、风险控制防范能力又相去甚远，一旦出现专业人才短缺、用工短缺、有关政策扶持不到位等情况，势必会使企业出现严重的经营危机，一旦一些企业因经营不善退出，不仅会导致土地租金无法支付，而且不少土地也会因为撂荒和过度使用而难以恢复。所以，对于一些经营不善、种植效益差的企业要及时退出，及时止损，建立风险保护机制，最大限度地保障农户的权益。

3. 对导致"非粮化"的工商企业进行惩罚。有的企业打着资本下乡的名义利用农田大搞"非农化""非粮化"，甚至"跑马圈地"，造成了农村土地资源的严重浪费，损害了农民的土地财产权益。为此，要加强社会信用体系建设，建立企业信用档案，对于盲目下乡引发"非粮化"的工商资本，应记入信用档案；并且要建立严格监管制度，重点聚焦和打击违法违规占用耕地特别是永久基本农田、挖田造湖造景、耕地"非农化"、侵犯农民土地合法权益等行为，明确企业在违反这些规定下需承担的责任和相应的处罚，强化农地用途管制，严禁污染破坏、撂荒、圈占闲置耕地，坚守并保住农村土

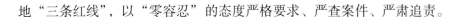
地"三条红线",以"零容忍"的态度严格要求、严查案件、严肃追责。

五、优化农村金融服务体系

（一）合理引导土地流转，引导种植结构调整

土地流转应积极支持粮食种植，要注重引导土地流向，鼓励支持土地向粮食规模化种植户流转，控制土地流向工商企业，并对参与土地流转的工商企业严格审核企业资质、严格约束经营范围。加快农业劳动力与农地经营权等要素的流动，特别是强化农业生产性服务，以土地流转推进规模化和机械化，引导农地转入户种植粮食，化解种植结构调整中的"非粮化"隐患。对于租赁闲置耕地资源用于粮食生产的，给予相应鼓励，进而鼓励闲置耕地资源的流转和开发。

（二）建立"非粮权交易市场"，规范土地流转

为了保持基本的粮食产量和粮食播种面积的稳定，可以从"非粮化"方面入手，合理规范经济作物种植及其他农业经济的发展，建立"非粮权"制度，即可以合法种植非粮食作物的权利。"非粮权"像是企业生产经营的营业执照，只有具备这个权利，才可以种植经济作物。为了减轻当地政府负担，使"非粮权"申请、应用程序正规化，应当建立"非粮权交易市场"，借鉴股票市场的交易原则，规定交易时间、交易方式、交易步骤、有效期限等，"非粮权"买卖双方实现线上公开报价，达成价格一致意见的，即可实现权力的转移。整个过程公开、透明，从而保证交易的公平性。

（三）加强信贷支持，降低融资成本

面对大量企业选择将资金投放到农村土地市场，企业应遵守国家政策，大力发展粮食产业，通过大规模土地流转，以期实现粮食种植规模化。但在真正实施过程中，企业并不具备种粮经验，致使大量企业亏损，为避免此类现象，当地金融机构应当结合本地区农业发展现状，制订特色化农业信贷政策，借款者无须负担高额利息，适当延长还款期限，从而为企业的顺利经营提供资金支持。

（四）创新农业保险，保障农户权益

大力发展农业保险支持，完善粮食生产保障，抵御农业生产面临风险。许多农户认为购买农业保险会增加农业生产成本，因此，较少有人愿意购买

农业保险。为解决农户农业经营难题，政府应出台农业保险补贴政策，由政府承担大部分的保费，而农户只需承担极小数额保费即可享受 100% 的风险赔付责任。此外，各地政府要结合当地粮食种植情况，开发具有地方特色的保险种类，并提高农业保险的普及度，降低农业经营风险。为了让更多农户享受到农业保险带来的好处，保险公司可以将灾后赔偿适当转变为灾前预防，全面降低农户发生损失的可能性。政府也可通过以奖代补的政策，对提供新型农产品保险的金融机构予以鼓励，提高金融机构金融产品创新的积极性。

（五）完善信用体系，提高经营主体融资可获得性

完善农业领域信用体系建设，充分运用全国信用信息共享平台、金融信用信息基础数据库等载体，结合下乡工商企业经营情况，合理督促经营主体诚信经营。引导工商企业主动发布综合信用或产品和服务质量等专项承诺，鼓励和支持信用服务机构对消费领域经营者信用进行评价。及时曝光和披露典型案例，构建产品质量全程追溯和风险监控体系。

六、构建种粮激励约束机制

（一）严格落实防控目标要求

地方政府要切实承担起保障本地区粮食安全的主体责任，稳定粮食种植面积，将粮食生产目标任务分解到市县。要坚决遏制住耕地"非粮化"增量，同时对存量问题摸清情况，从实际出发，分类稳妥处置，不搞"一刀切"。对各地方"非粮化"情况按年度进行考核，引导地方政府重视耕地保护，对未积极保护耕地的追究责任。要将防止耕地"非粮化"作为政绩考核重要内容，提高粮食种植面积、产量和高标准农田建设等考核指标权重，细化对粮食主产区、产销平衡区和主销区的考核要求，因地制宜地进行考核。严格考核并强化结果运用，表扬成绩突出的地区，通报约谈落实不力的地区，并与相关财政支持政策和资金相衔接。

（二）健全粮食生产支持策略

完善落实粮食生产大县奖励机制，健全粮食主要生产区风险及利益补偿机制，充分调动各地方政府重视粮食生产产量、农民种植粮食的积极性。增加粮食主产区政策扶持力度，农业资金应该更多地向粮食主产区倾斜，加快

粮食主产区高标准农田的建设，提高粮食产量。完善落实种粮户的政策奖励机制，支持以家庭成员为主要劳动力的家庭农场以及农民合作社开展粮食适度规模经营，提高种粮规模收益。完善小麦、稻谷等作物的最低收购价政策，实施稻谷、玉米、大豆的生产主体补贴。

拓展专题篇

第十一章

人口老龄化、金融支持与
耕地"非粮化"

农村人口老龄化背景下，关注人口老龄化对农业种植结构调整的非线性影响有利于保障粮食安全。本书采用 2006～2020 年中国省级面板数据，研究人口老龄化对农业种植结构的非线性影响及金融支持调节效应。研究发现，人口老龄化对粮食播种面积占比存在倒"U"型影响，农业机械化在其中发挥了中介效应；金融支持可以正向调节人口老龄化对粮食播种面积占比的提升作用；人口老龄化对高收入地区、中部及东北地区、粮食主产区的粮食播种面积占比提升作用较明显，对其他地区的影响呈较明显的倒"U"型。对此，应防止过度老龄化对粮食生产的不利影响，并加大金融支持力度，防止耕地过度"非粮化"。

一、引言

2016 年以来，我国粮食播种面积和粮食播种面积占农作物播种面积比例持续下降，农业种植结构调整中的"非粮化"倾向较为明显，引发国家高度重视。2020 年，国务院办公厅发布的《关于防止耕地"非粮化"稳定粮食生产的意见》提出"必须将有限的耕地资源优先用于粮食生产""保粮食播种面积"。2023 年中央一号文件提出"各省（自治区、直辖市）都要稳住面积"，这表明农业种植结构调整应注重保障粮食播种面积，防止粮食播种面积被过度压缩。与此同时，随着农村老龄化程度加深，农业种植条件发生了改变，部分地区迫于劳动生产率下降导致的经济压力，倾向于种植收益更高的经济作物，导致粮食播种面积占比下降。而粮食作物和经济作物种植比例发生较大逆转，一定程度上会影响我国的粮食产量，威胁粮食安全。在此背景下，明确人口老龄化对农业种植结构调整的影响及内在机理，有利于客观认识人口老龄化影响下农业种植结构的调整趋势，为防范耕地"非粮化"、保障粮食安全提供参考。

二、理论分析及研究假定

（一）人口老龄化与农业种植结构

人口老龄化诱发农业种植结构调整的过程中，粮食播种面积占比既有可能增加，也有可能下降，这主要取决于农业机械化的替代难度。同时，随着老龄化加重，机械化替代难度也随之增加，导致不同老龄化对粮食播种面积占比可能存在非线性影响。

一方面，人口老龄化会提升粮食播种面积占比。随着老龄化程度加深，劳动者体能流失逐渐加重，导致劳动参与率日益下降，农业生产日益面临劳动力稀缺问题。根据"诱致性技术变迁理论"，人口老龄化导致劳动供给短缺，从而推高了劳动力成本，这又促进了农民更倾向于使用价格相对便宜的农业机械来替代劳动力，从而推动了农业机械化。由于相比于经济作物，粮食作物生产工序标准化程度更高且种植面积大规模成片，具备更好的机械化作业条件。这导致在机械替代劳动力的过程中，粮食作物的比较优势日益明显，农业种植结构调整偏向于更适宜机械化种植的粮食作物。

另一方面，人口老龄化也会抑制粮食播种面积占比。与年轻劳动力相比，老年劳动力的非农务工机会和报酬较少，因此他们有足够的时间和精力从事农业生产，这有利于劳动密集型的经济作物种植。同时，老龄农民非农收入来源较少，导致老龄农民对农业收入的依赖增加，他们会选择投入更多的劳动时间和改种高收益的经济作物。此外，老龄化还可能导致农民耕种能力下降，不得不选择将部分耕地撂荒闲置。在土地投入减少后，农民可能会利用少量耕地种植蔬菜等高价值的经济作物，以提升单位面积收益，防止总收益大幅下降。

综上所述，人口老龄化对农业产生的影响是复杂的，农业机械化的替代难度可能导致农民更倾向于增加劳动投入并改种高价值的经济作物以提升收益，从而更有利于经济作物的种植；而如果机械化替代顺利实现，则更有利于粮食作物的种植。

进一步来看，随着老龄化程度加重，农业机械化难度随之增加，会导致人口老龄化对农业种植结构调整呈现非线性影响。总体上，人口老龄化会推动农业机械化，导致粮食播种面积占比逐渐上升。但随着老龄化逐渐加重，一方面，农户收入水平下降、融资能力弱化，制约了农户购买农机的能力，机械化替代的资金需求无法得到满足；另一方面，在体能流失严重的情况下，农户体能逐渐下降，农户使用农业机械的能力也逐渐弱化。因此，老龄化水平较低时，老龄化能够更有效地促进农业机械化，对粮食播种面积占比有更明显的提升作用；但老龄化水平较高时，机械化替代难度逐渐加大，导致劳动者更倾向于投入更多时间进行精耕细作，增加了高收益经济作物播种面积占比。因此，老龄化加重的过程中，机械化替代难度随之增加，导致农户逐渐从偏向于种植机械化程度高的粮食作物，转向种植高价值的经济作物。

上述分析表明，人口老龄化对粮食播种面积占比提升作用和抑制作用并存。但在老龄化初期，由于机械化替代难度低，人口老龄化对粮食播种面积占比的提升作用占主流；而随着老龄化的加重，机械化替代难度逐渐加大，由于无法通过机械化以降低成本，农户转而改种经济作物以提升收益，这导致人口老龄化对粮食播种面积占比的抑制作用逐渐占主流。因此，人口老龄化对粮食播种面积占比的总体影响不仅表现为简单的提升或者抑制，而且呈现出先提升粮食播种面积占比，后抑制粮食播种面积占比的倒"U"型影响。从中介机制看，人口老龄化加重过程中，农业机械化水平的增加幅度也逐步减弱，甚至可能因为过度老龄化而受到制约，因此人口老龄化对农业

机械化水平的影响也可能呈现倒"U"型,进而影响农业种植结构。据此提出假设:

假设1:人口老龄化程度对粮食播种面积占比呈倒"U"型影响。

假设2:人口老龄化程度对农业机械化呈倒"U"型影响,进而通过中介效应对粮食播种面积占比产生倒"U"型影响。

(二)人口老龄化、金融支持与农业种植结构

金融支持力度是影响机械化替代的关键因素,金融支持力度越强,则越有利于通过缓解融资约束促进农业机械化,有利于粮食种植。农业机械设备的购买、维护、升级等全过程需要耗费大量的资金。由于农业机械化前期投入较高,资金不足会制约农业机械化的顺利实现。在农业部门本身资金匮乏的情况下,外部金融支持对农业机械化较为重要。尽管我国农业机械化信贷支持领域有所扩大,力度也在增强,但农民购机贷款难、贷款成本高等问题并没有很好解决,农村地区面临较明显的融资约束,制约了农业机械化进程。研究表明,传统金融支持如涉农贷款增长,有利于通过缓解农户融资约束来推动农业机械化的实现。如杨皓月等(2020)基于我国省际面板数据研究发现金融支持尤其是农业信贷,对农业机械化水平的支持效果最为明显。行伟波和张思敏(2021)评估了我国涉农贷款增量奖励政策效果,发现政策促进了涉农贷款的发放,进而提高了农业机械化水平。因此,人口老龄化影响下,加大传统金融支持以促进机械化替代,能够强化粮食作物种植优势,推动粮食种植。

同时,随着数字金融蓬勃发展,其提升金融可得性的作用日益明显。数字金融通过缓解传统普惠金融服务"三农"效益低下的问题,有利于保障农业机械化所需的资金需求。较多文献从宏观、家庭等不同层面进行研究,发现数字金融存在要素替代效应,有利于推动农业机械化的实现。如张正平和王琼(2021)基于中国家庭追踪调查数据,发现数字普惠金融的发展显著提升了农村家庭资本替代劳动的比率,且这种促进作用随时间逐渐减弱。孙学涛等(2022)基于中国1 869个县域的面板数据,发现数字金融通过促进农民增收和促进固定资产投资,促进了农业机械化。闫桂权等(2022)基于CLDS数据,发现数字普惠金融发展水平越高,越可能使农户由传统耕种方式转向半机械化、机械化的方式,从而促进农业机械化发展。因此,人口老龄化影响下,数字金融发展水平越高,越有利于满足农业机械化的资金需求,提升粮食播种面积占比。

综上可以发现,在人口老龄化影响下,传统金融和数字金融发展水平越高,越有利于满足机械化替代的资金需求。这会导致在老龄化冲击下,农户更倾向于通过机械化替代劳动来节约成本,从而抑制了改种经济作物以提升收益的倾向,推动了粮食播种面积占比提升。据此可以提出假设:

假设3:金融支持力度越强,人口老龄化对粮食播种面积占比的提升作用越明显,即金融支持可以增强人口老龄化对粮食播种面积占比的正向影响。

上述理论分析及假定如图 11 - 1 所示。

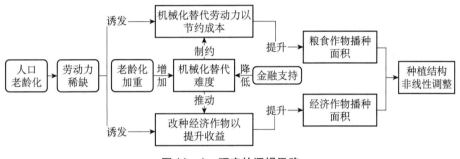

图 11 - 1   研究的逻辑思路

三、研究设计

(一)变量说明

1. 被解释变量:农业种植结构(Rgrain)。本书关注人口老龄化影响下,粮食播种面积占比是上升还是下降,因此采用粮食作物播种面积占农作物播种面积之比来衡量农业种植结构。

2. 解释变量:人口老龄化(Aging)。人口老龄化程度基于历年人口调查数据进行计算,数据源于《中国人口与就业统计年鉴》。历年人口调查数据统计了农村地区 0 ~ 14 岁人口、15 ~ 64 岁人口、65 岁以上人口数量及占比。人口老龄化不仅指老年人口总体占比的提升,也意味着劳动年龄人口中高年龄组劳动力人口比重上升,即意味着农村劳动力平均年龄增加,青壮年劳动力相对减少。考虑到省级层面数据可得性,参照彭代彦和文乐(2016)的做法,采用农村地区人口调查数据中 65 岁以上人口与 15～64 岁人口的比值来衡量人口老龄化。

3. 调节变量:从金融支持角度,主要选择人均涉农贷款和数字金融发展两个指标,从传统金融和数字金融支持两个方面,研究金融支持的调节效应。

(1) 传统金融支持(Credit)。人均涉农贷款采用省级层面涉农贷款与农业从业人员数量的比值进行测算,涉农贷款数据来源于《中国农村金融服务报告》和 Wind 数据库[①],农业从业人员数据来源于历年《中国农村经营管理统计年报》。

(2) 数字金融支持(Dfi)。考虑到互联网时代,数字金融已经成为农户融资的另一大重要渠道,因此采用 2011～2020 年省级层面的北大数字普惠金融总指数,研究数字金融支持在人口老龄化影响农业种植结构中的调节效应。

4. 中介变量:农业机械化(Mec)。采用亩均农业机械总动力的对数值衡量,由于粮食作物易于机械化替代,且我国农业机械化基本多应用于粮食生产领域,因此农业机械化水平提升对粮食播种面积占比提升具有直接促进作用。

5. 控制变量:参照罗必良和仇童伟(2018)和檀竹平等(2019)的做法,考虑影响农业种植结构的常见因素,从收入水平、土地资源条件等角度,选取以下控制变量纳入基准回归模型。

(1) 农民收入水平(Income)。收入水平从多方面影响了农业生产,包括保障农业生产资金来源,这有利于保障农业机械化所需资金,有利于粮食生产;同时,收入提升也会提升农业生产的机会成本,从而促使农民改种高价值的经济作物。

(2) 土地流转(Trans)。农地流转是学术界重点关注的农业种植结构影响因素。一方面,农地流转后生产经营主体的成本压力和逐利倾向可能诱发

---

① 根据《涉农贷款专项统计制度》(银发〔2007〕246 号),涉农贷款包括"农户农林牧渔业贷款""农户消费和其他生产经营贷款""农村企业及各类组织农林牧渔业贷款"和"农村企业及各类组织支农贷款"4 种类型,与 Wind 及《中国农村金融服务报告》中划分一致。

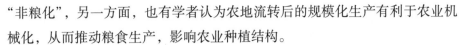

"非粮化"，另一方面，也有学者认为农地流转后的规模化生产有利于农业机械化，从而推动粮食生产，影响农业种植结构。

（3）产业非农化（Is）。产业非农化能够影响农产品市场需求结构，增加经济作物需求；也会影响农业劳动力就业的机会成本，抑制粮食种植的积极性，从而影响农业种植结构。

（4）农业产值规模（Aav）。农业产值规模是地区农业发展水平的综合体现，既能够影响粮食作物播种，也会影响非粮食作物播种，从而影响农业种植结构。

（5）城镇化率（Urban）。城镇化对农村劳动力和土地要素存在影响，例如，城镇化可以转移农村剩余劳动力，便于机械化耕种；城镇化也可以推动近郊地区的农业发展，引导适宜市场导向的经济作物种植。因此，城镇化水平会影响农业种植结构。

（6）人均耕地面积（Pland）。耕地是影响农业生产的最基本条件，一般来说，人均耕地面积越多，越有利于形成规模经济，推动粮食生产，耕地面积过少则不利于机械化的实现，不利于粮食生产，从而影响农业种植结构。

（7）工资水平（Wage）。地区工资水平是农业生产机会成本的体现，机会成本越高，农业经营压力越大，可能诱发农户种植利润率更高的经济作物，从而影响农业种植结构。

（8）粮食产品价格（Price）。粮食产品价格直接影响粮食种植收益，粮食价格越高，预期越有利于粮食增收，推动粮食种植，从而可能影响农业种植结构。

上述所有涉及变量定义如表 11 – 1 所示。

表 11 –1   **变量选择及定义**

变量类型	变量名称	符号	变量界定
被解释变量	农业种植结构	Rgrain	粮食作物播种面积（亩）/农作物播种面积（亩）
解释变量	人口老龄化	Aging	农村人口调查中 65 岁及以上人口与 15～64 岁人口的比值

续表

变量类型	变量名称	符号	变量界定
控制变量	农民收入水平	Income	ln 农村人均可支配收入（原单位：元/人）
	土地流转	Trans	ln 单位耕地农地流转面积（原单位：亩）
	产业非农化	Is	第二三产业增加值/GDP（%）
	农业产值规模	Aav	ln 农林牧渔业增加值（原单位：亿元）
	城镇化率	Urban	城镇人口/常住人口（%）
	人均耕地面积	Pland	ln（耕地总面积/农业从业人员数量）（原单位：亩/人）
	工资水平	Wage	ln 城镇单位在岗职工平均工资（原单位：元）
	粮食产品价格	Price	粮食类商品零售价格指数（上年为100）
中介变量	农业机械化	Mec	ln 亩均耕地农机总动力（原单位：千瓦）
调节变量	传统金融支持	Credit	ln（该省涉农贷款总额/农业从业人员）（原单位：万元/人）
	数字金融支持	Dfi	省级层面北大数字普惠金融指数/100

（二）描述性统计分析

表 11 - 2 为变量描述性统计分析结果。Rgrain 均值为 0.661，即样本期内粮食作物播种面积占比平均为 66.1%，最高为黑龙江省，当年粮食作物播种面积占比达 97.1%，最低为新疆维吾尔自治区，当年粮食作物播种面积占比为 35.5%，表明全国各省农业种植结构存在较明显的差异。Aging 均值为 0.163，其中最高为重庆市，当年人口老龄化程度为 0.335，最低为宁夏回族自治区，当年人口老龄化程度为 0.071，表明全国农村地区老龄化程度也存在较大差异。

表11-2　　　　　　　　　　　变量的描述性统计

变量	样本量	均值	标准差	最小值	最大值
Rgrain	450	0.661	0.139	0.355	0.971
Aging	450	0.163	0.057	0.071	0.335
Income	450	10 195.230	5 807.977	2 097.000	34 911.000
Trans	450	0.248	0.178	0.014	0.911
Is	450	89.454	5.624	69.752	99.724
Aav	450	1 725.853	1 311.908	67.600	5 750.100
Urban	450	55.769	13.726	27.453	89.583
Pland	450	6.204	3.865	1.745	22.703
Wage	450	54 048.560	27 530.670	15 590.000	185 026.000
Price	450	104.368	4.206	97.400	122.200
Mec	450	0.721	0.291	0.227	1.450

（三）模型设定

基于假设 1，设定基准回归模型，研究人口老龄化对农业种植结构的影响，如式（11-1）所示：

$$Rgrain_{it} = \beta_1 Aging_{it} + \beta_2 Aging_{it}^2 + \sum_{m=1}^{k} b_m Controls_{mit} +$$
$$Province_i + Year_t + e_{it} \qquad (11-1)$$

其中，Rgrain 为农业种植结构，采用粮食播种面积占农作物播种面积的比例来衡量，Aging 为人口老龄化水平，$Controls_m$ 为第 m 个控制变量，$Province_i$ 为地区固定效应，$Year_t$ 为时间固定效应，e 为随机误差项。为研究人口老龄化与农业种植结构的非线性关系。式（11-1）中加入了人口老龄化二次项，即 $Aging^2$。

（四）数据来源

本书研究对象包括我国 30 个省份，港澳台地区及西藏自治区由于数据缺乏，不纳入研究范围。由于 2005 年及之前年份的部分数据缺失，2021 年部分最新数据未公布，因此研究时间区间选择为 2006～2020 年。本书数据主要来源于国家统计局官网公布的省级数据库和《中国农村统计年鉴》。其中，人口老龄化数据来源于《中国人口与就业统计年鉴》中公布的人口调查数据，农地流转和农村从业人员来源于《中国农村经营管理统计年报》，涉农贷款数据来源于 Wind 及《中国农村金融服务报告》，数字普惠金融指数来源于北京大学数字金融研究中心。

四、实证结果

（一）基准回归

基于假设1，建立双向固定效应模型，估计人口老龄化对农业种植结构的影响。为克服异方差和自相关影响，本书采用广义最小二乘估计法，结果如表11-3所示。

列（1）和列（2）为人口老龄化对农业种植结构的总体影响结果，结果表明，人口老龄化系数显著为正（0.157、0.445），即人口老龄化显著提升了粮食播种面积占比。列（3）和列（4）为进一步加入人口老龄化二次项后的结果。结果表明，人口老龄化与粮食播种面积占比存在显著的倒"U"型关系，即随着人口老龄化程度的加深，人口老龄化对粮食播种面积占比的提升作用减弱，逐渐产生负向影响。以列（4）作为基准回归，发现拐点值约在农村老龄劳动力与成年劳动力比值为0.241处。从现状来看，截至2020年，已经有21个省份农村老龄化水平已达到拐点值，农业种植结构"非粮化"趋势可能逐渐明显。

上述结论支持了假设1。可能原因在于，随着农村老龄化程度的逐渐加深，农户实现机械化替代的能力下降，由于无法通过机械化替代来降低生产成本进而保证利润，农户会趋向于选择种植经济效益相对较高的经济作物以提升收益，导致人口老龄化与农业种植结构之间呈倒"U"型关系。

表11-3　　　　　　　　人口老龄化对农业种植结构的影响

变量	（1）	（2）	（3）	（4）
	线性关系		非线性关系	
	Rgrain	Rgrain	Rgrain	Rgrain
Aging	0.157 *** (7.649)	0.445 *** (16.850)	2.746 *** (23.884)	3.042 *** (33.624)
Aging2	—	—	-6.262 *** (-21.780)	-6.310 *** (-28.500)
Income	-0.052 *** (-8.235)	-0.154 *** (-17.802)	-0.077 *** (-8.687)	-0.161 *** (-18.597)

续表

变量	（1）	（2）	（3）	（4）
	线性关系		非线性关系	
	Rgrain	Rgrain	Rgrain	Rgrain
Mec	0.015 *** (6.673)	0.032 *** (8.912)	0.030 *** (8.317)	0.037 *** (11.429)
Trans	0.013 *** (8.940)	-0.003 (-1.473)	0.011 *** (5.495)	-0.006 ** (-2.522)
Pland	0.192 *** (68.836)	0.171 *** (36.363)	0.210 *** (53.927)	0.189 *** (31.844)
Is	0.005 *** (26.942)	0.007 *** (16.544)	0.005 *** (12.941)	0.006 *** (15.978)
Aav	0.039 *** (29.357)	0.024 *** (12.565)	0.030 *** (13.905)	0.012 *** (4.694)
Urban	0.001 *** (5.708)	0.005 *** (23.426)	0.001 * (1.865)	0.005 *** (13.804)
Wage	-0.125 *** (-22.108)	-0.356 *** (-22.885)	-0.110 *** (-16.751)	-0.349 *** (-31.741)
Price	0.001 *** (11.242)	0.001 ** (2.052)	0.002 *** (8.313)	0.000 (0.273)
Constant	1.132 *** (35.339)	3.763 *** (24.716)	0.866 *** (15.786)	3.699 *** (30.600)
Province FE	YES	YES	YES	YES
Year FE	NO	YES	NO	YES
Obs	450	450	450	450
拐点值	—	—	0.219	0.241

注：括号内为 t 值或 z 值，*、** 和 *** 分别为在 10%，5% 和 1% 的水平上显著。

（二）稳健性检验

1. 更换估计方法。忽略动态趋势可能导致遗漏变量偏差，可采用动态面板模型，通过广义矩估计，缓解遗漏变量偏差导致的内生性问题。结果如表11-4 所示。列（1）和列（2）的结果表明，考虑动态效应后，人口老龄化与粮食播种面积占比仍然存在倒"U"型关系，因此，可支持基准回归结果。sargan 检验表明工具变量选取有效；自相关检验表明，存在一阶自相关，不存在二阶自相关，符合 GMM 估计假定。因此，估计结果有效。

2. 剔除部分省份。一是部分省份农业经济占比非常小，因此可能造成实证估计结果的偏差。为此，本书对样本期内各省级行政区第一产业占比均值进行排名，剔除第一产业占比均值排名最低的五个省级行政区（北京市、天津市、浙江省、广东省、上海市），重新进行回归，结果如表 11 - 4 列（3）所示。二是考虑到直辖市经济的特殊性，去掉所有直辖市再进行回归，得到表 11 - 4 列（4）所示结果。结果表明，人口老龄化与粮食播种面积占比仍然存在倒"U"型关系。因此，可支持基准回归结果。

3. 剔除部分年份。2016 年开始，我国粮食播种面积和粮食播种面积占比结束长期以来的增加趋势，开始下降，成为我国耕地"非粮化"演变趋势的重要分界点，因此剔除 2016 年以后的样本进行回归，得到表 11 - 4 列（5）所示结果，可知人口老龄化与粮食播种面积占比仍然存在倒"U"型关系，可支持基准回归结果。

表 11 - 4　　　　　　　　　　稳健性检验结果 1

变量	（1） 差分 GMM	（2） 系统 GMM	（3） 剔除农业 占比低省份	（4） 剔除直辖市 样本	（5） 剔除 2016 年 以后样本
	Rgrain	Rgrain	Rgrain	Rgrain	Rgrain
L. Rgrain	0.698 *** (7.722)	0.584 *** (3.447)			
Aging	0.025 *** (7.309)	0.187 * (1.862)	3.112 *** (28.982)	2.320 *** (19.081)	4.789 *** (19.729)
Aging2	-0.112 *** (-7.628)	-0.528 ** (-2.238)	-6.493 *** (-30.081)	-3.109 *** (-11.294)	-12.164 *** (-17.862)
Income	-0.043 ** (-2.376)	-0.017 (-1.474)	-0.194 *** (-22.617)	-0.223 *** (-15.989)	-0.204 *** (-12.815)
Mec	0.005 (1.203)	0.006 (1.418)	0.048 *** (11.097)	-0.000 (-0.062)	0.046 *** (3.500)
Trans	0.011 *** (3.412)	0.007 *** (2.746)	-0.000 (-0.123)	0.006 ** (2.072)	0.006 (0.857)
Pland	0.006 (1.157)	0.005 (0.831)	0.203 *** (49.776)	0.195 *** (48.618)	0.199 *** (18.623)
Is	-0.001 * (-1.798)	-0.000 (-0.486)	0.006 *** (8.913)	0.006 *** (17.204)	0.003 (1.310)
Aav	0.007 (0.864)	0.008 (1.152)	0.019 *** (12.399)	0.037 *** (15.253)	0.017 *** (3.662)

续表

变量	(1) 差分 GMM	(2) 系统 GMM	(3) 剔除农业 占比低省份	(4) 剔除直辖市 样本	(5) 剔除 2016 年 以后样本
	Rgrain	Rgrain	Rgrain	Rgrain	Rgrain
Urban	− 0. 000 (− 0. 409)	0. 000 (0. 120)	0. 005 *** (18. 123)	0. 003 *** (8. 253)	0. 004 *** (3. 982)
Wage	0. 022 (1. 381)	− 0. 005 (− 0. 315)	− 0. 397 *** (− 24. 497)	− 0. 440 *** (− 35. 075)	− 0. 205 *** (− 6. 732)
Price	− 0. 000 * (− 1. 658)	− 0. 000 (− 0. 952)	0. 000 (1. 354)	− 0. 000 (− 1. 205)	− 0. 001 (− 1. 589)
Constant	0. 402 *** (2. 838)	0. 402 ** (2. 148)	4. 313 *** (34. 903)	5. 456 *** (36. 087)	2. 812 *** (7. 993)
Province FE	YES	YES	YES	YES	YES
Year FE	—	—	YES	YES	YES
Obs	390	420	420	390	330
sarganχ2	18. 42559	15. 4517	—	—	—
AR（1）	− 2. 9438 ***	− 3. 0457 ***			
AR（2）	0. 84465	0. 77988			

注：括号内为 t 值或 z 值，＊、＊＊和＊＊＊分别为在 10%，5% 和 1% 的水平上显著。

4. 更换解释变量和估计方法。为检验非线性关系的稳健性，本书还将人口老龄化程度分为五个等级，并以第一等级为参照设定虚拟变量，观察随着人口老龄化程度的加深，人口老龄化对农业种植结构的影响如何变化，结果如表 11 - 5 所示。结果表明，随着老龄化程度进入更高阶段，相比于最低老龄化水平，各阶段老龄化水平对农业种植结构的影响系数呈现先增加后减少的变化趋势，即验证了倒"U"型关系的存在。

表 11 - 5 　　　　　　　　　　　稳健性检验结果 2

变量	(1) Rgrain	(2) Rgrain	(3) Rgrain	(4) Rgrain
第二等级 (0. 123 < Rgrain ≤ 0. 176)	0. 0412 *** (16. 56)	—	—	—
第三等级 (0. 176 < Rgrain ≤ 0. 229)	—	0. 0619 *** (17. 91)	—	—
第四等级 (0. 229 < Rgrain ≤ 0. 282)	—	—	0. 0746 *** (16. 81)	—

变量	(1)	(2)	(3)	(4)
	Rgrain	Rgrain	Rgrain	Rgrain
第五等级 (0.282 < Rgrain≤0.335)	—	—	—	0.0389 *** (6.91)
Controls	YES	YES	YES	YES
Province FE	YES	YES	YES	YES
Year FE	YES	YES	YES	YES
Obs	450	450	450	450

注：括号内为 t 值或 z 值，*** 为在 1% 的水平上显著。

5. 直接检验人口老龄化对粮食作物和经济作物播种面积的影响。基准回归中直接以粮食播种面积占比为因变量，研究了人口老龄化对农业种植结构的影响。本部分采用粮食作物播种面积和经济作物播种面积对数为因变量，观察人口老龄化背景下不同农作物的非线性调整趋势，以检验基准回归结果的稳健性。结果如表 11-6 所示。列（1）、列（2）中的结果显示，人口老龄化对粮食作物播种面积（Grain）、经济作物播种面积（Cash）均存在非线性影响。列（1）中的结果显示，人口老龄化与粮食播种面积存在倒"U"型关系，而列（2）中的结果显示，人口老龄化与经济作物播种面积存在"U"型关系，与粮食播种面积变化趋势相反，这也从播种面积的角度支持了基准回归结果。

表 11-6 　　　　　　　　人口老龄化对农作物播种面积的影响

变量	(1)	(2)
	Grain	Cash
Aging	6.870 *** (22.755)	-6.031 *** (-18.113)
Aging2	-13.943 *** (-19.586)	14.801 *** (20.128)
Constant	11.602 *** (34.274)	-7.033 *** (-14.853)
Controls	YES	YES
Province FE	YES	YES
Year FE	YES	YES

续表

变量	(1)	(2)
	Grain	Cash
Obs	450	450
拐点值	0.246	0.204

注：括号内为 t 值或 z 值，*** 为在 1% 的水平上显著。

（三）中介效应分析

基于假设 2，人口老龄化对农业机械化存在倒"U"型影响，而农业机械化直接导致机械化程度高的粮食作物播种面积占比上升，对此借鉴爱德华兹和兰伯特（Edwards and Lambert，2007）和张祥建等（2015）检验"U"型中介效应的做法，本书构建如下检验模型，以检验人口老龄化影响农业种植结构的中介机制。

$$Mec_{it} = \beta_1 Aging_{it} + \beta_2 Aging_{it}^2 + \sum_{m=1}^{k} b_m Controls_{mit} +$$
$$Province_i + Year_t + e_{it} \qquad (11-2)$$

$$Rgrain_{it} = \beta_1 Aging_{it} + \beta_2 Aging_{it}^2 + \beta_3 Mec +$$
$$\sum_{m=1}^{k} b_m Controls_{mit} + Province_i + Year_t + e_{it} \qquad (11-3)$$

其中，Mec 为农业机械化，控制变量除了农业机械化，其他符号含义均与式（11-1）中保持一致。在中介效应的估计上，江艇（2022）认为传统的逐步回归法在检验中介效应上面临内生性问题。因此，本书尝试使用因果中介分析（CMA）模型来估算中介效应，该方法通过构建反事实框架，识别连续或 0/1 虚拟的处理变量通过中介变量来影响结果变量的因果机制，以得到平均中介效应和直接效应。其基本思路是首先通过式（11-2）估计初始水平下的中介变量期望值，然后通过式（11-3）将中介变量维持在初始水平，以估计自变量的边际效应，即直接效应；随后将自变量维持在初始水平，估计中介变量变化带来的边际效应，即中介效应，中介效应与直接效应之和记为总效应。

因果中介分析的检验结果如表 11-7 所示。列（1）中的结果显示，人口老龄化对农业机械化存在倒"U"型影响，表明人口老龄化会诱发农业机械化，但随着老龄化加重，人口老龄化对农业机械化的促进作用减弱；列

（2）中的结果显示，农业机械化回归系数显著为正，表明农业机械化对粮食播种面积占比存在显著提升作用。CMA 模型利用准贝叶斯蒙特卡洛近似法得到的平均中介效应为 2.071，占总效应比重为 70.9%，部分中介效应成立。这验证了假设 2，从中介效应角度支持了人口老龄化与粮食播种面积占比呈倒"U"型关系的结论。

表 11 –7　　　　　　　　农业机械化中介效应分析结果

变量	(1)	(2)
	Mec	Rgrain
Aging	4.755*** (−3.29)	2.935*** (6.33)
Aging2	−9.166*** (3.438)	−6.928*** (−6.30)
Mec	—	0.038** (2.50)
常数项	3.784*** (4.22)	0.809 (2.77)
Controls	YES	
Province FE	YES	
Year FE	YES	
Obs	450	
平均中介效应	2.071*** (0.470)	
直接效应	0.850* (0.0897)	
总效应	2.921*** (0.465)	

注：括号内为 t 值或 z 值，*、** 和 *** 分别为在 10%，5% 和 1% 的水平上显著。

五、金融支持的调节效应

基于假设 3，构建调节效应模型，研究金融支持是否可以调节人口老龄化对农业种植结构的影响，模型如式（11 –4）所示。

$$Rgrain_{it} = \beta_1 Aging_{it} + \beta_2 Aging_{it}^2 + \beta_3 Aging_{it} \times Finance_{it} +$$
$$\beta_4 Finance_{it} + \sum b_k Controls_{kit} + Province_i +$$
$$Year_t + e_{it} \qquad (11 –4)$$

其中，$Finance_{it}$为第 i 个省份第 t 年的金融支持相关变量，包括人均涉农贷款和数字普惠金融指数，其他符号含义与式（11 - 1）相同。如式（11 - 4）中 β_3 显著为正，则说明金融支持能够强化人口老龄化对粮食播种面积占比的提升作用。

估计结果如表 11 - 8 所示。由列（2）和列（3）的结果可知，人均涉农贷款对农业种植结构无直接显著影响，但人均涉农贷款与人口老龄化交互项（Aging × Credit）显著为正（0.323），表明人均涉农贷款会正向调节人口老龄化对粮食播种面积占比的提升作用。可能原因在于，人口老龄化推动下，机械化替代需求增长，人均涉农贷款增长通过支持机械替代劳动，提升了粮食播种面积占比。

由列（4）和列（5）可知，数字金融对农业种植结构的直接影响也不显著，其原因可能在于，数字金融对粮食生产和非粮食作物生产均存在积极作用，导致其对农业种植结构影响不显著。但数字金融与人口老龄化交互项（Aging × Dfi）系数显著为正（0.460），这表明数字金融也可以正向调节人口老龄化对粮食播种面积占比的提升作用，即在人口老龄化推动下，数字金融可能通过支持机械替代劳动，从而提升粮食播种面积占比。上述结论支持了假设 3，即金融支持能够正向调节人口老龄化对粮食播种面积占比的提升作用。

表 11 - 8 金融支持的调节效应分析结果

变量	（1）	（2）	（3）	（4）	（5）
	主回归	调节效应模型 1		调节效应模型 2	
	Rgrain	Rgrain	Rgrain	Rgrain	Rgrain
Aging	3.042 *** (33.624)	2.093 *** (19.495)	1.202 *** (5.996)	2.082 *** (7.972)	2.378 *** (6.313)
Aging2	-6.310 *** (-28.500)	-4.346 *** (-18.120)	-4.214 *** (-9.246)	-4.341 *** (-7.681)	-7.486 *** (-7.596)
Credit	—	0.077 (-0.421)	0.132 (-0.519)	—	—
Aging × Credit	—	—	0.323 *** (6.508)	—	—
Dfi	—	—	—	-0.056 (-1.569)	-0.199 (-0.982)

续表

变量	（1）	（2）	（3）	（4）	（5）
	主回归	调节效应模型1		调节效应模型2	
	Rgrain	Rgrain	Rgrain	Rgrain	Rgrain
Aging × Dfi	—	—	—	—	0.460 *** (7.491)
Constant	3.699 *** (30.600)	2.476 *** (13.982)	2.522 *** (7.889)	4.129 *** (5.684)	3.641 *** (3.023)
Controls	YES	YES	YES	YES	YES
Province FE	YES	YES	YES	YES	YES
Year FE	YES	YES	YES	YES	YES
Obs	450	360	360	300	300

注：括号内为 t 值或 z 值，*** 为在 1% 的水平上显著。

六、异质性分析

前述部分基于全样本视角分析了人口老龄化对农业种植结构的总体影响，考虑到地区经济条件和自然条件等多方面差异，本部分进一步考察不同地区人口老龄化对农业种植结构的影响是否存在差异。

（一）基于农民收入水平分类

通过计算样本期内各省份人均可支配收入年均值，按照中位数将所有样本分为高收入地区和低收入地区，进行区域异质性分析，结果如表 11 -9 所示。列（1）和列（2）中的结果显示，人口老龄化显著提升了高收入地区和低收入地区粮食播种面积占比，但在高收入地区，人口老龄化对粮食播种面积的提升作用更明显。列（3）和列（4）中的结果表明，两个区域人口老龄化与粮食播种面积占比均存在倒"U"型关系，但高收入地区拐点值远高于低收入地区。由于低收入地区拐点值较小，部分地区人口老龄化已跨越了拐点值，人口老龄化对粮食播种面积占比提升作用逐渐减弱，抑制作用逐渐增强。结合前述部分的分析，出现上述结果的可能原因在于，收入水平较高的地区，农户收入可以支撑人口老龄化下的农业机械化，推动了粮食播种面积占比上升；但收入水平较低则会制约这种调整，导致人口老龄化对粮食播种面积占比的提升作用减弱，抑制作用增强。

表 11 –9　　　　　　　　　　　收入水平异质性分析结果

变量	(1) 高收入水平 Rgrain	(2) 低收入水平 Rgrain	(3) 高收入水平 Rgrain	(4) 低收入水平 Rgrain
Aging	0.439 *** (30.065)	0.151 *** (4.814)	1.237 *** (26.563)	3.527 *** (23.638)
Aging2	—	—	– 1.909 *** (– 19.756)	– 8.261 *** (– 22.157)
Constant	– 1.745 * (– 1.664)	5.641 *** (36.250)	– 1.881 (– 1.612)	4.647 *** (24.242)
Controls	YES	YES	YES	YES
Province FE	YES	YES	YES	YES
Year FE	YES	YES	YES	YES
Obs	225	225	225	225
拐点值	—	—	0.324	0.213

注：括号内为 t 值或 z 值，* 和 *** 分别为在 10% 和 1% 的水平上显著。

（二）基于东部、中部及东北、西部三大区域分类

按照经济发展水平和相关政策，国家政策分区包括东部、东北、中部及西部四大区域，由于东北地区仅三个省份，而且经济发展水平和农业地位与中部地区相似，因此，按照东部、中部及东北、西部三个区域进行异质性分析，结果如表 11 – 10 所示。列（1）、列（2）、列（3）的结果表明，三个区域人口老龄化均显著影响农业种植结构。在中部及东北地区、东部地区，人口老龄化显著提升了粮食播种面积占比，且在中部及东部地区的作用相对较强；在西部地区，人口老龄化则显著抑制了粮食播种面积占比。列（4）、列（5）、列（6）的结果表明，东部和西部人口老龄化与粮食播种面积占比间存在倒"U"型关系，但东部拐点值远高于西部，人口老龄化对东部地区粮食播种面积占比更多体现为促进作用；西部地区拐点值较小，部分地区人口老龄化已经跨越了拐点值，导致人口老龄化对粮食播种面积占比的提升作用日益减弱，抑制作用逐渐明显。

出现上述结果的可能原因在于，中部及东北地区拥有较好的粮食生产条件，机械化替代较容易，且这些地区多属于粮食主产区，国家在财政金融等多方面的政策支持，引导了人口老龄化下农业种植结构的"趋粮化"调整。

东部地区较高的经济发展水平、农民收入水平和农户融资能力，导致机械化替代能力较强，粮食播种面积占比趋向于上升。西部地区无论是机械化替代难度还是经济发展水平，均不利于支持机械化替代，农户被迫增加劳动投入和增加高价值的经济作物种植比例，因此，人口老龄化对粮食播种面积占比的抑制作用较为明显。

表 11 – 10　　　　　　　　　不同区域的异质性分析结果

变量	(1)	(2)	(3)	(4)	(5)	(6)
	东部	中部及东北	西部	东部	中部及东北	西部
	Rgrain	Rgrain	Rgrain	Rgrain	Rgrain	Rgrain
Aging	0.645 *** (8.918)	1.107 *** (5.806)	– 0.097 * (– 1.830)	1.394 *** (5.513)	1.064 ** (2.223)	2.511 *** (7.809)
Aging2	—	—	—	– 1.708 *** (– 3.132)	0.142 (0.115)	– 6.455 *** (– 7.642)
Constant	2.430 *** (7.349)	2.527 *** (8.417)	0.947 (1.134)	0.504 (0.593)	1.853 *** (6.187)	0.360 (0.963)
Controls	YES	YES	YES	YES	YES	YES
Province FE	YES	YES	YES	YES	YES	YES
Year FE	YES	YES	YES	YES	YES	YES
Obs	150	135	165	150	135	165
拐点值	—	—	—	0.408	—	0.195

注：①东北地区仅三个省份，考虑到分组均衡、经济发展水平、粮食产业发展相似性，将中部六省与东部三省合并为一组；②括号内为 t 值或 z 值，*、** 和 *** 分别为在 10%，5% 和 1% 的水平上显著。

（三）粮食主产区和非粮食主产区差异

我国粮食主产区共有黑龙江省、河南省、山东省、四川省、江苏省、河北省、吉林省、安徽省、湖南省、湖北省、内蒙古自治区、江西省、辽宁省十三个省份，及其他非粮食主产区省份。因此，基于上述标准将样本分为粮食主产区和非粮食主产区，进行分组回归，得到的结果如表 11 – 11 所示。

列（1）和列（2）的结果表明，粮食主产区和非粮食主产区人口老龄化系数分别为 0.923 和 0.334，均显著为正，表明人口老龄化对粮食主产区和非粮食主产区粮食播种面积占比均存在提升作用，但对粮食主产区粮食播种面积占比提升作用更明显。加入人口老龄化二次项后的结果表明，粮食主产区人口老龄化与粮食播种面积占比的倒 "U" 型关系不显著，即在粮食主产区，人口老龄化对粮食播种面积占比的提升作用并未因老龄化程度提升而被削弱。而在非粮食主产区，人口老龄化与粮食播种面积占比的倒"U"型关系显著，即老龄化程度提升对粮食播种面积占比的促进作用被削弱。

出现上述差异的可能原因在于，粮食主产区粮食种植条件更好，无论是地形条件还是政策支持力度均更利于粮食种植，在人口老龄化的驱动下，农户及政府积极依托粮食种植优势，加大财政、金融方面的投入，推动了农业机械化替代，稳定并促进粮食生产。而非粮食主产区粮食生产条件相对较差，多属于丘陵山区，且对国家粮食保障的作用相对不如粮食主产区。在机械化替代条件较差时，人口老龄化对粮食播种面积占比的提升作用较弱，抑制作用较强。

表 11 – 11　　　　　　　粮食主产区和非粮食主产区差异分析结果

变量	(1)	(2)	(3)	(4)
	粮食主产区	非粮食主产区	粮食主产区	非粮食主产区
	Rgrain	Rgrain	Rgrain	Rgrain
Aging	0. 923 *** (15. 251)	0. 334 *** (20. 910)	0. 935 *** (6. 567)	3. 401 *** (27. 261)
Aging2	—	—	− 0. 036 (− 0. 123)	− 7. 723 *** (− 25. 628)
Constant	1. 975 *** (11. 151)	3. 152 *** (30. 463)	1. 948 *** (10. 688)	3. 001 *** (21. 226)
Comtrols	YES	YES	YES	YES
Provice FE	YES	YES	YES	YES
Year FE	YES	YES	YES	YES
Obs	195	255	195	255
拐点值	—	—	—	0. 220

注：括号内为 t 值或 z 值，*** 为在 1% 的水平上显著。

七、结论与启示

(一) 结论

随着老龄化趋势加重，人口老龄化对农业种植结构调整的影响是否存在非线性特征和区域异质性，并且金融支持是否会影响这种关系。对这一问题进行研究，有利于加深对农业种植结构调整趋势的认识。在此背景下，本书基于中国 2006～2020 年省级面板数据，研究了人口老龄化、金融支持与农业种植结构调整的关系，结论表明：

1. 人口老龄化对粮食播种面积占比的影响呈倒"U"型，但目前总体上人口老龄化对粮食播种面积占比的提升作用占据主流，在达到拐点值（农村老龄劳动力与年轻劳动力比值约为 0.241）之后，人口老龄化开始对粮食播种面积占比产生负面影响。

2. 人口老龄化对农业机械化存在倒"U"型影响，导致人口老龄化通过影响农业机械化对粮食播种面积占比呈现倒"U"型影响。

3. 人口老龄化对粮食播种面积占比的影响存在较明显的区域差异。在高收入地区、中部及东北地区、粮食主产区，人口老龄化对粮食播种面积占比的促进作用较为明显，而在其他地区表现出较明显的倒"U"型影响，随着老龄化加重，人口老龄化逐渐对这些地区粮食播种面积占比产生较明显的抑制作用。

4. 调节效应分析表明，金融支持能够增强人口老龄化对粮食播种面积占比的提升作用，人均涉农贷款和数字金融发展水平越高，人口老龄化对粮食播种面积占比的提升作用就越明显。

（二）启示

1. 防范老龄化加重诱发的粮食安全问题。一些文献认为人口老龄化并未明显影响我国粮食安全，其中，机械化替代在一定程度上稳定了粮食生产，与本书研究结论存在一定的一致性。但本书进一步研究还发现，人口老龄化与粮食播种面积和粮食播种面积占比均存在倒"U"型关系，在人口老龄化跨越拐点之后，农业种植结构调整将偏向于非粮食作物种植，这不利于我国"保粮食面积"和"防止耕地'非粮化'"政策目标的实现。按照本书的计算，目前，尽管多数样本位于拐点值左侧，但从 2020 年的数据来看，已有多数省份开始跨越拐点值。尽管近年来在党中央大力治理下，全国粮食播种面积总量和占比结束了自 2016 年以来双降的趋势，并开始企稳。但未来，我国农村的老龄化问题将进一步加重，并逐渐进入重度老龄化阶段，仍需防范人口老龄化程度进一步加重后导致的"非粮化"倾向加重。

2. 重视不同地区人口老龄化对农业种植结构影响的差异。粮食主产区、中部地区及东北三省、农民收入水平较高的地区，人口老龄化对粮食播种面积占比的提升作用较为明显，这意味着较好的粮食生产条件和农民收入水平能够有效抵御老龄化对粮食生产的负面冲击，这与当前较多研究的结论一致。但在非粮食主产区、东部及西部地区、收入水平较低的地区，人口老龄化背景下，农业种植结构"非粮化"压力较大，粮食生产条件较差、收入不足等问题，可能导致机械化替代受阻，导致较明显的"非粮化"趋势。在我国耕地资源整体紧缺的情况下，这些地区的"非粮化"倾向也要进一步防控。因此，要通过改善粮食种植条件、加大金融支持力度等方式，推动适宜机械化替代的地区农业机械化，挖掘粮食生产的潜在产能，提升农户种粮积极性，保障粮食生产。

3. 重视金融支持在促进机械化替代、防止耕地"非粮化"中的积极作用。农村地区存在的融资约束，可能导致人口老龄化诱发的农业机械化需求无法得到满足，农户迫于体力流失和利润压力，转而追求经济作物种植，导致农业种植结构过度"非粮化"。一旦粮食播种面积占比被过度压缩，在耕地资源本身趋紧的背景下，粮食播种面积占比下降也会威胁粮食安全。因此，从机械化替代角度来看，除了关注地形条件等自然资源禀赋对机械化替代的制约之外，还要注重提升金融可得性，降低机械化替代难度，防止耕地"非粮化"。

4. 注重农村金融发展的针对性。在整体上提升农村地区信贷可得性，支持农业机械化的同时，要重点关注信贷可得性不足的地区融资约束对农业机械化替代的制约，通过涉农贷款、数字金融等政策措施，满足机械化替代的资金需求，防止农业种植结构因老龄化而导致过度"非粮化"。

第十二章

气候风险与中国农业种植结构"趋粮化"

一、引言

气候风险加剧背景下，研究气候风险下农业种植结构适应性调整趋势，有利于正确认识气候风险对粮食安全的影响。本章通过构建理论模型，基于中国省际面板数据，从"趋粮化"和空间溢出视角，研究了气候风险冲击对农业种植结构的影响。结果表明，在气候风险冲击下，粮食作物播种面积显著增长，但经济作物播种面积变化不明显，同时粮食作物中的谷物和稻谷播种面积和占农作物播种面积的比例显著增长，农业种植结构呈现出"趋粮化"的调整趋势；在粮食主产区、高农业机械化水平地区，气候风险冲击下农业种植结构"趋粮化"调整的趋势相对更为明显；气候风险冲击推动了农业机械的使用，促进了农业种植结构"趋粮化"调整；我国农业种植结构调整存在显著的空间正相关性，相邻地区自然条件与经济发展的相似性，导致气候风险在影响本地农业种植结构"趋粮化"的同时，也对周边地区农业种植结构趋粮化产生了正向影响。综上所述，政府应积极适应气候风险冲击下的农业种植结构调整趋势，改善地区粮食种植条件，推动粮食种植，保障粮食安全。

2016 年以来，我国粮食播种面积和粮食播种面积占农作物比例开始双双下降，农业种植结构调整的趋势明显，引发学界广泛关注。耕地非粮化主要体现为"耕地改种非粮作物"。学界也多采用非粮食作物播种面积占农作物播种面积比来衡量"非粮化"，而"趋粮化"则属于"非粮化"的对立概念。尽管经济作物种植有利于农民增收，且不一定影响粮食产量，但从粮食安全角度考虑，"非粮化"对我国弊大于利。一方面，在我国耕地总量紧缺的情况下，"非粮化"直接压缩粮食作物播种面积，不利于稳定粮食作物播种面积和产量的增加。另一方面，部分非粮食作物如茶树种植，会改变土壤成分，影响耕地质量，不利于"藏粮于地"的实现。针对日益明显的"非粮化"倾向，国务院也于 2020 年发布《国务院办公厅关于防止耕地"非粮化"稳定粮食生产的意见》，提出要"采取有力举措防止耕地'非粮化'"，粮食生产功能区要"保障粮食种植面积"，粮食产销平衡区和主销区要"扭转粮食种植面积下滑势头"，明确了防止耕地"非粮化"的基本政策取向和保障粮食播种面积的具体政策要求。

农业种植结构"趋粮化"或者"非粮化"调整，很大程度上源于粮食作物和经济作物比较优势。从比较优势来看，经济作物价格优势明显，但经济作物也存在市场风险高、技术要求高、机械化替代难度大的弱势。粮食作物尽管价格低，但工序简单、易于机械化替代，并且有政府收购价保护，存在收益低但稳定的特点。因此，粮食作物和经济作物比较优势影响了农业种植结构的调整。气候风险作为农业生产的风险来源之一，可能通过影响农作物比较优势，进而影响农业种植结构调整。如气候风险加剧导致农产品滞销、农作物减产，加剧了农作物价格的市场波动，而粮食作物和经济作物在成本收益特征、经营模式上存在显著差异，导致两者应对气候风险的能力存在差别，引发了农业种植结构的适应性调整，出现"趋粮化"或者"非粮化"趋势。

现有研究主要考察影响农业种植结构"非粮化"和"趋粮化"的社会经济因素，如种粮比较收益、农地流转、工商资本下乡等。在气候风险对农业的影响方面，更多研究从总量视角关注气候因素对农业生产和粮食安全的冲击。而在气候风险对农业种植结构的影响方面,现有研究多关注气候变化对区域自然条件的改变而引发的农业种植结构调整。综合来看,气候风险对农业发展的总量冲击较容易识别,即气候风险加剧整体上不利于农业发展和粮食安全,这也得到了较多文献的证实。但气候风险冲击下,如何从粮食安全目标出发,关注农业种植结构适应性调整,较少有文献涉及。基于此,本书进一步从气候风险角度,采用中国省级面板数据,从社会经济角度研究气候风险如何影响农业种植结构调整,为识别和应对气候风险对粮食安全的影响提供思路。

相比于现有研究,本书存在以下可能的边际贡献:第一,从省级层面,定量评估了气候风险对农业种植结构的影响,有利于识别气候风险冲击下,农业种植结构的适应性调整趋势。第二,引入气候风险因素,基于现有研究,构建了气候风险影响农业种植结构的理论分析模型,丰富了气候风险影响农业种植结构的内在机制。第三,基于省级及空间溢出视角,关注了气候风险冲击下,农业种植结构适应性调整的空间关联性。

二、理论分析及研究假定

(一) 农业种植结构调整的基准理论模型

参照罗必良和仇童伟(2018)的做法,构建农业种植结构调整的基础理论模型。假设农户种植粮食作物和经济作物,通过配置耕地资源以实现利润最大化。农户收入源于粮食作物收入(Y_1)、经济作物收入(Y_2)和非农就业收入(W)。农户成本包括农地转入成本(R)和农业机械化成本(S),其自有土地和自有劳动不产生实际成本。因此,农户生产决策满足如下条件:

$$\text{Max}U = Y_1 + Y_2 + W - R - S \text{(经营目标函数)} \quad (12-1)$$

$$Y_1 = P_1 (A_1 L_1)^a \text{(粮食作物收入函数)} \quad (12-2)$$

$$Y_1 = P_2 (A_2 L_2)^a \text{(经济作物收入函数)} \quad (12-3)$$

$$W = wL_3 \text{(非农就业收入)} \quad (12-4)$$

$$R = rA_3 \text{(农地转入成本)} \quad (12-5)$$

$$S = sA_1 \text{(农业机械化成本)} \quad (12-6)$$

$$vL_1 + L_2 + L_3 = 1 + L_4 \text{ } (0 < v < 1) \text{(劳动力约束)} \quad (12-7)$$

$$A_1 + A_2 = 1 + A_3 \text{（土地资源约束）} \qquad (12-8)$$

$$L_1 = \rho_1 A_1 \text{（单位面积粮食作物劳动消耗）} \qquad (12-9)$$

$$L_2 = \rho_2 A_2 \text{（单位面积经济作物劳动消耗）} \qquad (12-10)$$

其中，Y_1 和 Y_2 分别为粮食作物和经济作物总收入，A_1、A_2、A_3 分别为粮食作物种植面积、经济作物种植面积和农地转入面积，假定不存在农地撂荒，且将农地禀赋标准化为 1。L_1 和 L_2 分别为粮食作物种植和经济作物种植的劳动投入，且将劳动禀赋标准化为 1，L_3 代表非农就业量，L_4 代表雇工量。P_1 和 P_2 分别为单位粮食作物和经济作物的价格，由于经济作物市场价格普遍更高，因此 $P_1 < P_2$；r 为单位农地租赁价格；ρ_1 和 ρ_2 分别为单位粮食作物和单位经济作物的劳动消耗系数，由于经济作物劳动消耗量更大，因此 $\rho_1 < \rho_2$；a 为农业生产的专业化经济程度。

联立式（12-1）～式（12-10），得到代表性农户利润函数：

$$U = P_1 \rho_1{}^a A_1{}^{2a} + P_2 \rho_2{}^a A_2{}^{2a} + (1 + L_4 - L_3 - v\rho_1 A_1 - \rho_2 A_2) w - r(A_1 + A_2 - 1) - sA_1 \qquad (12-11)$$

假设其他条件外生给定，农户通过调整农业种植结构实现利润最大化，利润 U 对粮食种植面积 A_1 求一阶导数，得到：

$$\partial U / \partial A_1 = 2a P_1 \rho_1{}^a A_1{}^{2a-1} - 2a P_2 \rho_2{}^a A_2{}^{2a-1} - v\rho_1 w + \rho_2 w - r - s \qquad (12-12)$$

为了简化公式，将式（12-2）、式（12-3）、式（12-9）、式（12-10）代入式（12-12），得到：

$$\partial U / \partial A_1 = 2a Y_1 / A_1 - 2a Y_2 / A_2 - v\rho_1 w + \rho_2 w - s - r \qquad (12-13)$$

均衡条件下，$\partial U / \partial A_1 = 0$，即：

$$Y_1 / A_1 - Y_2 / A_2 = (v\rho_1 w - \rho_2 w + s + r) / 2a \qquad (12-14)$$

根据式（13-13）和式（13-14），不难发现，等式左边越大，等式右边越小，则农户利润对粮食播种面积 A_1 一阶导数就越大，农户出于利润最大化考虑，会增加粮食播种面积，农业种植结构趋粮化调整趋势越发明显。反之则出现"非粮化"趋势。

（二）气候风险冲击对农业种植结构调整影响及研究假定

1. 气候风险产出冲击效应。根据式（12-13）和式（12-14），不难发现，式（12-14）左边越大，农户农业种植结构"趋粮化"调整倾向越明显，反之则出现"非粮化"倾向。假设农户处于初始均衡状态，粮食种植面积和经济作物种植面积为 A_1^* 和 A_2^*。此时：

$$Y_1/A_1^* - Y_2/A_2^* = （v\rho_1 w - \rho_2 w + s + r）/ 2a \qquad （12-15）$$

气候风险冲击影响农业生产率和农产品价格，造成单位面积粮食作物收益和经济作物收益下降，即 Y_1/A_1^* 和 Y_2/A_2^* 均降低。可以通过引入系数 M（$0 < M < 1$），假定粮食作物和经济作物单位收益同比例下降，从而进行识别。

气候风险还可能导致经济作物单位面积收益出现更大程度的下降，主要原因在于经济作物抗风险能力相对更弱。一方面，从价格风险来看，经济作物市场价格更高并且波动更大，因此遭遇气候风险冲击后的预期损失也更高；而粮食作物价格较为稳定，且有政府收购价保护，因此气候风险造成的预期损失相对较小。另一方面，从市场风险来看，气候风险冲击容易导致运输困难等问题，出现商品滞销。相比于粮食作物，经济作物市场导向更强，如玉米、大米等粮食产品可以长时间存储，而蔬菜、水果等经济作物面临滞销时极容易出现腐烂变质问题，其不耐储存、运输损耗大等弱点导致气候风险对经济作物造成的损失更大。

因此，可假设气候风险影响农户对粮食作物和经济作物收入的预期，假设单位面积产量 Y_1/A_1^* 和 Y_2/A_2^* 分别为不存在气候风险时的 M 倍和 GM 倍（$0 < M < 1$，$0 < G < 1$），即气候风险导致粮食作物和经济作物预期收入下降，且经济作物预期收入下降幅度更大。

由于经济作物价格更高，因此单位面积经济作物收入预期总是高于粮食作物，$Y_1/A_1^* - Y_2/A_2^* < 0$。因此，可推导出：

$$MY_1/A_1^* - GMY_2/A_2^* > MY_1/A_1^* - MY_2/A_2^* > M（Y_1/A_1^* - Y_2/A_2^*）>$$
$$Y_1/A_1^* - Y_2/A_2^* = （v\rho_1 w - \rho_2 w + s + r）/ 2a \qquad （12-16）$$

可以发现，如果气候风险上升，经济作物和粮食作物单位面积收益下降，且经济作物单位面积收益下降更明显。这导致农户利润对于粮食播种面积的一阶导数增加，并且大于 0，农户存在扩大粮食播种面积的倾向，出现趋粮化。据此可提出假设 1：

假设 1：气候风险对粮食作物和经济作物均带来预期损失，且对经济作物的预期损失影响更明显，农户出于利润最大化考虑，将更偏向于种植风险相对小的粮食作物，农业种植结构呈现趋粮化调整趋势。

2. 气候风险影响农业种植结构趋粮化的异质性。气候风险导致生产难度增加，农业从业人员回报减少，而非农就业回报相对上升。这在式（12 – 14）中突出表现为非农就业工资水平 w 的上升，由于在式（12 – 14）中，v < 1，$\rho_1 < \rho_2$，因此 $v\rho_1 - \rho_2 < 0$，非农就业相对收入的增加会导致式（12 – 14）等式右边下降，进而导致利润相对于粮食播种面积的一阶导数增加，农业种植结构存在趋粮化调整趋势。这意味着，气候风险冲击下，农业种植缺乏竞争力，导致非农就业更具有吸引力。农户放弃农业生产实现非农就业，导致农业从业人员比例下降，非农就业人口比例上升，农业劳动力逐渐稀缺。由于经济作物更偏向于劳动密集型，粮食作物种植对劳动力的需求相对较小，因此劳动力稀缺会导致农户偏向于种植对劳动需求少且容易机械化替代的粮食作物。据此提出假设 2：

假设 2：气候风险增加非农就业，造成劳动力稀缺，相对不利于经济作物种植，有利于粮食作物种植，导致农业种植结构趋粮化。

进一步来看，根据诱致性技术变迁理论，劳动力稀缺会导致劳动要素相对价格上升，资本等其他要素相对价格下降，这在式（12 – 14）中突出表现为机械化替代成本 s 的下降，即（$v\rho_1 w - \rho_2 w + s + r$）／2a 的下降，从而导致利润相对于粮食播种面积的一阶导数大于 0，推动农业种植结构趋粮化。上述结论意味着，气候风险导致的非农就业将降低资本要素的相对成本，有利于实现资本替代，推动农业机械化。而粮食种植更加易于机械化替代，农业机械化的推广将促进劳动投入少、易于机械化替代的粮食作物种植，农业种植结构呈现趋粮化调整趋势。据此提出假设 3：

假设 3：气候风险诱发农业机械化替代，相对不利于经济作物种植，有利于粮食作物种植，造成农业种植结构趋粮化。

三、研究设计

（一）变量说明

1. 农业种植结构。本书关注气候风险下，农业种植结构是否发生适应性调整。由于理论分析表明气候风险冲击下，农业种植结构趋粮化趋势可能更为明显，因此采用粮食作物播种面积与农作物播种面积之比来衡量农业种植结构趋粮化。

2. 气候风险。目前尚无气候风险的统一定义。根据气候相关财务信息披露工作组（Task Force on Climate – Related Financial Disclosure，TCFD）定义，气候风险是指极端天气、自然灾害等气候因素及社会向可持续发展转型对经济金融活动带来的不确定性，其影响范围包括工业、农业等社会经济各个方面。农业领域气候风险的研究当中，气候风险界定主要有以下两种方式：其一，基于气候变化视角，以历史年份为基期，根据气温、降水等指标相比于基期的变动，关注气候指标波动，衡量气候风险。这种测度方式主要关注气候指标的实际变化，以此衡量气候指标变化背后的风险，但未关注气候波动是否对农业造成实际冲击。其二，采用历史年份气候灾害发生频次度量气候风险，如以往年份灾害发生的平均频次。该测度方式更多地关注了气候风险对农业的实际冲击，通过以往实际成灾情况评估气候风险，并纳入了农户对气候风险的主观感知，暗含了农户基于以往气候灾害情况评估气候风险的假定。本书参照第二种思路，参照郑沃林等（2021）的做法，计算近三年农作物成灾率均值，以此来衡量气候风险。

采用这种做法的主要原因如下：其一，本书考察农户如何判断未来气候风险，从而进行农业种植结构调整。因此，以往年份实际的农作物成灾情况是最直接的判断依据，而农户对气温、降水波动的感知相对不足，不如对成灾情况的感知强烈。其二，本书采用的是省级面板数据，但气象数据通常是站点数据，适宜于衡量相对较小尺度如县域级的气候风险，但省域范围较广，对站点数据进行加权平均会导致数据失真，无法客观评估全省的气候风险。其三，采用近三年成灾率均值而非当年成灾率的原因在于农作物播种决策形成于年初，因此当年农作物成灾率不影响当年农业种植结构。不采用上一年成灾率的原因在于单独一年的气候灾害具有一定程度上的偶然性，不足以完全支撑农户对气候风险的判断。综上所述，本书参照郑沃林等（2021）的做法，采用前三年农作物成灾面积（此处气候灾害包括水灾、旱灾、风雹灾、冷冻灾四种类型）占耕地总面积比重的均值，来计算前三年农作物成灾率均值，以此衡量气候风险。

3. 控制变量。本书考虑以下可能影响农业种植结构的控制变量，指标名称及变量界定如表 12 – 1 所示。

（1）经济发展。经济发展可以影响农业种植的成本收益结构，经济发展水平高的地区对经济作物的需求相对较高，同时经济发展水平也会影响耕地、劳动力等投入要素成本，从而影响农业种植结构。

（2）城镇化率。城镇化对农村劳动力和土地要素存在影响，例如，城镇化可以转移农村剩余劳动力，便于机械化耕种；城镇化也可以推动近郊地区的农业发展，引导适宜市场导向的经济作物种植。因此，城镇化水平会影响农业种植结构。

（3）产业结构。工业发展能够影响农产品市场需求结构，也会影响农业劳动力就业的机会成本。

（4）农业产值规模。农业产值规模是地区农业发展水平的综合体现，既能够影响粮食作物播种面积，也会影响非粮食作物播种面积，从而可能会影响农业种植结构。

（5）农业财政支出。农业财政支出能够影响地区农业种植成本，改善地区农业种植条件，进而影响粮食作物和经济作物播种面积，从而可能会影响农业种植结构。

（6）粮食价格水平。粮食价格水平直接影响粮食种植收益，粮食价格水平越高，预期越有利于粮食增收，推动粮食种植，从而可能影响农业种植结构。

（7）供水条件。农作物对灌溉条件依赖较明显，地表供水条件越好，越有利于农作物种植，从而可能影响农业种植结构。

（8）地区工资水平。地区工资水平是农业生产机会成本的体现，机会成本越高，农业经营压力越大，可能诱发农户种植利润率更高的经济作物，从而影响农业种植结构。

表12－1		变量说明
指标类型	指标名称	变量界定
被解释变量	粮食播种面积占比	粮食作物播种面积（亩）/农作物播种面积（亩）
解释变量	气候风险	成灾率前三年均值，成灾率＝农作物成灾面积（亩）/耕地总面积（亩）
控制变量	经济发展	人均GDP（元/人）
	城镇化率	城镇人口（万人）/常住人口（万人）
	产业结构	第二产业增加值（万元）/GDP（万元）

续表

指标类型	指标名称	变量界定
控制变量	农业产值规模	农业增加值（万元）
	农业财政支出	财政农林水支出总额（万元）
	粮食价格水平	粮食类商品零售价格指数（上年为100）
	供水条件	地表水供水总量（亿立方米）
	地区工资水平	城镇单位在岗职工平均工资（元）

（二）描述性统计

表12-2为变量的描述性统计分析结果。省级层面粮食播种面积占比均值为66.119，即粮食播种面积占农作物播种面积比例平均为66.119%。最大值为黑龙江省，其粮食播种面积占农作物播种面积比例为97.075%；最小值为新疆维吾尔自治区，为35.513，其粮食播种面积占农作物播种面积比例为35.513%。气候风险均值为18.802，即近三年农作物成灾率平均值的均值为18.802%；最大值为63.405%，为湖南省；最小值为0.685%，为北京市。

表12-2   **描述性统计分析**

变量名	样本量	均值	标准差	最小值	最大值
粮食播种面积占比	390	66.119	14.087	35.513	97.075
气候风险	390	18.802	12.212	0.685	63.405
经济发展	390	47 871.472	27 153.522	9 697.000	164 158
城镇化率	390	57.026	13.142	29.116	89.583
产业结构	390	42.075	8.273	15.967	61.960
农业产值规模	390	1 856.722	1 340.896	105.600	5 750.100
农业财政支出	390	467.171	282.284	38.540	1 339.360
粮食价格水平	390	104.318	4.325	98.200	117.100
供水条件	390	162.940	136.259	5.800	602.300
地区工资水平	390	58 888.759	26 286.694	21 000.000	185 026

（三）模型设定

基于上述数据，设定如下模型作为基准回归模型，研究气候风险冲击对农业种植结构趋粮化的影响：

$$\text{Grain}_{it} = \beta_1 \text{Risk}_{it} + \sum_{m=1}^{k} b_m \text{Controls}_{mit} + \text{Province}_i + \text{Year}_t + e_{it} \qquad (12-17)$$

其中，Grain 为趋粮化，Risk 为气候风险，Controls_m 为第 m 个控制变量，Province_i 为个体固定效应，Year_t 为时间固定效应，e 为随机误差项。参照杨进等（2016）的做法，回归方程中所有变量都取对数形式，主要目的一是缓解异方差，二是直接反映其弹性，利于对回归系数的解读。

（四）数据来源

本书研究对象包括我国 30 个省份，港澳台地区及西藏自治区由于数据缺乏，不纳入研究范围。本书研究时间区间选择为 2006~2020 年，由于气候风险变量为前三期气候风险均值，因此纳入基准回归的样本时间区间为 2008~2020 年。本书数据主要来源于《中国农村统计年鉴》《中国农村经营管理统计年报》以及国家统计局官网。

四、实证结果

（一）基准回归

基于假设 1，以粮食播种面积占比为因变量，开展基准回归分析，揭示气候风险对农业种植结构的影响，结果如表 12-3 所示。其中，列（1）为仅包含核心解释变量的结果，列（2）为仅加入控制变量的结果，列（3）为加入了控制变量和时间固定效应的结果。为了确保采用固定效应模型的合理性，本书还进行了豪斯曼检验，结果表明固定效应模型优于随机效应模型。根据列（3）的结果，气候风险回归系数为 0.046，在 5% 的显著性水平上显著，表明气候风险显著提升了粮食播种面积占比，推动了农业种植结构趋粮化，验证了假设 1。

列（4）和列（5）为进一步采用粮食播种面积和经济作物播种面积为因变量后的结果，分析农业种植结构适应性调整趋势，即粮食作物播种面积和经济作物播种面积在气候风险影响下是增加还是减少，从而影响农业种植结构。列（4）中的结果显示，气候风险变量回归系数为 0.031，在 1% 的显著性水平上显著，表明气候风险显著促进了粮食播种面积的增加。列（5）中的结果显示，气候风险回归系数为 -0.017，但不显著，表明气候风险对经济作物播种面积影响不明显。上述结果表明,气候风险导致粮食播种面积上升,但未显著影响经济作物播种面积,从而导致了农业种植结构趋粮化。这进一步支撑了假设1,即粮食作物相对较强的抗风险能力和更大的政策扶持力度,导致气候风险加剧下,农户适应性地调整种植结构,促进了趋粮化。

表 12-3　　　　　　　　气候风险对农业种植结构的影响

变量	(1) 粮食播种面积占比	(2) 粮食播种面积占比	(3) 粮食播种面积占比	(4) 粮食作物播种面积	(5) 经济作物播种面积
气候风险	0.039*** (3.009)	0.062*** (3.199)	0.046** (2.394)	0.031*** (2.660)	-0.017 (-1.133)
经济发展		0.248 (1.531)	0.054 (0.314)	-0.313*** (-2.992)	-0.501*** (-3.795)
城镇化率		-0.413* (-1.746)	0.216 (0.847)	0.881*** (5.708)	1.077*** (5.530)
产业结构		-0.604*** (-4.404)	-0.725*** (-4.897)	-0.029 (-0.326)	0.778*** (6.908)
农业产值规模		0.067 (0.825)	-0.064 (-0.686)	0.128** (2.278)	0.191*** (2.689)
农业财政支出		0.061 (0.754)	-0.032 (-0.405)	-0.044 (-0.925)	-0.166*** (-2.744)
粮食价格水平		-0.031 (-0.615)	-0.363*** (-5.303)	-0.222*** (-5.378)	0.107** (2.061)
供水条件		0.001 (0.624)	0.005 (1.340)	0.002 (0.694)	-0.004 (-1.325)
地区工资水平		-0.206 (-1.375)	-0.187 (-0.917)	0.119 (0.966)	0.412*** (2.656)
常数项	0.300* (1.923)	2.797** (2.493)	5.206*** (2.843)	6.225*** (5.633)	0.297 (0.213)
个体固定效应	YES	YES	YES	YES	YES
时间固定效应	NO	NO	YES	YES	YES
样本量	390	390	390	390	390
调整 R^2	0.009	0.057	0.097	0.182	0.281
豪斯曼检验	—	—	44.62***	110.71***	33.49***

注:括号内为 t 值,*、** 和 *** 分别为在 10%,5% 和 1% 的水平上显著。

(二) 稳健性检验

首先,在表12-4列(1)中,假定农户对气候风险的判断主要基于上一年成灾率,采用上一年成灾率作为自变量进行回归,得到气候风险对趋粮化的影响。

其次,在表12-4列(2)中,假定农户对气候风险的判断基于前两年成灾率情况,采用前两年成灾率均值衡量气候风险,分析气候风险对趋粮化的影响。结果表明,不论是采用前一年成灾率还是前两年成灾率均值作为自变量,气候风险对趋粮化均具有促进作用,这表明基准回归结果具有稳健性。

再次,去掉农业经济占比极低的样本。部分省份农业经济占比非常小,因此可能造成实证估计结果的偏差。为此,本样本期内各省级行政区第一产业占比均值进行排名,剔除第一产业占比均值排名最低的五个省级行政区(北京、天津、浙江、广东、上海)的数据,重新进行回归,结果如表12-4列(3)所示。通过再次回归,得出的结论仍然支持本书基准回归结果,即气候风险促进了趋粮化。

最后,考虑到直辖市经济的特殊性,去掉北京、天津、上海、重庆四个直辖市的样本数据,再进行回归,结果如表12-4列(4)所示。通过再次回归,得出的结论仍然支持本书基准回归结果,即气候风险促进了趋粮化。

表12-4　　　　　　　　　稳健性检验结果

变量	(1) 粮食播种面积占比	(2) 粮食播种面积占比	(3) 粮食播种面积占比	(4) 粮食播种面积占比
前一年成灾率	0.037 *** (3.41)			
前两年成灾率均值		0.048 *** (3.09)		
前三年成灾率均值			0.041 ** (2.30)	0.036 ** (2.15)
经济发展	-0.191 (-1.18)	0.029 (0.18)	0.476 *** (2.84)	0.532 *** (3.35)
城镇化率	0.188 (0.79)	0.115 (0.47)	-0.797 *** (-3.04)	-0.543 ** (-2.22)

续表

变量	(1) 粮食播种 面积占比	(2) 粮食播种 面积占比	(3) 粮食播种 面积占比	(4) 粮食播种 面积占比
产业结构	− 0.664 *** (−4.47)	− 0.707 *** (−4.84)	− 0.665 *** (−4.88)	− 0.730 *** (−5.55)
农业产值规模	− 0.055 (−0.62)	− 0.028 (−0.31)	− 0.356 *** (−3.96)	− 0.427 *** (−4.97)
农业财政支出	0.098 (1.22)	0.049 (0.63)	0.193 ** (2.38)	0.201 *** (2.65)
粮食价格水平	− 0.244 *** (−3.68)	− 0.308 *** (−4.53)	− 0.058 (−0.85)	− 0.063 (−0.96)
供水条件	0.001 (0.17)	0.004 (0.90)	0.005 (1.63)	0.004 (1.31)
地区工资水平	0.189 (0.94)	− 0.124 (−0.62)	− 0.512 *** (−2.71)	− 0.483 *** (−2.65)
常数项	2.873 * (1.72)	4.301 ** (2.45)	7.546 *** (4.13)	6.618 *** (3.84)
个体固定效应	YES	YES	YES	YES
时间固定效应	NO	NO	YES	YES
样本量	450	420	325	351
调整 R^2	0.090	0.088	0.208	0.196

注：括号内为 t 值，*、** 和 *** 分别为在 10%，5% 和 1% 的水平上显著。

（三）农业种植结构趋粮化的直接来源

前一部分的研究发现气候风险总体上促进了农业种植结构趋粮化，可进一步分析农业种植结构趋粮化主要源于哪些农作物播种面积的增长。对此，主要关注谷物和稻谷两种主要粮食作物播种面积及占比的变化情况。表12 - 5 列示了气候风险对谷物播种面积、谷物播种面积占农作物播种面积比例、稻谷播种面积、稻谷播种面积占农作物播种面积比例的影响。

结果表明，气候风险显著导致了谷物和稻谷播种面积和占比的增长，农业种植结构调整趋向于种植主要粮食作物。可能原因在于，主要粮食作物对粮食安全最为重要，气候风险冲击下，国家更加重视通过粮食收购价保护等措施保障主要粮食作物产量，导致气候风险冲击下主要粮食作物的相对优势更为明显。

表 12 - 5　　　　　　　农业种植结构调整的直接来源

变量	(1) 谷物播种面积	(2) 谷物播种面积占比	(3) 稻谷播种面积	(4) 稻谷播种面积占比
气候风险	0.040 ** (2.549)	0.030 *** (3.793)	0.049 ** (2.241)	0.034 * (1.793)
经济发展	-0.905 *** (-6.511)	-0.180 ** (-2.556)	0.415 ** (2.212)	1.168 *** (7.155)
城镇化率	1.413 *** (6.570)	0.148 (1.363)	-1.335 *** (-4.644)	-2.595 *** (-10.374)
产业结构	0.222 * (1.807)	0.055 (0.887)	0.169 (0.973)	-0.047 (-1.401)
农业产值规模	0.352 *** (4.574)	0.001 (0.021)	0.495 *** (4.761)	0.131 (1.451)
农业财政支出	-0.393 *** (-5.924)	-0.088 *** (-2.637)	0.231 ** (2.572)	0.547 *** (6.992)
粮食价格水平	-0.330 *** (-5.972)	-0.158 *** (-5.661)	-0.144 * (-1.862)	0.021 (0.307)
供水条件	-0.002 (-0.591)	-0.001 (-0.754)	0.001 (0.232)	0.002 (0.404)
地区工资水平	0.002 (0.011)	-0.143 (-1.564)	-1.091 *** (-4.469)	-1.255 *** (-5.909)
常数项	11.257 *** (6.555)	7.482 *** (8.618)	12.929 *** (5.602)	9.329 *** (4.645)
个体固定效应	YES	YES	YES	YES
时间固定效应	YES	YES	YES	YES
样本量	360	360	348	348
调整 R^2	0.381	0.195	0.045	0.352

注：括号内为 t 值，*、** 和 *** 分别为在 10%，5% 和 1% 的水平上显著。

（四）异质性分析

1. 粮食主产区和非粮食主产区差异。按照我国对粮食生产的划分，全国粮食主产区共有黑龙江、河南、山东、四川、江苏、河北、吉林、安徽、湖南、湖北、内蒙古、江西、辽宁十三个省份。因此，基于上述标准将样本分为粮食主产区和非粮食主产区，进行分组回归，得到表 12 - 6 中列（1）和列（2）所示结果。列（1）中结果显示，气候风险回归系数显著为正，列

（2）中结果显示，气候风险系数不显著，表明气候风险对粮食主产区农业种植结构趋粮化的影响更为明显。究其原因，在气候风险冲击下，粮食主产区更好的粮食种植条件有利于推进粮食种植；同时，粮食主产区承担的粮食安全重任，导致在气候风险冲击下，政府更注重保障这些地区的粮食种植。因此，气候风险对粮食主产区农业种植结构趋粮化的影响更为明显。

2. 农业机械化水平差异。通过计算样本期内各地亩均农业机械总动力年均均值，区分农业机械化水平高和农业机械化水平低的省份，农业机械化数据和耕地面积数据来源于国家统计局和《中国农村统计年鉴》。农业机械化水平高的省份包括河北、山西、内蒙古、吉林、黑龙江、江苏、安徽、江西、山东、河南、湖北、湖南、广西、四川、辽宁；农业机械化水平低包括北京、天津、云南、上海、浙江、福建、广东、海南、重庆、贵州、陕西、甘肃、青海、宁夏、新疆。根据省份分组，得到表12-6列（3）和列（4）所示结果。列（3）中结果显示，气候风险显著推动了农业机械化水平高的省份农业种植结构趋粮化；而列（4）中结果显示，气候风险对农业机械化水平低的省份农业种植结构影响不显著，因此气候风险对农业机械化水平高的地区农业种植结构趋粮化的影响更为明显，促进了趋粮化。究其原因，主要是农业机械化水平高的地区，粮食种植条件更好，便于扩大粮食种植规模，实现规模经济，以抵御日益严重的气候风险冲击，因此气候风险对趋粮化的抑制力度更强。

表12-6　　　　　　　　　　异质性分析结果

变量	(1) 粮食主产区粮食播种面积占比	(2) 非粮食主产区粮食播种面积占比	(3) 高机械化水平省份粮食播种面积占比	(4) 低机械化水平省份粮食播种面积占比
气候风险	0.066* (1.707)	0.012 (0.543)	0.059** (2.038)	0.022 (0.892)
经济发展	-0.150 (-0.471)	-0.493** (-2.327)	0.327 (1.424)	-0.203 (-0.868)
城镇化水平	-0.196 (-0.363)	-0.547 (-1.554)	-1.301*** (-3.505)	-1.093*** (-2.767)

续表

变量	(1) 粮食主产区粮食播种面积占比	(2) 非粮食主产区粮食播种面积占比	(3) 高机械化水平省份粮食播种面积占比	(4) 低机械化水平省份粮食播种面积占比
产业结构	-0.677*** (-2.756)	-0.403* (-1.836)	-0.974*** (-5.018)	-0.410* (-1.780)
农业产值规模	0.023 (0.109)	0.509*** (3.804)	-0.298** (-2.058)	0.594*** (3.939)
农业财政支出	-0.011 (-0.084)	-0.251*** (-2.743)	0.041 (0.395)	-0.422*** (-3.828)
粮食价格水平	-0.233* (-1.967)	-0.241*** (-2.789)	-0.270*** (-2.646)	-0.178** (-2.095)
供水条件	-0.007 (-1.019)	0.004 (0.762)	0.005 (0.971)	0.004 (0.741)
地区工资水平	0.489 (1.287)	-0.812*** (-3.133)	-0.161 (-0.679)	-1.198*** (-3.812)
常数项	-0.301 (-0.078)	16.107*** (6.672)	10.712*** (4.322)	19.316*** (6.668)
个体固定效应	YES	YES	YES	YES
时间固定效应	YES	YES	YES	YES
样本量	169	221	195	195
调整 R^2	0.210	0.329	0.337	0.365

注：括号内为 t 值，*、** 和 *** 分别为在 10%，5% 和 1%的水平上显著。

（五）机制检验

气候风险加大了农业经营压力，从而推动农业投入的增加，可能导致农业机械化。采用农业机械总动力（千瓦）与耕地总面积（亩）的比值衡量农业机械化。参照温忠麟等（2014）、刘妍等（2022）的做法，进行中介效应检验。模型如下：

$$Grain_{it} = \beta_1 Risk_{it} + \sum b_k Controls_{kit} + Province_i + Year_t + e_{it} \quad (12-18)$$

$$Med_{it} = \beta_2 Risk_{it} + \sum b_k Controls_{kit} + Province_i + Year_t + e_{it} \quad (12-19)$$

$$Grain_{it} = \beta_3 Risk_{it} + \beta_4 Med_{it} + \sum b_k Controls_{kit} + Province_i + Year_t + e_{it} \quad (12-20)$$

其中，$Grain_{it}$ 为农业种植结构，采用粮食播种面积占比来衡量；Med_{it} 为中介变量，代表农业机械化；Controls 为控制变量；$Province_i$ 为省份固定效应；

$Year_t$ 为时间固定效应；e_{it} 为残差项。结果如表 12 – 7 所示，可以看出，列（2）中结果显示气候风险显著促进了农业机械化，而列（3）中结果显示，农业机械化显著促进了趋粮化。这进一步表明，气候风险导致农业经营压力增加，农户通过增加农机等生产设备的使用，从而提升农业生产效率，而粮食作物更易于机械化替代，导致气候风险通过促进农业机械化，推动农业种植结构趋粮化。

表 12 – 7　　　　气候风险、农业机械化与农业种植结构机制检验结果

变量	（1）粮食播种面积占比	（2）农业机械化	（3）粮食播种面积占比
气候风险	0.046 ** (2.394)	0.047 * (1.958)	0.041 ** (2.145)
农业机械化			0.103 ** (2.377)
经济发展	0.054 (0.314)	0.299 (1.378)	0.024 (0.138)
城镇化率	0.216 (0.847)	− 0.482 (− 1.507)	0.266 (1.043)
产业结构	− 0.725 *** (− 4.897)	− 0.728 *** (− 3.935)	− 0.650 *** (− 4.324)
农业产值规模	− 0.064 (− 0.686)	− 0.098 (− 0.839)	− 0.054 (− 0.582)
农业财政支出	− 0.032 (− 0.405)	− 0.490 *** (− 4.922)	0.018 (0.220)
粮食价格水平	− 0.363 *** (− 5.303)	− 0.086 (− 1.008)	− 0.354 *** (− 5.201)
供水条件	0.005 (1.340)	0.004 (0.722)	0.005 (1.255)
地区工资水平	− 0.187 (− 0.917)	0.316 (1.241)	− 0.219 (− 1.081)
常数项	5.206 *** (2.843)	9.512 *** (4.154)	4.231 ** (2.269)
样本量	390	390	390
调整 R^2	0.097	0.196	0.109

注：括号内为 t 值，* 、** 和 *** 分别为在 10%，5% 和 1% 的水平上显著。

五、空间溢出效应

(一) 空间自相关分析

1. 模型设定。本书采用空间莫兰指数进行空间关联性检验，模型如下：

$$\text{Moran's I} = \sum_{i=1}^{n} \sum_{j=1}^{n} w_{ij} (X_i - EX)(X_j - EX) \Big/ S^2 \sum_{i=1j=1}^{n}\sum^{n} w_{ij} \qquad (12-21)$$

其中，Moran's I 为全局莫兰指数；X_i，X_j 为第 i 个和第 j 个省份粮食播种面积等变量；EX 为所有省份粮食播种面积等变量均值；w_{ij} 为空间权重矩阵 W 第 i 行第 j 列值。I 的取值范围为 [-1, 1]；如果 I > 0，说明总体上省份粮食播种面积等变量与相邻地区存在正相关关系，空间上呈集聚分布；如果 I < 0，说明省份粮食播种面积等变量与相邻地区存在负相关关系，空间上呈离散分布。I 的绝对值越大，说明粮食播种面积等变量的空间集聚特征或离散特征越明显。

在空间权重矩阵设置上，一般采用经济相邻或者地理相邻空间权重矩阵，因为地理相邻导致地区自然条件具有相似性，同时经济相邻导致地区经济发展之间存在相互关联，这均会影响气候风险下的农业种植结构调整，因此本书采用地理邻接标准矩阵和经济相邻标准矩阵的嵌套形式，作为空间权重矩阵。具体如下：

$$w_{ij} = 1 \Big/ (PGDP_i - PGDP_j)；第 i 个省份与第 j 个省份有共同边界$$
$$(12-22)$$

$$w_{ij} = 0；第 i 个省份与第 j 个省份无共同边界 \qquad (12-23)$$

其中，PGDP 为省份人均 GDP 的年均值。

2. 全局空间自相关结果。空间自相关分析结果如表 12-8 所示。结果表明：第一，气候风险的全局莫兰指数整体上升，显著性水平也持续增长。表明自 2008 年以来，我国气候风险冲击范围逐渐扩大，气候风险呈现出越来越明显的空间关联性，成为全国普遍面临的问题。第二，粮食播种面积占比空间关联程度和显著性程度处于较高水平，从所有粮食作物来看，粮食播种面积占比均呈现较明显的空间正相关性，农业种植结构调整存在较明显的同步性。

表 12 - 8 全局空间自相关分析结果

年份	气候风险			粮食播种面积占比		
	Moran's I	Z 值	P 值	Moran's I	Z 值	P 值
2008	0.213	1.429	0.153	0.5118	3.1997	0.002
2009	0.307	1.988	0.047	0.564	3.499	0.001
2010	0.241	1.621	0.105	0.559	3.461	0.001
2011	0.380	2.444	0.015	0.585	3.617	0.000
2012	0.338	2.177	0.030	0.616	3.794	0.000
2013	0.350	2.218	0.027	0.609	3.749	0.000
2014	0.149	1.055	0.292	0.580	3.586	0.000
2015	0.251	1.644	0.100	0.562	3.477	0.001
2016	0.332	2.121	0.034	0.517	3.207	0.001
2017	0.402	2.552	0.011	0.497	3.091	0.002
2018	0.365	2.303	0.021	0.507	3.147	0.002
2019	0.491	3.054	0.002	0.501	3.108	0.002
2020	0.352	2.261	0.024	0.484	3.010	0.003

3. 局部空间自相关结果。进一步基于局部莫兰指数绘制莫兰散点图,可分析各个地区气候风险和粮食播种面积占比的局部分布态势,从而分析各地区与邻近地区关系。本书选取 2008 年和 2020 年为代表年份,绘制莫兰散点图。结果表明,气候风险和粮食播种面积占比呈现从原点向第一象限和第三象限扩散分布的态势,再次印证存在全局空间正相关的结论。(见图 12 - 1)

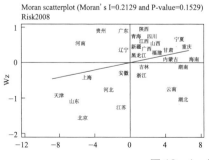
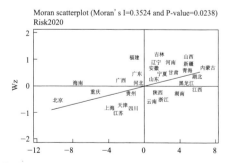

图 12 - 1 局部自相关分析

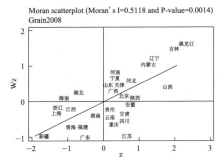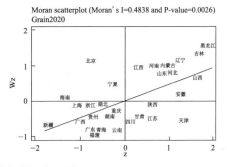

图 12-1 局部自相关分析（续）

（二）空间溢出效应

考虑到省域之间存在的空间交互作用，纳入空间因素，基于地理邻接标准矩阵和经济相邻标准矩阵的嵌套形式设定空间权重矩阵。建立空间滞后模型（SAR）、空间误差模型（SEM）和空间杜宾模型（SDM）来估计气候风险对农业种植结构的影响。模型如下：

$$y_{it} = c + a_i + l_t + \sum_{k=1}^{m} \beta_k x_{it} + \lambda \sum_{j=1}^{n} w_{ij} u_{jt} + e_{it} \tag{12-24}$$

$$y_{it} = c + a_i + l_t + \rho \sum_{j=1}^{n} w_{ij} y_{jt} + \sum_{k=1}^{m} \beta_k x_{it} + e_{it} \tag{12-25}$$

$$y_{it} = c + a_i + l_t + \rho \sum_{j=1}^{n} w_{ij} y_{jt} + \sum_{k=1}^{m} \beta_k x_{it} + \sum_{k=1}^{m} \theta_k \sum_{j=1}^{n} w_{ij} x_{kjt} + e_{it} \tag{12-26}$$

其中，y 为因变量，a_i 为个体效应，l_t 为时期效应，ρ 为因变量空间滞后项的回归系数，θ 为自变量空间滞后项回归系数，x 为自变量，w 为空间权重矩阵，e 为随机扰动项。

空间计量模型结果如表 12-9 所示。根据回归结果，空间滞后模型、空间误差模型和空间杜宾模型均表明气候风险存在显著的空间自相关性。

表 12-9 空间计量模型回归结果

项目	（1）	（2）	（3）
	SAR	SEM	SDM
	粮食播种面积占比	粮食播种面积占比	粮食播种面积占比
气候风险	0.045** (2.360)	0.044** (2.251)	0.045** (2.360)
经济发展	-0.526*** (-3.055)	-0.136 (-0.845)	-0.526*** (-3.055)

续表

项目	（1）SAR	（2）SEM	（3）SDM
	粮食播种面积占比	粮食播种面积占比	粮食播种面积占比
城镇化率	0.612** (2.266)	0.257 (0.971)	0.612** (2.266)
产业结构	1.341 (1.599)	-0.612 (-0.839)	1.341 (1.599)
农业产值规模	0.253** (2.083)	0.090 (0.837)	0.253** (2.083)
农业财政支出	-0.398*** (-4.405)	-0.211** (-2.103)	-0.398*** (-4.405)
粮食价格水平	-0.171*** (-2.889)	-0.148** (-2.496)	-0.171*** (-2.889)
供水条件	0.003 (0.889)	0.001 (0.395)	0.003 (0.889)
地区工资水平	-0.023 (-0.183)	0.206* (1.733)	-0.023 (-0.183)
空间滞后项	0.252*** (4.505)		0.252*** (4.505)
空间误差项		0.382*** (5.968)	
样本容量	390	390	390
R^2	0.065	0.035	0.065

注：括号内为 t 值，*、** 和 *** 分别为在 10%，5% 和 1% 的水平上显著。

　　基于空间杜宾模型，分解气候风险对本地农业种植结构及周边地区农业种植结构的影响，得到气候风险对趋粮化的直接效应、间接效应和总效应，结果如表 12 - 10 所示。结果表明，从直接效应来看，气候风险对粮食播种面积占比的直接效应显著为正，表明气候风险对当地农业种植结构趋粮化存在直接影响。从间接效应来看，气候风险显著提升了周边地区的粮食作物播种面积占比，即本地气候风险的上升通过地理相邻，对周边地区产生了溢出。一方面，表明气候风险冲击具有空间关联性；另一方面，相邻地区经济、自然条件相似，导致气候风险冲击下，区域农业种植结构调整存在一定的同步性。

表 12 – 10　　　　气候风险对农业种植结构的空间溢出效应分析结果

变量	直接效应	间接效应	总效应
气候风险	0.065 *** (3.365)	0.020 ** (2.516)	0.085 *** (3.315)
经济发展	0.066 (0.420)	0.485 *** (3.654)	0.551 *** (2.577)
城镇化率	– 0.206 (– 0.905)	– 0.798 ** (– 2.535)	– 1.004 ** (– 2.434)
产业结构	– 0.520 *** (– 3.953)	– 0.159 *** (– 2.635)	– 0.679 *** (– 3.792)
农业产值规模	0.114 (1.526)	0.036 (1.342)	0.150 (1.509)
农业财政支出	– 0.032 (– 0.399)	– 0.011 (– 0.414)	– 0.042 (– 0.406)
粮食价格水平	– 0.119 ** (– 2.208)	– 0.037 * (– 1.774)	– 0.155 ** (– 2.148)
供水条件	0.001 (0.537)	0.000 (0.527)	0.002 (0.539)
地区工资水平	– 0.164 (– 1.108)	– 0.051 (– 0.994)	– 0.215 (– 1.091)

注：括号内为 t 值，* 、** 和 *** 分别为在 10% , 5% 和 1% 的水平上显著。

（三）进一步分析

进一步分析气候风险对不同农作物播种面积及占比的空间溢出效应，结果如表 12 – 11 所示。从直接效应来看，气候风险对粮食作物播种面积等指标的直接效应均显著为正，表明气候风险对当地农业种植结构存在直接影响。从间接效应来看，气候风险显著提升了周边地区的经济作物播种面积、谷物播种面积和占比，即本地气候风险的上升，通过地理相邻，对周边地区产生了溢出。

表 12 – 11　　　　气候风险对农业种植结构的空间溢出效应分析结果

变量	直接效应	间接效应	总效应
粮食作物播种面积	0.020 * (1.818)	0.001 (0.560)	0.020 * (1.826)
经济作物播种面积	– 0.026 * (– 1.848)	0.061 ** (2.356)	0.035 (1.211)

续表

变量	直接效应	间接效应	总效应
谷物播种面积	0.059 *** (3.727)	0.063 ** (2.434)	0.122 *** (4.649)
谷物播种面积占比	0.042 *** (5.045)	0.008 ** (2.482)	0.050 *** (4.949)
稻谷播种面积	0.051 ** (2.411)	0.005 (1.138)	0.055 ** (2.408)
稻谷播种面积占比	0.033 * (1.834)	0.010 (1.630)	0.043 * (1.827)

注：括号内为 t 值，*、** 和 *** 分别为在 10%，5% 和 1% 的水平上显著，空间溢出效应基于空间杜宾模型分解。

六、结论与启示

气候风险加剧下，研究农业种植结构的适应性调整趋势，有利于保障粮食安全。本章通过构建理论模型，基于中国省级面板数据，从趋粮化和空间溢出视角，研究了气候风险对农业种植结构的影响。结论表明：

第一，气候风险冲击下，粮食作物播种面积显著增长，经济作物播种面积变化不明显，粮食作物中谷物和稻谷播种面积和占比显著增长，农业种植结构呈现较为明显的趋粮化调整趋势。本章还通过更换自变量、纳入空间溢出效应、剔除样本等方法，进行了稳健性检验，结果表明，气候风险推动农业种植结构趋粮化的结论仍然成立。该结论表明气候风险影响下，农业生产经营主体进行了适应性的种植结构调整，通过种植价格和产量更为稳定、风险相对较小的粮食作物，以达到抵御气候风险的目的，推动了农业种植结构的趋粮化。

第二，异质性分析表明，在粮食主产区、高农业机械化水平地区，气候风险冲击下，农业种植结构趋粮化调整趋势相对明显。这些地区得益于更好的粮食种植条件、农业机械化条件等，具有更明显的种植粮食作物的倾向。

第三，机制分析表明，气候风险也提升了农业机械化程度，有利于机械化替代的粮食作物种植，推动了农业种植结构趋粮化。

第四，空间相关性分析表明，2008 年以来，气候风险的全局莫兰指数显著为正并整体上升，气候风险空间关联程度有所上升；同时，粮食播种面积占比也呈现显著的空间正相关态势，相邻地区农业种植结构适应性调整存在一定的同步性。

第五，空间溢出效应分析发现，气候风险一方面促进了本地农业种植结构适应性调整，另一方面也促进了相邻地区农业种植结构适应性调整。这表明气候风险对农业种植结构的影响不仅限于本省，由于地理相邻的省份之间自然条件和农业发展上的相似性，气候风险也会对周边地区产生空间溢出效应，影响到周边地区的农业发展，进而影响到周边地区的农业种植结构。

对此提出建议：

其一，积极适应农业种植结构趋粮化趋势。气候风险导致的农业种植结构趋粮化调整趋势较为明显，体现了气候风险冲击下农户为适应气候风险而被动作出的适应性调整，一定程度对冲了气候风险对粮食安全的不利影响。政府应因势利导，积极适应这一趋势，引导农户种植粮食作物，保障粮食安全。

其二，改善区域粮食种植条件。气候风险冲击下，粮食主产区、农业机械化水平更高的地区农业种植结构趋粮化更为明显，而非粮食主产区、农业机械化水平较低的地区农业种植结构趋粮化趋势则不明显。因此，要通过基本农田建设、农业机械化等方式，改善地区粮食生产条件，提高粮食生产能力，适应气候风险下农业种植结构趋粮化调整的需求。

其三，推动农业机械化。气候风险对粮食安全的威胁不可忽视。通过推广农业机械化，可以有效地引导农户种植适宜于机械化替代的粮食作物，从而有利于保障粮食的稳产增产，进一步保障粮食安全。因此，我们应该加大金融和财政支持力度，积极推动农业机械化的发展。同时，还需要通过建设机耕路、开展土地平整等方式，改善区域粮食种植条件，为农业机械化提供更好的条件。

其四，促进农业种植结构协调发展。本书的研究发现，气候风险在空间上呈现出相邻地区农业种植结构适应性调整的同步性和空间溢出效应，表明区域间存在着紧密联系和相互依存的关系。政府应该通过加强区域间合作，促进农业种植结构的协调发展，实现农业生产的优势互补、资源共享和风险分散，提高区域间抵御气候风险的能力。

其五，加强应对气候变化的能力建设。政府和相关部门应该加强应对气候变化的能力建设，加大气象监测、灾害预警和应急响应力度，制订科学的气候变化适应策略，提高粮食安全保障能力。同时，也需要加强对农民的技术培训，提高其应对气候变化的能力和适应性调整能力。

第十三章

数字金融对农地规模经营的
影响及机制研究

一、引言

（一）研究背景

在现代化农业过程中，通过农地流转实现农地规模经营是必经之路，我国现阶段农地规模经营水平距离现代化农业的要求仍有一定的距离。数字普惠金融可以通过缓解农户信贷约束、完善农地流转市场、促进农业技术进步来促进农地规模经营水平的提高。本书实证分析了数字普惠金融对农地规模经营的影响效应，在不同维度和不同地区层面上进行了异质性分析。结果表明数字普惠金融能够显著促进我国农地规模经营水平的提高，数字普惠金融的覆盖广度和数字化程度两个子维度也能起到显著的促进作用，但使用深度对农地规模经营的影响并不显著。基于各地区的异质性分析研究结果表明，东部、中部和西部地区的数字普惠金融对农地规模经营的影响存在明显的不同，粮食主产区省份内的数字普惠金融对农地规模经营的促进效应更加显著。经过稳健性检验，本书的基本结论仍然成立。各地应不断提高数字普惠金融普及度、提升数字普惠金融创新水平，构建良好的数字普惠金融生态体系，促进数字普惠金融的良性发展，同时健全农地流转市场，保障农地规模经营者的权益，提高农地规模经营水平。

党的二十大报告中，首次提出了"加快建设农业强国"的战略目标。2023 年 2 月，中央一号文件提出，要建设供给保障强、科技装备强、经营体系强、产业韧性强、竞争能力强的农业强国，加速我国农业现代化进程。随着城镇化、工业化进程的快速推进，农业生产的技术不断进步，农村劳动力大量流向城市，通过农村土地的流转形成农地规模经营成为农村经济必然的发展方向。但是，我国现阶段农业规模经营水平距离现代化农业要求仍有一段距离，根据第三次全国农业普查数据，在 2016 年，我国的农业经营户总数达到 20 734 万，达到规模经营水平的农户只有 398 万户，农业规模经营率仅为 2%，一家一户的小农家庭经营农业是我国现阶段农民进行农业经营的基本特征。在过去的一段时间内，我国农村农户、农业生产合作社、企业之间通过转租、互换、入股等形式进行土地流转，形成了基于农村土地要素的农业规模经营模式。与农户小规模经营面临的困境不同，改变小农经营、发展农地规模经营的关键在于如何保障农地规模经营的金融服务。近些年来，农业规模经营户金融需求越来越强和金融机构涉农金融供给不足之间的矛盾不断凸显，如何有效保障银行等金融机构满足更多农业规模经营者的金融需求，成为我国亟待解决的问题。

普惠金融可以为农业农村发展提供金融支持，提高"三农"金融服务的质量。但传统普惠金融服务"三农"领域的效率较低。受农户征信信息不完整等问题的影响，农户贷款申请，难以通过，无法从金融机构获得农业规模经营所需的大量资金。数字普惠金融兼有数字化特征和普惠金融特性，可以有效地应对我国征信体系在农村地区存在不足的问题，在一定程度上缓解了农地规模经营的融资约束，另外，借助数字技术实现对农业生产的数字化转型，可以提高农地规模经营的效率。因此研究数字普惠金融对农地规模经营的影响效应，深入探讨数字普惠金融支持农地规模经营的作用机制，把握现阶段我国农户农地规模经营水平，对实现农业适度规模经营和数字农业具有重

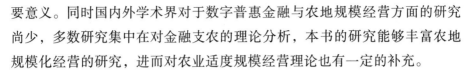

要意义。同时国内外学术界对于数字普惠金融与农地规模经营方面的研究尚少，多数研究集中在对金融支农的理论分析，本书的研究能够丰富农地规模化经营的研究，进而对农业适度规模经营理论也有一定的补充。

（二）文献综述

1. 数字普惠金融。与传统金融不同，数字普惠金融的最大优势在于其可以通过数字化技术支持普惠金融的深层次发展。焦瑾璞（2014）也提出充分利用现代金融科技，将缩小城乡金融服务方面的差距，最终实现普惠金融的有效发展。但在数字普惠金融急速发展的同时也暴露出许多新问题。陈荣达等（2019）认为互联网金融会受到宏观市场经济波动以及投资者情绪的影响。黄益平等（2019）表示应警惕数字普惠金融带来的风险转变、溢出和高传染性问题，尤其是数字普惠金融面临的监管不全、数字监管体系不完善等问题可能导致我国金融体系产生新的系统性风险。

对数字普惠金融的测度方式还有很多，如有学者利用西南财经大学公布的中国家庭金融调查数据库中的部分指标构建出中国数字普惠金融指数，利用"文本挖掘"技术搜索构建互联网金融指数和金融科技发展指数，而目前应用最广泛、最普遍的是北京大学数字金融研究中心与蚂蚁金服平台联合推出的中国数字普惠金融指数，其中北大数字普惠金融指数除总指数外，还包括覆盖广度、使用深度、数字化程度三个子维度指数，可以更好地体现我国数字普惠金融水平。

作为一种新兴的金融服务形式，数字普惠金融推动我国经济不断增长，并且在中西部地区具有更高的边际效应。钱海章等（2020）利用DID模型进一步验证了数字普惠金融促进我国经济增长的因果效应，其异质性分析结果表明这种促进效应在我国城镇化率更低和物质资本更高的省份中更加明显。易行健等（2018）、江红莉等（2020）发现数字普惠金融能够显著提高我国居民的消费水平，但数字普惠金融提振消费水平的效果同样存在异质性，在低收入群体、综合金融素养更低的人群、地理位置处在一线城市以外城市的家庭中，数字普惠金融提振消费的能力明显更加强大。关于数字普惠金融促进消费水平的机制研究中，易行健等（2018）指出，数字普惠金融提振居民消费的影响机制包括减轻家庭流动性约束、使居民支付更加便捷两种方式，但是，张勋等（2020）研究发现数字普惠金融在对消费的拉动过程中关键是提升居民在支付时的便捷性，而数字金融所带来的流动性约束的放松对于居民的消费并没有起到推动作用。

对于农民和中小企业而言，数字普惠金融能够对其产生积极影响，提升普惠金融的效果。宋晓玲（2017）和张贺等（2018）的研究结果表明，数字普惠金融对于缩小我国城市和农村居民的收入差距有明显的改善效果，借助数字技术，数字普惠金融的发展给农民的收入带来了新的"数字红利"。对于企业主体而言，首先基于沪深股市全样本的分析可以发现，数字普惠金融能够在一定程度上解决全样本企业的融资约束，并推动企业进行创新活动，从而实现企业高质量发展。异质性研究中发现，数字普惠金融对创新的驱动作用在中小企业群体样本中更为显著。

2. 农地规模经营。在关于经营规模的研究中，李谷成等（2009）认为与小农户经营相比，规模农户在成本利润率与劳动生产率两方面存在着一定的竞争优势。安永军（2018）从成本收益角度出发分析，他认为现阶段小农经营的收益已经明显降低，农户必须要通过土地流转方式获取租金，释放劳动力以获取其他收益来满足家庭需要。基于我国粮食主产区的调查数据，许庆等（2010）发现农地规模经营能够降低单位生产成本，增加农民收入。只有种粮收益不断增加，农民转入农地需求增加，农地规模经营水平逐渐提升，才能切实保障农民权益和国家粮食安全。

但目前农地规模经营的"适度"问题仍存在争议。许庆和尹荣梁（2010）认为实现农地适度规模经营有助于实现中国农业发展第二个飞跃。何秀荣（2016）指出应该从技术效率和经济效率两个角度来全面考虑农业的适度规模经营。农业适度经营规模的评价标准一直也是学术界倍加关注的问题。杨素群（1998）认为，基于土地要素的土地产出率是衡量我国农地适度规模经营的重要指标，而在一定程度上要对资金、劳动力、技术投入进行适当的调整，才能使农地的经营水平处在农业适度规模经营水平。李文明等（2015）基于22个省份的调查数据，实证分析指出，分别以提高粮食产量和增加农民种粮利润为目标的情况下，农地的最优适度规模经营水平并不相同。倪国华等（2015）基于农村住户调查面板数据，绘制了"农地规模经营决策图谱"，该图谱表明家庭农场的种植面积在131~135亩才能实现最大收入，专业种粮大户的种植面积在234~236亩才能实现粮食产量的最大化。

罗丹等（2017）基于产出和利润二维视角，研究发现农户种植粮食的最优土地经营规模为150～200亩。

现有文献中关于农地规模经营的影响因素分析，主要集中在农户与家庭特征、农地流转、劳动力、金融支持和政策环境五个方面。具体来说，第一，农户与家庭特征。农户自身健康状况越好，务农经验越丰富，越适合进行农地的规模经营。家庭状况中，林善浪等（2011）利用Probit模型研究发现，处在家庭生命周期不同阶段的家庭，农地规模经营的意愿也不同，刘可等（2019）利用长江中游3省农户调查数据，发现位于抚养期和稳定期的农户家庭具有更强的规模经营意愿，进一步利用中介效应模型进行分析，苏敏等（2020）发现农户家庭生命周期通过改变户主的风险偏好进而影响其规模经营意愿。第二，农地流转。王嫚嫚等（2017）和杨慧莲等（2019）分别基于区域样本数据和全国样本数据的研究均发现土地细碎化会增加农地流转难度进而增加粮食种植成本，不利于农地适度规模经营。完善的农地流转市场能够充分发挥市场合理配置资源的功能，农地流转更为顺畅，能够显著促进农地规模化经营。第三，劳动力。近些年，农业生产经营的收益越来越低，越来越多的农民在非农忙时期外出打工以增加家庭收入，农民兼业化现象愈发普遍，张忠明和钱文荣（2014）的研究发现农民兼业化程度越高，农地流转意愿越强，越容易实现农地适度规模经营。随着城镇化的发展，农村劳动力进城从事非农工作，既释放了农地资源，又增加了留守农户的资金投入，最终显著促进了农地经营规模的增加。关于农村劳动力老龄化与农地规模经营的关系研究，林本喜和邓衡山（2012）基于浙江省农村固定观察点数据发现农村劳动力老龄化并不会影响农地规模经营的效率。周作昂等（2020）基于全国层面数据发现农村劳动力老龄化虽然会增加土地流转面积，但是却不利于农地规模经营程度的提高。第四，金融支持。农户的农业规模经营面临着严重的信贷约束问题，蔡键等（2019）基于9省问卷数据的研究发现农户信贷约束是农业规模经营中最主要的限制因素，柳凌韵等（2020）研究发现信贷约束会增加农业规模经营过程中的单位生产成本，并不会影响农业规模经营的产出。第五，政策环境。农地确权政策的实施有利于加快土地流转，有效提高农地流转市场配置资源的效率，为农地流转提供了制度保障，从而推动农地适度规模经营。农地整合确权，即将农地调整合并后再实施确权工作，能够为农地规模经营直接提供合适的土地，利用双重差分法，胡新艳等（2018）发现农地整合确权政策能够更有效地促进农地规模经营。农业社会化服务体系的完善，可以提高农地规模经营的生产效率，对农地规模经营有显著的正向影响。

金融支持农业生产尤其是支持农业规模经营的作用毋庸置疑，本书聚焦于新兴的数字普惠金融，通过对国内外相关文献的研究分析，可以看出学术界普遍认同数字普惠金融对农业生产经营的推动效果，研究主要集中在数字普惠金融对农业全要素生产率和农村产业结构升级的影响方面。李欠男和李谷成等（2019）研究发现互联网可以打破农业知识传播的时间和空间的限制，引导农业科技的更新换代，进一步促进农业全要素生产率的提高。兼有数字化特性和普惠金融特性的数字普惠金融可以实现资源的合理配置以及提高农业生产的技术效率，最终实现农业全要素生产率的提高，尹应凯和彭兴越（2020）发现数字金融对农业全要素生产率的增长具有双门槛效应。基于县域层面数据，郑宏运和李谷成（2022）使用无条件分位数固定效应模型研究发现，不同的农业全要素生产率水平上，数字普惠金融发挥的影响效果存在异质性，即全要素生产率越低，促进效应越明显。

借助数字技术，数字普惠金融相较于传统金融，对农业机械化水平有着显著的提升作用，农业机械化加速了农业生产的转型升级，对农业产出的作用更为明显。曾小艳和祁华清（2020）利用省级面板数据的研究表明，数字普惠金融对农业产出水平具有促进作用以及结构效应，孙倩（2021）基于618 个贫困县样本，发现数字普惠金融在农业产值更高的相对贫困县中具有更强的 "数字红利"。数字普惠金融能够提高市场合理配置资源的效率，推动我国产业结构优化升级，而要想实现农业现代化发展也需要传统农业的转型升级。数字普惠金融有助于我国从传统农业转型为现代农业，促进农业高质量发展，罗光强和王焕（2022）发现数字普惠金融可以通过推动农业的转型升级，实现农业高质量发展。

3. 文献评述。通过对国内外文献的梳理，可以发现学者们对于数字普惠金融的发展和测度研究已经比较完善，对于数字普惠金融的影响研究也较为全面，而对于农地规模经营的研究认识也处在不断的变化之中，从一开始关于小农户和大农户谁更有效率的探讨，到普遍认为随着经济的发展，单个农户的农地经营规模也应该扩大，释放出农村劳动力更加有利于农村经济发展，进一步就农地经营规模应该扩大到何种程度，即适度规模经营的衡量标准又引起了学者们的激烈讨论，通过不同指标构建的评价体系得出的农地最优规模经营并不相同。同时，金融支农的研究在理论方面比较完善，关于数字普惠金融与农业经济方面的研究，现有文献多数集中在数字普惠金融对农业全要素生产率以及农业生产转型升级的影响效应方面，而且大多数持积极的促进作用，即数字普惠金融能够促进我国农业全要素生产率的提高和农业生产结构的不断转型升级。

目前，在数字普惠金融对农地规模经营影响方面的研究中主要存在以下问题：一是因为数字普惠金融实施时间较短，关于数字普惠金融对农地规模经营的研究主要集中在传统金融支持农地规模经营的理论研究层面，而新兴的数字普惠金融对农地规模经营的理论机制的研究不足。二是关于数字普惠金融对农地规模经营的实证性研究较少。因此，本书在已有研究的基础上，针对现存问题，首先进行了充分的理论机制分析，然后选取了合适的变量，再利用省级面板数进行了实证分析，深入探讨数字普惠金融发展对农地规模经营的影响效应及异质性分析。

二、理论机制分析

当前我国农村正处在从传统到现代的嬗变期，在数字经济快速发展背景下，数字普惠金融正在深刻地改变着传统农业的生产经营模式。数字普惠金融依托新兴金融科技，加快了我国实现农业农村现代化的脚步。数字普惠金融可以利用数字技术更为精准地识别农户的信用等级、信用风险，为农户申请贷款提供了技术支持，缓解了农户的信贷约束，为农地规模经营提供融资支持；利用互联网等线上平台进行农地流转交易，数字普惠金融保障了农地流转市场的高质量发展，为农地规模经营营造了良好的市场基础；数字普惠金融促进了农业科学技术的升级和农业机械化水平的提高，极大地改善了农地规模经营的生产状况，提高了农地规模经营的生产效率。

（一）缓解农户信贷约束

一方面，数字普惠金融依托互联网、大数据等数字化技术，可以充分地收集到农户的金融交易信息，对于农户的日常收入和支出也能进行记录留存,这在很大程度上可以弥补农村数字征信体系的不完善。农户的数字化程度低,银行等正规金融部门的数字征信体系还处在发展时期,尤其是农村地区的征信体系建设,主要依托网店和人工。农村数字征信体系的完善有助于完善农户个人的征信信息,同时提高农户的信用等级,从而可以有效地提高农户申请贷款的可能性,缓解其面临的信贷约束问题。另一方面,银行等正规金融部门出于谨慎的目的,较少通过农户的贷款申请,而数字普惠金融的发展可以帮助银行等正规金融部门正确评估农户的贷款风险,不仅保证了农民的合理信贷需求,还保证了金融机构的可持续性。此外,发展数字普惠金融可以提高农民的金融素养,利用公众号、短视频等方式普及金融知识有助于加深农户对信贷、保险等金融知识的了解,而农户金融素养的提高可以帮助农户"敢贷款""会贷款"。对于农地规模经营户来说,规模经营的成本有两个,包括土地成本和生产成本,土地成本主要是指大规模流转土地所产生的租金。信贷约束的缓解,使得农户有充足的资金进行经营,既可以用于支付土地租金,也可以投入到流转后的生产经营。经营效率和收益提高了,农户自然也会有更多的资金来接收流转的农地以进行更大规模的生产经营,不断提高农地规模经营程度。

总而言之,数字普惠金融的发展,缓解了农业生产经营的信贷约束,提高了农地规模经营程度。

(二) 完善农地流转市场

随着数字普惠金融的发展,农地流转市场也面临新的机遇。依托互联网、大数据、云计算等一系列数字技术的数字普惠金融既增加了农地流转市场的交易数量,也提高了农地流转市场的质量。数字经济时代下,随着数字基础设施的不断完善,土地流转交易逐渐打破空间限制,通过线上交易,提高了交易效率。通过互联网、大数据的方式在线上筛选、匹配流转双方,极大降低了交易成本,也使得农地流转交易数量不断增加。数字普惠金融利用金融科技赋能金融领域,对于农地流转市场交易双方来说,增加了"信息可得性",缓解了农地流转交易双方的信息不对称,切实保障了农民的利益,有利于农地流转市场的持续发展。而农地规模经营的形成依赖农地流转市场的资源再配置功能。因此,完善农地流转市场将保障农地适度规模经营的顺利实现。

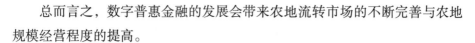

总而言之，数字普惠金融的发展会带来农地流转市场的不断完善与农地规模经营程度的提高。

（三）农业技术进步

毫无疑问，数字普惠金融在农业的数字化转型中发挥着关键的作用，数字普惠金融能够为农地规模经营户带来先进的农业生产技术，促使农业技术进步，提高农业生产的质量和农地规模经营的效率。农业的生产经营较工业、服务业而言，更多依靠的是生产经验，天气状况等，通过将大数据平台和物联网设备接入农业生产经营中，能够精确地掌握天气状况，建立数字农业平台。农业生产数字化是农业现代化的重要一步。随着数字农业平台的建立，农地规模经营者可以实现整个农业生产过程的数字化、智能化。这将有助于提升农地规模经营的效率，同时促进农地规模经营水平的提高。

总而言之，数字普惠金融的发展促进了农业生产技术的进步，提高了农地规模经营效率，促进了农地规模经营水平的提高。

三、实证分析

在理论分析的基础上，本章进一步利用全国 30 个省份 2011～2020 年的数据进行实证研究分析。首先构建双向固定效应实证模型，选择合适的变量以后，得出基本的回归结果，进一步分地区和粮食主产区研究数字普惠金融对农地规模经营影响的异质性。为减少数字普惠金融对农地规模经营影响中存在的内生性，本章在最后会通过去除极端值、滞后解释变量等方法对基本回归结果进行稳健性检验。

（一）变量选取与模型构建

1. 变量选取。

（1）被解释变量。本部分主要研究通过土地流转形式实现的基于大规模农地的农业规模经营，也可以称为农地规模经营。本部分选择各省份的家庭承包耕地流转总面积来衡量农地规模经营（Scale）。之所以选取这个指标，首先，本部分研究的农地规模经营是指通过土地流转形式实现的基于大规模农地的农业规模经营，在此定义上将耕地流转总面积作为衡量我国农地规模经营的指标是合适的。其次，农村土地"三权分置"改革以后，我国农地规模经营的主体是家庭农场以及下乡农企，但不管经营主体如何，农地规模经营的形成主要是通过土地流转的方式形成的。为缩小数据的绝对值，使数据更为平衡，本部分对家庭承包耕地流转总面积取对数处理。

（2）解释变量。本部分选择北京大学数字普惠金融指数来衡量数字普惠金融。本部分选择省级层面的数字普惠金融总指数作为核心解释变量，除总指数以外，还选取了省级层面的数字普惠金融覆盖广度（Cov）、数字金融使用深度（Use）、数字金融数字化程度（Dig）三个子维度指数作为考察数字普惠金融对农地规模经营结构效应影响的解释变量。在实证过程中，本部分对解释变量数字普惠金融总指数以及三个子指数均取对数处理。

（3）控制变量。经济发展水平方面，本部分采用各省份 GDP 来衡量区域经济发展水平。地区经济发展水平的高低能够在一定程度上显示该地区人民生活水平的高低，经济发展水平越高，人民生活就越好，对于农民而言，收入自然越高，就会有更加充足的资金用于土地流转和日常经营，更有利于缓解规模经营所带来的信贷约束情况。本部分用 Economy 表示经济发展水平，并对其取对数处理。

传统金融水平方面，本部分采用金融业增加值与地区生产总值的比值来衡量传统金融水平。金融可以有效地促进实体经济的发展，传统金融同样可以有效地缓解农地规模经营发展过程中的信贷约束情况。本部分用 Finance 表示传统金融，金融增加值与 GDP 的比值越大，说明传统金融发展水平越高。

城镇化水平方面，本部分采用城镇人口与地区年末总人口的比值来衡量城镇化水平。城镇化的实现伴随着农村人口流向城镇，而农村劳动力的转移必然会导致其转让农村土地。城镇化水平越高，土地流转的数量和速度也会越多、越快，农地经营的规模也会越来越大。本部分用 Urban 表示城镇化水平，城镇人口与地区年末总人口的比值越大，说明城镇化水平越高。

老龄化水平方面，本部分采用 65 岁以上老人数量与总人口的比值来衡量老龄化水平。农地经营十分耗费体力和精力，多数老人无法承担，往往会在子女成家以后选择将其土地转出，过起养老的生活，这无疑会增加土地的流转，更加有利于形成农地规模经营。本部分用 Aging 表示老龄化水平，其数值越大，说明老龄化水平越高。

政府财政支持方面，本部分采用农林水事务财政支出与地区生产总值的比值来衡量政府财政支持。发展土地适度规模经营，政府对于农业事务的财政支持，无疑会增加农地规模经营的形成。本部分用 Gov 表示财政支持，数值越大，说明支持力度越大。

产业结构方面，本部分采用第二产业和第三产业的增加值来衡量地区产业结构。第二、第三产业发展水平越高，该地区的非农就业机会更多，这会导致部分农民弃农从工，以获取更多的收入。因此第二、第三产业越发达，可转让的土地就会越多，农地规模经营更易形成。本部分用 Industry 表示产业结构，数值越大，第二、第三产业越发达。

机械化水平方面，本部分采用农业机械总动力来衡量区域农业机械化水平。农地规模经营的发展离不开农业机械化水平的发展，农用机械化水平越高，农地规模经营的发展就会越顺利。本部分用 Machinery 表示机械化水平，并取对数处理。

2. 模型构建。

根据本部分已经选取的变量指标，选择全国 30 个省份 2011～2020 年的宏观数据，构建平衡面板数据进行实证研究，并利用软件 Stata 16 进行模型构建与模型。考虑数字普惠金融指数在同一省份具有随时间逐渐增加的趋势，本部分选择省份、年份双向固定效应模型。本部分的模型设定如下：

$$Scale_{it} = \alpha + \beta_1 DFI_{it} + \beta_2 X_{it} + \mu_i + \delta_t + \varepsilon_{it} \tag{13-1}$$

其中，i 表示省份；t 表示年份；$Scale_{it}$ 表示省份 i 在第 t 年的农地规模经营水平；DFI_{it} 表示省份 i 在第 t 年的数字普惠金融指数；μ_i 表示非观测的省份固定效应；δ_t 表示时间固定效应，ε_{it} 表示随机误差项。

（二）数据来源与描述性统计

本部分选取全国 30 个省份（不包括港澳台地区及西藏自治区）2011～2020 年的面板数据，其中家庭承包耕地流转总面积数据来自《中国农村经营管理统计年报》，解释变量数字普惠金融指数及其三个子指数来自《北京大学数字普惠金融指数》，解释变量数据来自 wind 数据库、《中国统计年鉴》以及《中国农村统计年鉴》。变量的多重共线性检验结果显示，各变量的方差膨胀因子均小于 10，均值为 4.52，说明变量间不存在明显的多重共线性。各变量的描述性统计如表 13-1 所示。

表 13 - 1　　　　　　　　　　　　变量描述性统计

变量名	N	Mean	SD	Min	Max
农地流转面积	300	1 438. 34	1 359. 32	16. 46	6 897. 31
数字普惠金融总指数	300	217. 2	96. 97	18. 33	431. 9
覆盖广度	300	198. 0	96. 33	1. 960	397. 0
使用深度	300	212. 0	98. 11	6. 760	488. 7
数字化程度	300	290. 2	117. 6	7. 580	462. 2
人均 GDP	300	5. 639	2. 731	1. 641	16. 49
农用机械总动力	300	3 411	2 927	94	13 353
传统金融	300	0. 0690	0. 0320	0. 0200	0. 199
城镇化	300	59. 01	12. 22	35. 03	89. 60
老龄化	300	0. 108	0. 0500	0. 0550	0. 858
财政支农	300	0. 0310	0. 0200	0. 00800	0. 109
产业结构	300	0. 902	0. 0520	0. 739	0. 997

由表 13 - 1 可以看出，各省份之间的农地流转面积均值为 1 438. 34 万亩，最小值为 16. 46 万亩，最大值为 6 897. 31 万亩，农地流转面积之间的差距仍然较大，农地规模经营同样也存在着差距较大的问题。我国数字普惠金融指数平均值为 217. 2，最小值为 18. 33，最大值为 431. 9，显然我国数字普惠金融地区之间发展十分不平衡，最大值与最小值之间相差甚多。

（三）数字普惠金融对农地规模经营的实证分析

本部分建立了 30 个省份 2011 ~ 2020 年的平衡面板数据，为确定在回归模型中选择随机效应还是固定效应，使用了豪斯曼检验。在经典的豪斯曼检验中，最初的假设是回归模型倾向于选择随机效应模型，本部分的豪斯曼检验结果的 P 值为 0. 000，这显著地拒绝了原假设，因此，回归模型更倾向于选择固定效应模型，故本部分选择省份和年份双向固定效应模型，对数据进行基本回归分析。

（1）基本回归结果。表 13 - 2 为数字普惠金融对农地规模经营影响的基本回归结果，其中第（1）、第（2）列为数字普惠金融总指数对农地规模经营的双向固定效应回归结果，但第（1）列中为未加入控制变量的回归结果。

从第（1）列的回归结果中可以看出，DFI 的回归系数为 0.490，且系数在1% 的水平上显著，即数字普惠金融每增加 1%，农地规模经营增加 0.49%，在没有添加人均 GDP、农业机械化水平等控制变量的前提下，数字普惠金融对农地规模经营呈现出显著的促进作用。

表 13-2　　数字普惠金融对农地规模经营影响的基本回归结果

	（1）	（2）
	Scale	Scale
DFI	0.490*** (0.085)	0.417*** (0.099)
Economy		−0.507*** (0.121)
Finance		2.795** (1.265)
Machinery		0.125* (0.065)
Urban		0.025*** (0.008)
Aging		0.278 (0.204)
Gov		−6.013*** (2.257)
Industry		2.744*** (0.946)
_cons	13.609*** (0.309)	14.452*** (1.307)
Province	YES	YES
Year	YES	YES
N	300.000	300.000
R²	0.817	0.844
R²_a	0.790	0.816

注：* 表示 p<0.1，** 表示 p<0.05，*** 表示 p<0.01。

表 13-2 中第（2）列为本部分的基本回归结果，是加入了前面选取的控制变量，同时控制了省份和年份，采用固定效应模型回归得出的结果。可以看出，数字普惠金融对农地规模经营依然呈现出正向的促进作用，DFI 的

回归系数为 0.417，且系数在 1% 的水平上显著，也就是说数字普惠金融每增加 1%，农地流转数量增加 0.417%，即农地经营规模增加 0.417%。相比于不加入控制变量所得到的回归结果，DFI 的回归系数降低了 0.073，但显著性未发生改变，结果也更为稳健了。

从表 13 - 2 第（2）列中控制变量后对农地规模经营影响的实证结果中可以看出，Finance 的回归系数为 2.795，且在 5% 的水平上显著，传统金融对农地规模经营呈现出显著的促进作用，数字普惠金融借助数字化手段在一定程度上缓解了农民的信贷约束，但不可忽视的是传统金融仍然占据着一定的地位，传统金融在缓解农民规模运营资金不足时发挥着重要的作用。Urban 的回归系数为 0.025，且在 1% 的水平上显著，城镇化的发展对农地规模经营呈现出显著的促进作用。Industry 的回归系数为 2.744，且在 1% 的水平上显著，第二、第三产业占比越高，农地规模经营程度越高，第二、第三产业由大变强会改造和加强农业的基础地位，优化农业生产结构，促进农业由分散经营向集中经营发展，进一步提高了农地经营规模。Machinery 的系数为 0.125，且在 10% 的水平上显著，机械化水平越高，农地规模经营程度越高，毫无疑问，农业机械化水平的提升会提高农地规模经营管理的效率，进而提高农地规模经营水平。Economy 的回归系数为 - 0.507，且在 1% 的水平上显著，当经济发展水平较高时，农民人均收入较高，往往就不会再转入土地，土地流转数量也会减少，农地规模经营程度也会相应降低。Gov 的系数为 - 6.013，且在 1% 的水平上显著，政府财政资源多有倾斜，政府对于农业的财政支出更多会落在城镇地区上，而落在农村地区的支持力度自然不足，对于农地规模经营无法起到相应的作用。Aging 的系数为 0.278，对农地规模经营呈现出正向的促进作用，但并不显著。

（2）数字普惠金融各子维度对农地规模经营的影响。表 13 - 3 中第（1）、第（2）、第（3）列分别为数字普惠金融的子维度覆盖广度、使用深度和数字化程度对农地规模经营影响的回归分析结果，可以看出 Cov 与 Dig 的回归系数分别 0.103 和 0.155，且分别在 5% 和 1% 水平上显著，表明数字金融的覆盖范围越大，普惠性质越强，传统金融所不能覆盖的地方，数字金融能够对其产生一定的影响，农地的规模化程度也能够得到提升。数字普惠金融的数字化程度越高，对于缓解农民规模经营的信贷约束能力越强，首先，数字化更有利于土地流转市场的规范发展，有利于土地流转价格的稳定，增加农民流转土地的意愿。其次，数字化程度的上升，有利于银行等金融机构了解农民资金使用风险，降低银行给农民审核、发放贷款的难度，增强银行发放贷款的意愿和能力。不同的是，第（3）列的回归结果显示，数字普惠金融的使用深度对农地规模经营的正向影响并不显著，这与我国现阶段农业生产存在的问题息息相关，农村劳动力尤其是高教育水平劳动力外流，农村空心化、农村老人留守等问题导致现阶段农业从业人员整体的文化水平并不高，而数字金融要想普及且发挥作用具有一定的使用门槛，因此当务之急是保证数字普惠金融的使用深度，从而提高农地规模经营程度。

表 13 - 3　　　数字普惠金融各子维度对农地规模经营影响的回归结果

变量	(1) Scale	(2) Scale	(3) Scale
Cov	0.103 ** (0.040)		
Use		0.088 (0.073)	
Dig			0.155 *** (0.022)
Economy	− 0.500 *** (0.125)	− 0.443 *** (0.124)	− 0.361 *** (0.116)
Finance	3.312 ** (1.286)	3.509 *** (1.323)	5.535 *** (1.067)
Machinery	0.134 ** (0.066)	0.144 ** (0.067)	0.087 (0.066)
Urban	0.032 *** (0.008)	0.038 *** (0.008)	0.050 *** (0.006)
Aging	0.274 (0.208)	0.266 (0.210)	0.124 (0.212)
Gov	− 5.313 ** (2.321)	− 4.694 * (2.396)	− 2.330 (2.323)
Industry	2.794 *** (0.970)	2.637 *** (0.978)	3.120 *** (0.935)
_cons	15.004 *** (1.370)	14.149 *** (1.348)	12.255 *** (1.206)

变量	（1）	（2）	（3）
	Scale	Scale	Scale
Province	YES	YES	YES
Year	YES	YES	YES
N	300.000	300.000	300.000
R^2	0.837	0.834	0.809
R^2_a	0.808	0.804	0.782

注：＊表示 $p < 0.1$，＊＊表示 $p < 0.05$，＊＊＊表示 $p < 0.01$。

（四）不同地区数字普惠金融对农地规模经营的影响分析

我国地域辽阔，经济发展水平也并不一致，呈现出明显的地区异质性。本部分将通过实证的方式检验不同地区数字普惠金融对于农地规模经营影响的异质性。如表13－4所示，第（1）、第（2）、第（3）列分别是基于我国东部、中部、西部三个地区内省份样本进行回归所得出的结果，三个子样本均采用省份和年份双向固定效应模型进行回归分析。从 DFI 回归系数的方向来看，不管是东部还是中部和西部地区，数字普惠金融都呈现出促进农地规模经营程度提高的效果，这也在一定程度上佐证了本书的基本结论；从 DFI 系数的绝对值来看，从东部到中部、西部地区，系数的绝对值依次减小，说明在东部地区省份，数字普惠金融对于农地规模经营的促进效果最为明显，而在西部地区省份，数字普惠金融对于农地规模经营的促进效果最弱；从 DFI 系数的显著性水平来看，从东部到中部、西部地区，显著性水平依次降低，甚至西部地区中数字普惠金融对农地规模经营的促进效果不再显著。数字普惠金融在东、中、西部地区对农地规模经营的影响存在异质性，本书认为，存在这种异质性的原因在于各地区经济发展水平存在明显的异质性，进而各地区的数字基础设施水平也存在区别，呈现出东部地区优于中部地区优于西部地区的态势，而数字普惠金融要想发挥作用，对于数字基础设施的水平存在明显的依赖性，因此，数字基础设施较为完善的东部地区，数字普惠金融有更为有利的条件发挥作用，对于农地规模经营程度的影响也会更为显著；而西部地区，数字基础设施难以完善，数字普惠金融自然难以发挥出应有的作用，对于农地规模经营表现为促进但并不显著的影响。

表 13 - 4　　　分地区数字普惠金融对农地规模经营影响的回归结果

变量	（1）东部	（2）中部	（3）西部	（4）粮食主产区	（5）非粮食主产区
	Scale	Scale	Scale	Scale	Scale
DFI	1.639*** (0.250)	0.692* (0.363)	0.008 (0.191)	0.462** (0.224)	0.247** (0.109)
Economy	-0.967*** (0.203)	0.630* (0.337)	0.189 (0.285)	-0.528** (0.233)	-0.032 (0.168)
Finance	-1.490 (2.201)	12.959*** (2.725)	1.807 (2.053)	5.434** (2.598)	3.229** (1.439)
Machinery	0.122 (0.128)	0.052 (0.079)	-0.099 (0.168)	-0.163 (0.122)	0.182** (0.087)
Urban	-0.017 (0.015)	-0.102*** (0.027)	0.016 (0.024)	-0.038* (0.022)	0.030*** (0.009)
Aging	0.362* (0.198)	-3.017 (3.535)	-1.636 (2.921)	-0.477 (2.466)	0.284 (0.194)
Gov	-5.331 (8.229)	-2.310 (7.409)	1.217 (3.475)	-8.573* (4.674)	-2.584 (2.579)
Industry	5.449 (3.282)	3.691** (1.425)	-1.485 (1.860)	3.945** (1.521)	1.369 (1.539)
_cons	14.259*** (2.443)	8.420** (4.104)	14.582*** (2.715)	19.928*** (2.312)	9.916*** (2.101)
Province	YES	YES	YES	YES	YES
Year	YES	YES	YES	YES	YES
_cons	14.259*** (2.443)	8.420** (4.104)	14.582*** (2.715)	19.928*** (2.312)	9.916*** (2.101)
N	110.000	80.000	110.000	130.000	170.000
R^2	0.873	0.928	0.886	0.901	0.835
R^2_a	0.831	0.896	0.849	0.872	0.795

注：* 表示 $p<0.1$，** 表示 $p<0.05$，*** 表示 $p<0.01$。

表 13 - 4 中第（4）、第（5）列分别为基于粮食主产区和非粮食主产区地区的异质性分析结果，可以看出，DFI 的两组回归系数均在 5% 的水平上显著，但是基于粮食主产区和非粮食主产区分析的回归系数分别是 0.462 和 0.247，在粮食主产区内数字普惠金融对于农地规模经营程度的促进作用明显优于非粮食主产区，主产区承担着我国粮食稳产、增产、高产的主要任

务，与非粮食主产区相比，粮食主产区内农业生产设施更为完善，智慧农业程度更高，农业规模化、集约化程度也更高。数字普惠金融在粮食主产区有得天独厚的条件，再加上我国近些年开始逐渐重视智慧农业、"互联网＋农业"的发展模式，粮食主产区内数字普惠金融的作用自然更为明显。

（五）稳健性检验

本部分采用去除极端值、缩短时间窗口、滞后解释变量三种方法对本部分的基本回归进行稳健性检验，结果如表 13－5 所示，第（1）列为将原始数据缩尾 1% 去除极端值影响后的固定效应回归结果，其中 DFI 的系数为 0.465，且仍然在 1% 的水平上显著，表明数字普惠金融促进了农地规模经营程度的上升。第（2）列为全国 30 个省份 2013～2020 年数据的回归结果，数字金融的历史到如今已经超过二十年，2013 年"余额宝"正式开始运行，可以认为 2013 年是我国数字金融正式开始发展的第一年，因此将样本回归的初始年份改为 2013 年，其回归系数为 0.723，且仍然在 5% 的水平上显著，表明在数字金融快速发展的时期内，数字普惠金融对农地规模经营仍呈现出促进的作用。第（3）、第（4）列分别为将解释变量滞后一年和滞后两年后再回归的结果，滞后一年和滞后两年后的回归结果表明数字普惠金融仍然对农地规模经营程度有促进的作用，且分别在 1% 和 5% 的水平上显著。结合基本回归的分析结果可以发现，数字普惠金融对农地规模经营的促进作用具有滞后性，在短期内数字普惠金融对农地规模经营有显著的促进作用，但这种作用会随着年份的延伸而不断缩小。

表 13－5　　　　　　　　　　　稳健性检验结果

变量	（1）	（2）	（3）	（4）
	Scale	Scale	Scale	Scale
DFI	0.465 *** (0.101)	0.723 ** (0.351)		
L1. DFI			0.301 *** (0.094)	
L2. DFI				0.206 ** (0.089)
Economy	− 0.521 *** (0.126)	− 0.264 ** (0.119)	− 0.394 *** (0.121)	− 0.216 * (0.117)

续表

变量	(1)	(2)	(3)	(4)
	Scale	Scale	Scale	Scale
Finance	2.633 ** (1.280)	1.480 (1.241)	2.287 * (1.275)	1.816 (1.194)
Machinery	0.107 (0.065)	0.165 ** (0.071)	0.102 (0.068)	0.145 ** (0.071)
Urban	0.024 *** (0.008)	0.009 (0.009)	0.016 * (0.009)	0.008 (0.009)
Aging	0.733 (1.158)	0.307 * (0.166)	0.309 (0.189)	0.329 ** (0.165)
Gov	−6.328 *** (2.342)	−1.117 (2.058)	−4.325 * (2.245)	−2.575 (2.173)
Industry	2.536 ** (0.980)	2.761 *** (0.981)	2.658 *** (0.992)	2.678 *** (0.980)
_cons	14.801 *** (1.388)	10.606 *** (1.791)	14.573 *** (1.341)	13.294 *** (1.299)
Province	YES	YES	YES	YES
Year	YES	YES	YES	YES
N	300.000	240.000	270.000	240.000
R^2	0.839	0.755	0.802	0.756
R^2_a	0.810	0.699	0.762	0.701

注：* 表示 $p<0.1$，** 表示 $p<0.05$，*** 表示 $p<0.01$。

四、研究结论与政策建议

（一）研究结论

本书利用北大数字普惠金融指数和农地规模经营指标，建立了年份和省份的双向固定效应模型，实证研究了数字普惠金融对农地规模经营的影响，并进行了相关的稳定性检验。数字普惠金融存在发展不均衡的问题，而我国现阶段农地规模经营程度距离现代化农业要求仍有一定距离。与传统的金融支持农地规模经营不同，数字普惠金融可以通过缓解农户信贷约束、完善农地流转市场、农业技术进步等效应提高农地流转数量和质量，促进农业生产的数字化转型，提高农业规模经营效率，进而提高农地规模经营水平。

基于实证分析结果，数字普惠金融能够促进农地规模经营水平的提高，回归结果表明，数字普惠金融水平每提高1%，农地规模经营水平提高0.417%，数字普惠金融子维度中覆盖广度、数字化程度也能对农地规模经营水平起到积极的作用，受农户自身金融素养限制，数字普惠金融的使用深度对农地规模经营影响不显著。分地区的异质性分析表明，受限于经济发展状况以及数字基础设施健全程度，数字普惠金融对农地规模经营的促进作用在东部、中部、西部地区中依次递减，同时在粮食主产区省份的促进作用更为明显，数字普惠金融对农地规模经营的促进作用存在明显的地区不平衡。

（二）政策建议

1. 构建良好的数字普惠金融生态体系。数字普惠金融依托数字经济和各种场景不断发展，特别需要一个良好的金融生态体系。数字普惠金融体系的发展和完善离不开传统银行业的支持。银行现阶段处在数字化转型的关键时期，实现数字普惠金融与传统银行的有机结合，既可以提高银行的金融配置效率，又可以完善数字普惠金融生态体系的建设。另外，数字普惠金融由于兼顾普惠性和数字化特性，尤其是数字化特性，其可能带来的风险也不同于传统金融风险，数字普惠金融可能存在的危害更有传染性，危害性也更强。因此，建立健全数字普惠金融监管体系，通过数字化手段实现风险的预防、识别、监控和治理，对于数字普惠金融生态的良好发展有着重要的意义。

2. 提高数字普惠金融普及度。数字普惠金融作为一种新兴的金融模式，能够在普惠金融触及不到的领域发挥重要的影响作用，但现实情况中受到多种因素的共同作用，数字普惠金融的普及力度并不够，尤其是在农村地区以及低收入群体中，对数字普惠金融的使用并没有全面展开。因此，要想提高数字普惠金融的普及度，首先，应该加大数字普惠金融的宣传力度。在数字普惠金融发展不充分的地区，政府应通过下乡宣传、免费知识普及等手段，提高农村地区群众对数字普惠金融的接受度。对于数字普惠金融较为发达的地区，在不断普及数字普惠金融知识、拓宽金融服务覆盖面的同时，也要注意提高数字普惠金融的使用深度。其次，派遣专门的工作人员开展数字普惠金融培训和教育工作，使农村居民能够了解数字普惠金融产品的服务内容，进而提高自身的金融素养。金融机构可以利用公众号推送、直播讲解等数字化方式进行金融服务和产品内容的普及，让农村居民获取更多的数字普惠金融产品的使用方法，提高金融意识和素养，逐步消除"数字鸿沟"。

3. 提升数字普惠金融创新水平。创新驱动金融发展，金融机构应该不断加强产品创新，开发与当地地理条件、经济条件相符合的特色金融产品，服务农户金融需求。数字普惠金融以客户为导向，通过互联网、大数据等数字手段为客户提供合适的金融产品或服务，准确地满足客户的需求。通过在数字化转型中寻求创新和进步，优化业务流程，提高服务水平，使市场需求和服务供给有效匹配，为金融业服务实体经济、帮助企业解决问题提供更有力的支持。进一步推动跨机构、跨行业关于数字技术的共同研究开发，夯实发展数字普惠金融的技术基础。

4. 健全农地流转市场，提高农地规模经营效率。流转市场中农地的流向决定了农地规模经营的发展。农地流转市场的完善，一方面为农户扩大经营面积、形成规模化提供了条件，另一方面也可以通过流转合并在一定程度上缓解我国耕地细碎化的现状。健全农地流转市场，现阶段仍然需要政府的引导，尽量消除非正规流转农地的方式，宣传农户通过合理合规的方式进行农地流转，建立合理的流转市场秩序，提高农地流转的效率。另外，推广农地流转数字平台，鼓励农户在数字平台上进行正式农地流转，数字平台交易有利于农地流转市场的发育，价格公开更是可以降低农户的信息不对称，保障农户利益，更加有利于后续对流转农地用途使用的监管。同时，也要注意农业生产技术的研究和应用，注意配套农业生产社会化服务体系的建设，确保有效提高农地规模经营效率，为农业的规模经营提供良好的基础。农户规模经营户也要不断提高自身的综合素质水平，掌握一定的农业技术知识，提高农业管理能力，适应现代化农业生产经营的新要求。

参考文献

[1] 安永军. 政权"悬浮"、小农经营体系解体与资本下乡——兼论资本下乡对村庄治理的影响 [J]. 南京农业大学学报（社会科学版），2018，18（1）：33–40，161.

[2] 北京天则经济研究所《中国土地问题》课题组，张曙光. 土地流转与农业现代化 [J]. 管理世界，2010（7）：66–85，97.

[3] 蔡昉. 刘易斯转折点后的农业发展政策选择 [J]. 中国农村经济，2008（8）：4–15，33.

[4] 蔡瑞林，陈万明，朱雪春. 成本收益：耕地流转"非粮化"的内因与破解关键 [J]. 农村经济，2015（7）：44–49.

[5] 曹俊杰. 工商企业下乡与经营现代农业问题研究 [J]. 经济学家，2017（9）：63–72.

[6] 曹志宏，郝晋珉，梁流涛. 农户耕地撂荒行为经济分析与策略研究 [J]. 农业技术经济，2008（3）：43–46.

[7] 陈浮，刘俊娜，常媛媛，等. 中国耕地"非粮化"空间格局分异及驱动机制 [J]. 中国土地科学，2021，35（9）：33–43.

[8] 陈菁，孔祥智. 土地经营规模对粮食生产的影响——基于中国十三个粮食主产区农户调查数据的分析 [J]. 河北学刊，2016，36（3）：122–128.

[9] 陈鸣，吕利兰. 农地抵押贷款试点政策对农民收入的增长效应研究 [J]. 南华大学学报（社会科学版），2022，23（6）：68–78.

[10] 陈锡文，陈昱阳，张建军. 中国农村人口老龄化对农业产出影响的量化研究 [J]. 中国人口科学，2011（2）：39–46，111.

［11］陈义媛.资本下乡：农业中的隐蔽雇佣关系与资本积累［J］.开放时代，2016（5）：92-112，8.

［12］陈有禄，周强，陈琼，等.近20年河湟谷地粮食作物种植结构对气候变化的响应［J］.干旱地区农业研究，2018，36（5）：223-229，241.

［13］程芳.上饶市三县金融支持农业机械化发展的调查［J］.武汉金融，2018（8）：86-87.

［14］程广斌，赵川，李祎.数字普惠金融、空间溢出与经济增长［J］.统计与决策，2022，38（16）：132-136.

［15］程令国，张晔，刘志彪.农地确权促进了中国农村土地的流转吗？［J］.管理世界，2016（1）：88-98.

［16］程宪波，刘琼，陶宇，等.快速城镇化地区的耕地"非粮化"特征及其机理［J］.中国人口·资源与环境，2022，32（10）：172-182.

［17］次仁央金，吴尧，陈阜，等.气候变暖对西藏林芝地区作物生产的影响［J］.中国农业大学学报，2021，26（8）：33-42.

［18］崔钊达，余志刚.资源禀赋、主体认知与农户种粮积极性——基于政府抓粮行为的调节效应［J］.世界农业，2021（4）：32-43，64.

［19］戴琳，于丽红，兰庆高，等.农地抵押贷款缓解种粮大户正规信贷约束了吗——基于辽宁省434户种粮大户的实证分析［J］.农业技术经济，2020（3）：20-31.

［20］丁宇刚，孙祁祥.气候风险对中国农业经济发展的影响——异质性及机制分析［J］.金融研究，2022，65（9）：111-131.

［21］杜运周，刘秋辰，程建青.什么样的营商环境生态产生城市高创业活跃度？——基于制度组态的分析［J］.管理世界，2020，36（9）：141-155.

［22］付延妮，谢宗藩.农地适度规模经营影响因素研究——基于CHIP2013农村样本数据逐步回归测算［J］.湖北民族学院学报（自然科学版），2019，37（4）：468-473.

［23］高晓燕，杜寒玉.农民收入结构对农户耕种"非粮化"的影响——基于工商资本下乡的视角［J］.江汉论坛，2022，65（6）：12-20.

［24］高晓燕，任坤.工商资本下乡对农民收入的影响［J］.江汉论坛，

2020 (7)：31 – 38.

[25] 高晓燕，赵宏倩．工商资本下乡"非粮化"现象的诱因及长效对策 [J]．经济问题，2021 (3)：92 – 99.

[26] 高延雷，张正岩，王志刚．农地转入、农户风险偏好与种植结构调整——基于 CHFS 微观数据的实证分析 [J]．农业技术经济，2021 (8)：66 – 80.

[27] 耿鹏鹏．种植结构"非粮化"：农地租约稳定性的维度逻辑及其证据 [J]．经济经纬，2021，38 (2)：44 – 53.

[28] 顾庆康，林乐芬．农地经营权抵押贷款能缓解异质性农户信贷配给难题吗？[J]．经济评论，2019 (5)：63 – 76.

[29] 郭峰，王靖一，王芳，等．测度中国数字普惠金融发展：指数编制与空间特征 [J]．经济学（季刊），2020，19 (4)：1401 – 1418.

[30] 郭欢欢．重庆市土地租赁户农作物选择机制及其对粮食安全的威胁 [J]．中国土地科学，2014，28 (2)：37 – 43.

[31] 郭阳，徐志刚．耕地流转市场发育、资源禀赋与农地规模经营发展 [J]．中国农村经济，2021 (6)：60 – 75.

[32] 国务院办公厅．关于防止耕地"非粮化"稳定粮食生产的意见 [EB/OL]．(2020 – 11 – 04)．https://www. gov. cn/gongbao/content/2020/content_5565816. htm.

[33] 韩国莹，刘同山．农地流转价格对非粮种植的影响研究 [J]．价格理论与实践，2020 (7)：66 – 69，112.

[34] 韩家彬，刘淑云，张书凤，等．农业劳动力老龄化对土地规模经营的影响 [J]．资源科学，2019，41 (12)：2284 – 2295.

[35] 何蒲明，全磊．对当前耕地"非粮化"现象的分析——基于粮食安全的视角 [J]．长江大学学报（自科版），2014，11 (11)：73 – 75.

[36] 何蒲明．农民收入结构变化对农民种粮积极性的影响——基于粮食主产区与主销区的对比分析 [J]．农业技术经济，2020 (1)：130 – 142.

[37] 何秀荣．关于我国农业经营规模的思考 [J]．农业经济问题，2016，37 (9)：4 – 15.

[38] 贺雪峰．工商资本下乡的隐患分析 [J]．中国乡村发现，2014

（3）：125 - 131.

[39] 侯胜鹏. 基于粮食安全视角下的土地流转分析 [J]. 湖南农业大学学报（社会科学版），2009, 10 (2)：25 - 28.

[40] 侯旭平，蒋云贵. 农业供给侧要素补偿与工商资本投资农业模式创新 [J]. 江汉论坛，2018 (9)：33 - 39.

[41] 胡霞，丁浩. 子女随迁政策对农民工家庭消费的影响机制研究 [J]. 经济学动态，2016 (10)：25 - 38.

[42] 胡新艳，陈小知，米运生. 农地整合确权政策对农业规模经营发展的影响评估——来自准自然实验的证据 [J]. 中国农村经济，2018 (12)：83 - 102.

[43] 胡煊. 财税支持下的工商资本下乡现状、弊端及对策 [J]. 农业经济，2021 (6)：98 - 100.

[44] 黄惠春，管宁宁，杨军. 生产组织模式推进农业经营规模化的逻辑与路径——基于江苏省的典型案例分析 [J]. 农业经济问题，2021 (11)：128 - 139.

[45] 黄益平，黄卓. 中国的数字金融发展：现在与未来 [J]. 经济学（季刊），2018, 17 (4)：1489 - 1502.

[46] 黄益平，陶坤玉. 中国的数字金融革命：发展、影响与监管启示 [J]. 国际经济评论，2019 (6)：24 - 35, 5.

[47] 吉登艳，马贤磊，石晓平. 老龄化对农业种植结构的影响及其影响机制：基于对文献的分析 [J]. 老龄科学研究，2022, 10 (3)：52 - 67.

[48] 江光辉，胡浩. 工商资本下乡会导致农户农地利用"非粮化"吗？——来自 CLDS 的经验证据 [J]. 财贸研究，2021, 32 (3)：41 - 51.

[49] 江艇. 因果推断经验研究中的中介效应与调节效应 [J]. 中国工业经济，2022 (5)：100 - 120.

[50] 姜松，曹峥林，刘晗. 农业社会化服务对土地适度规模经营影响及比较研究——基于 CHIP 微观数据的实证 [J]. 农业技术经济，2016 (11)：4 - 13.

[51] 姜天龙，郭庆海. 农户收入结构支撑下的种粮积极性及可持续性分析——以吉林省为例 [J]. 农业经济问题，2012, 33 (6)：14 - 20,110.

［52］姜长云，李俊茹，王一杰，等．近年来我国农民收入增长的特点、问题与未来选择［J］．南京农业大学学报（社会科学版），2021，21（3）：1－21.

［53］蒋永穆，鲜荣生，张尊帅．工商资本投资农业的现状、问题及对策建议——一个基于四川省省际调研的样本分析［J］．农村经济，2015（4）：79－83.

［54］蒋云贵，瞿艳平．土地流转、工商资本与投资农业风险——来自湘鄂地区的实例验证［J］．江汉论坛，2017（12）：21－25.

［55］焦长权，周飞舟．"资本下乡"与村庄的再造［J］．中国社会科学，2016（1）：100－116，205－206.

［56］焦瑾璞．移动支付推动普惠金融发展的应用分析与政策建议［J］．中国流通经济，2014（7）.

［57］金陈飞，吴杨，池仁勇，等．人工智能提升企业劳动收入份额了吗？［J］．科学学研究，2020，38（1）：54－62.

［58］孔祥斌．耕地"非粮化"问题、成因及对策［J］．中国土地，2020，39（11）：17－19.

［59］孔祥智，刘同山，郑力文．土地流转中村委会的角色及其成因探析——基于鲁冀皖三省15个村庄的土地流转案例［J］．东岳论丛，2013，34（5）：103－108.

［60］匡远配，刘洋．农地流转过程中的"非农化"、"非粮化"辨析［J］．农村经济，2018（4）：1－6.

［61］匡远配．农村劳动力流动影响粮食安全的新解释［J］．人口与经济，2010（5）：1－7.

［62］黎星池，朱满德．农业机械化对种植结构"趋粮化"的空间溢出效应分析［J］．农业现代化研究，2021，42（4）：684－693.

［63］李超，李韬．土地经营权抵押响应对农户土地转出行为的影响——来自宁夏回族自治区农地产权抵押试点区的证据［J］．农业技术经济，2021（3）：94－104.

［64］李国祥．基于成本收益对我国农民种粮积极性影响因素的研究［J］．价格理论与实践，2021（1）：46－52，165.

[65] 李家祥. 工商资本下乡经营农业：机遇与挑战 [J]. 求实, 2016 (7)：89 - 96.

[66] 李俊鹏, 冯中朝, 吴清华. 农业劳动力老龄化与中国粮食生产——基于劳动增强型生产函数分析 [J]. 农业技术经济, 2018 (8)：26 - 34.

[67] 李松泽, 王颜齐. 农户异质性影响金融机构农地抵押贷款供给吗？——基于农户家庭土地禀赋特征的分析 [J]. 中国土地科学, 2020, 34 (9)：67 - 76.

[68] 李筱丹. 土地转入对农户"非粮化"种植行为的影响研究 [D]. 杨凌：西北农林科技大学, 2020.

[69] 梁虎, 罗剑朝, 张珩. 农地抵押贷款借贷行为对农户收入的影响——基于 PSM 模型的计量分析 [J]. 农业技术经济, 2017 (10)：106 - 118.

[70] 梁虎, 罗剑朝. 政府与市场不同主导模式下农地抵押贷款供给意愿研究 [J]. 现代财经 (天津财经大学学报), 2018, 38 (9)：92 - 103.

[71] 廖玉芳, 宋忠华, 赵福华, 等. 气候变化对湖南主要农作物种植结构的影响 [J]. 中国农学通报, 2010, 26 (24)：276 - 286.

[72] 林本喜, 邓衡山. 农业劳动力老龄化对土地利用效率影响的实证分析——基于浙江省农村固定观察点数据 [J]. 中国农村经济, 2012 (4)：15 - 25, 46.

[73] 林乐芬, 王步天. 农户农地经营权抵押贷款可获性及其影响因素——基于农村金融改革试验区 2518 个农户样本 [J]. 中国土地科学, 2016, 30 (5)：36 - 45.

[74] 林善浪, 张作雄, 林玉妹. 家庭生命周期对农户土地规模经营的影响分析——基于福建农村的调查数据 [J]. 财贸研究, 2011, 22 (4)：14 - 21.

[75] 凌若愚, 潘镇, 刘艺园. 农村人口老龄化对土地流转影响的研究 [J]. 现代经济探讨, 2018 (7)：41 - 44.

[76] 刘航, 张莉琴. 农地流转会导致农地利用"非粮化"吗？——基于地块层面的实证分析 [J]. 农村经济, 2020 (11)：45 - 53.

[77] 刘力,朱晓,胡春艳,等.农村产权抵押贷款对家庭农场收入的影响分析 [J].农村金融研究,2022 (4):43-54.

[78] 刘乃全,刘学华.劳动力流动、农业种植结构调整与粮食安全——基于"良田种树风"的一个分析 [J].南方经济,2009 (6):15-24.

[79] 刘妍,赵晶,李晨.经济政策不确定性对中国碳排放的对称与非对称影响 [J].资源科学,2022,44 (6):1091-1104.

[80] 刘艳.数字普惠金融对农业全要素生产率的影响 [J].统计与决策,2021,37 (21):123-126.

[81] 刘宇.关于农村土地使用权流转问题的思考 [J].经济体制改革,2003 (3):82-84.

[82] 柳凌韵,董凯,周宏.正规信贷约束降低了农业规模经营绩效吗 [J].农业技术经济,2020 (4):25-37.

[83] 罗必良,江雪萍,李尚蒲,等.农地流转会导致种植结构"非粮化"吗 [J].江海学刊,2018,61 (2):94-101,238.

[84] 罗必良,仇童伟.中国农业种植结构调整:"非粮化"抑或"趋粮化"[J].社会科学战线,2018 (2):39-51,2.

[85] 罗必良.农业供给侧改革的关键、难点与方向 [J].农村经济,2017 (1):1-10.

[86] 罗丹,李文明,陈洁.粮食生产经营的适度规模:产出与效益二维视角 [J].管理世界,2017 (1):78-88.

[87] 罗光强,王焕.数字普惠金融对中国粮食主产区农业高质量发展的影响 [J].经济纵横,2022 (7):107-117.

[88] 罗千峰,赵奇锋.互联网使用对种植结构调整的影响及机制研究——来自CRRS的微观证据 [J].经济问题,2022,44 (6):103-112.

[89] 罗小锋,刘清民.我国农业机械化与农业现代化协调发展研究 [J].中州学刊,2010 (2):54-56.

[90] 吕亚荣,王春超.工商业资本进入农业与农村的土地流转问题研究 [J].华中师范大学学报 (人文社会科学版),2012,51 (4):62-68.

[91] 马九杰,亓浩,吴本健,等.农地经营权抵押的金融供给效应分

析——来自农村金融机构的证据［J］．统计研究，2023，40（1）：121 - 133．

［92］马九杰．"资本下乡"需要政策引导与准入监管［J］．中国党政干部论坛，2013（3）：31．

［93］马晓河．中国农业收益与生产成本变动的结构分析［J］．中国农村经济，2011（5）：4 - 11，56．

［94］马亚明，周璐．基于双创视角的数字普惠金融促进乡村振兴路径与机制研究［J］．现代财经（天津财经大学学报），2022，42（2）：3 - 20．

［95］孟菲，谭永忠，陈航，等．中国耕地"非粮化"的时空格局演变及其影响因素［J］．中国土地科学，2022，36（1）：97 - 106．

［96］倪国华，蔡昉．农户究竟需要多大的农地经营规模？——农地经营规模决策图谱研究［J］．经济研究，2015，50（3）：159 - 171．

［97］彭代彦，文乐．农村劳动力老龄化、女性化降低了粮食生产效率吗——基于随机前沿的南北方比较分析［J］．农业技术经济，2016（2）：32 - 44．

［98］钱海章，陶云清，曹松威，等．中国数字金融发展与经济增长的理论与实证［J］．数量经济技术经济研究，2020，37（6）：26 - 46．

［99］钱龙，袁航，刘景景，等．非农就业、农地流转与粮食种植结构调整——基于固定观察点农户层面的微观实证［J］．农业现代化研究，2018，39（5）：789 - 797．

［100］钱龙，袁航，刘景景，等．农地流转影响粮食种植结构分析［J］．农业技术经济，2018，37（8）：63 - 74．

［101］仇童伟，罗必良．流转"差序格局"撕裂与农地"非粮化"：基于中国29省调查的证据［J］．管理世界，2022，38（9）：96 - 113．

［102］仇童伟，罗必良．种植结构"趋粮化"的动因何在？——基于农地产权与要素配置的作用机理及实证研究［J］．中国农村经济，2018，34（2）：65 - 80．

［103］全世文，胡历芳，曾寅初，等．论中国农村土地的过度资本化［J］．中国农村经济，2018（7）：2 - 18．

［104］任碧云，李柳颖．数字普惠金融是否促进农村包容性增长——基于京津冀2114位农村居民调查数据的研究［J］．现代财经（天津财经大学

学报），2019，39（4）：3-14.

[105] 任晓娜，孟庆国. 工商资本进入农村土地市场的机制和问题研究——安徽省大岗村土地流转模式的调查 [J]. 河南大学学报（社会科学版），2015，55（5）：53-60.

[106] 盛天翔，范从来. 金融科技、最优银行业市场结构与小微企业信贷供给 [J]. 金融研究，2020（6）：114-132.

[107] 宋华，卢强. 什么样的中小企业能够从供应链金融中获益——基于网络和能力的视角 [J]. 管理世界，2017（6）：104-121.

[108] 宋晓玲. 数字普惠金融缩小城乡收入差距的实证检验 [J]. 财经科学，2017（6）：14-25.

[109] 苏芳，刘钰，汪三贵，等. 气候变化对中国不同粮食产区粮食安全的影响 [J]. 中国人口·资源与环境，2022，32（8）：140-152.

[110] 苏岚岚，孔荣. 农地抵押贷款促进农户创业决策了吗？——农地抵押贷款政策预期与执行效果的偏差检验 [J]. 中国软科学，2018（12）：140-156.

[111] 苏敏，冯淑怡，诸培新. 家庭生命周期、风险偏好对农户规模经营意愿的影响——基于江苏省北部两县市的调查数据 [J]. 中国土地科学，2020，34（7）：88-96.

[112] 孙洁. 谈互联网金融、技术溢出与商业银行全要素生产率 [J]. 商场现代化，2017（19）：113-114.

[113] 孙倩. 数字普惠金融与农业发展：基于相对贫困县的实证 [J]. 统计与决策，2021，37（12）：154-157.

[114] 孙全亮. 农村土地流转与农地金融的效应关系分析 [J]. 农村经济，2010（12）：83-85.

[115] 孙学涛，于婷，于法稳. 数字普惠金融对农业机械化的影响——来自中国 1869 个县域的证据 [J]. 中国农村经济，2022（2）：76-93.

[116] 檀竹平，洪炜杰，罗必良. 农业劳动力转移与种植结构"趋粮化" [J]. 改革，2019，32（7）：111-118.

[117] 唐建军，龚教伟，宋清华. 数字普惠金融与农业全要素生产率——基于要素流动与技术扩散的视角 [J]. 中国农村经济，2022，38

（7）：81－102.

［118］唐松，伍旭川，祝佳.数字金融与企业技术创新——结构特征、机制识别与金融监管下的效应差异［J］.管理世界，2020，36（5）：52－66，9.

［119］唐小平，蒋健.农村人口老龄化对农业高质量发展的影响［J］.华南农业大学学报（社会科学版），2023，22（3）：45－56.

［120］田欧南.工商企业介入农地经营的风险研究——基于省际面板数据的实证分析［J］.社会科学战线，2012（9）：245－247.

［121］童玉芬.人口老龄化过程中我国劳动力供给变化特点及面临的挑战［J］.人口研究，2014，38（2）：52－60.

［122］涂圣伟.工商资本下乡的适宜领域及其困境摆脱［J］.改革，2014（9）：73－82.

［123］万佳彧，周勤，肖义.数字金融、融资约束与企业创新［J］.经济评论，2020（1）：71－83.

［124］汪险生，郭忠兴.农村人口老龄化对农村土地租入－租出的影响：理论分析与实证检验［J］.江西财经大学学报，2013（6）：79－87.

［125］王彩霞.工商资本下乡与农业规模化生产稳定性研究［J］.宏观经济研究，2017（11）：157－162，187.

［126］王春超，李兆能.农村土地流转中的困境：来自湖北的农户调查［J］.华中师范大学学报（人文社会科学版），2008（4）：51－56.

［127］王德福，桂华.大规模农地流转的经济与社会后果分析——基于皖南林村的考察［J］.华南农业大学学报（社会科学版），2011（2）：13－22.

［128］王笛旭，李朝柱.农村人口老龄化与农业生产的效应机制［J］.华南农业大学学报（社会科学版），2020，19（2）：60－73.

［129］王嫚嫚，刘颖，陈实.规模报酬、产出利润与生产成本视角下的农业适度规模经营——基于江汉平原354个水稻种植户的研究［J］.农业技术经济，2017（4）：83－94.

［130］王善高，田旭.农村劳动力老龄化对农业生产的影响研究——基于耕地地形的实证分析［J］.农业技术经济，2018，37（4）：15－26.

［131］王文龙．工商资本下乡利弊之争——基于利益博弈的视角［J］．经济体制改革，2022（1）：88－94.

［132］王勇，陈印军，易小燕，等．耕地流转中的"非粮化"问题与对策建议［J］．中国农业资源与区划，2011，32（4）：13－16.

［133］王越，曾先，刘钊宇，等．辽宁省耕地"非粮化"时空分异及其决定因素——多元利益主体决策的作用［J］．资源科学，2023，45（5）：980－993.

［134］魏君英，韩丽艳．农村人口结构变化对农作物种植结构的影响——基于中国粮食主产区面板数据的全面 FGSL 估计［J］．农村经济，2019（3）：55－63.

［135］魏玉凯，安萍莉，金玉铃，等．北方农牧交错带人口老龄化及其撂荒效应——乌兰察布市为例［J］．干旱区资源与环境，2021，35（7）：64－70.

［136］温博慧，刘雨菲，程朋媛．数字金融对传统银行小微贷款影响的空间效应——基于非平衡空间计量模型的实证检验［J］．国际金融研究，2022（3）：45－55.

［137］温忠麟，叶宝娟．中介效应分析：方法和模型发展［J］．心理科学进展，2014，22（5）：731－745.

［138］文长存，孙玉竹，魏昊，等．新形势下农户粮食规模经营行为及其影响因素研究——基于粮食主产区的调查数据［J］．华中农业大学学报（社会科学版），2017（3）：8－16，149.

［139］吴郁玲，张佩，于亿亿，等．粮食安全视角下中国耕地"非粮化"研究进展与展望［J］．中国土地科学，2021，35（9）：116－124.

［140］武丽娟，刘瑞明．唤醒沉睡的资本：农地抵押贷款的收入撬动效应［J］．财经研究，2021，47（9）：108－122.

［141］武舜臣，于海龙，储怡菲．农业规模经营下耕地"非粮化"研究的局限与突破［J］．西北农林科技大学学报（社会科学版），2019，19（3）：142－151.

［142］肖铁肩，陈谦．分化的农民及其种粮意愿——石牌村实地研究［J］．湖南社会科学，2017（1）：88－95.

[143] 谢天成, 刘盾, 施祖麟. 工商资本投资农业问题与对策研究——基于对嘉兴、开封两市的调研 [J]. 当代经济管理, 2015, 37 (8): 30 - 34.

[144] 谢绚丽, 沈艳, 张皓星, 等. 数字金融能促进创业吗?——来自中国的证据 [J]. 经济学 (季刊), 2018, 17 (4): 1557 - 1580.

[145] 行伟波, 张思敏. 财政政策引导金融机构支农有效吗?——涉农贷款增量奖励政策的效果评价 [J]. 金融研究, 2021 (5): 1 - 19.

[146] 徐娜, 张莉琴. 劳动力老龄化对我国农业生产效率的影响 [J]. 中国农业大学学报, 2014, 19 (4): 227 - 233.

[147] 徐旭, 蒋文华, 应风其. 我国农村土地流转的动因分析 [J]. 管理世界, 2002 (9): 144 - 145.

[148] 徐章星, 张兵, 尹鸿飞, 等. 工商资本下乡促进了农地流转吗?——来自 CLDS 的经验证据 [J]. 农业现代化研究, 2020, 41 (1): 144 - 153.

[149] 许庆, 尹荣梁, 章辉. 规模经济、规模报酬与农业适度规模经营——基于我国粮食生产的实证研究 [J]. 经济研究, 2011, 46 (3): 59 - 71, 94.

[150] 许庆, 尹荣梁. 中国农地适度规模经营问题研究综述 [J]. 中国土地科学, 2010, 24 (4): 75 - 81.

[151] 许庆, 章元. 土地调整、地权稳定性与农民长期投资激励 [J]. 经济研究, 2005 (10): 59 - 69.

[152] 薛信阳, 韩一军, 高颖. 农机社会化服务可以促进农业种植结构"趋粮化"吗? [J]. 兰州学刊, 2022 (11): 127 - 141.

[153] 薛选登, 张一方. 产粮大县耕地"非粮化"现象及其防控 [J]. 中州学刊, 2017, 39 (8): 40 - 45.

[154] 闫桂权, 何玉成, 张晓恒. 数字普惠金融发展能否促进农业机械化——基于农机作业服务市场发展的视角 [J]. 农业技术经济, 2022, 41 (1): 51 - 64.

[155] 闫啸, 牛荣, 李芸. 农地经营权抵押贷款增收效应分析——基于内生转换模型的实证检验 [J]. 经济学报, 2023 (2): 1 - 24.

[156] 杨丹丹，罗剑朝. 农地经营权抵押贷款可得性对农业生产效率的影响研究——以宁夏平罗县和同心县 723 户农户为例 [J]. 农业技术经济，2018 (8)：75 - 85.

[157] 杨皓月，李庆华，孙会敏，等. 金融支持农业机械化发展的路径选择研究——基于 31 省（区、市）面板数据的实证分析 [J]. 中国农机化学报，2020，41 (12)：202 - 209.

[158] 杨慧莲，李艳，韩旭东，等. 土地细碎化增加"规模农户"农业生产成本了吗？——基于全国 776 个家庭农场和 1166 个专业大户的微观调查 [J]. 中国土地科学，2019，33 (4)：76 - 83.

[159] 杨进，吴比，金松青，等. 中国农业机械化发展对粮食播种面积的影响 [J]. 中国农村经济，2018，34 (3)：89 - 104.

[160] 杨进，钟甫宁，陈志钢，等. 农村劳动力价格、人口结构变化对粮食种植结构的影响 [J]. 管理世界，2016，32 (1)：78 - 87.

[161] 杨磊. 工商资本下乡的多维效应及其发生根源探析——基于湖北省 Y 县的经验调查 [J]. 华中农业大学学报（社会科学版），2019 (6)：106 - 113，164 - 165.

[162] 杨瑞珍，陈印军，易小燕，等. 耕地流转中过度"非粮化"倾向产生的原因与对策 [J]. 中国农业资源与区划，2012，33 (3)：14 - 17.

[163] 杨润慈，石晓平，关长坤，等. 农地经营权抵押贷款提高了农户的信贷可得性吗？——基于风险分担机制的调节效应分析 [J]. 中国土地科学，2022，36 (5)：51 - 60.

[164] 杨阳，李治，韩小爽. 农业社会化服务对农地"趋粮化"的门槛效应 [J]. 管理学刊，2022，35 (3)：44 - 54.

[165] 杨子，饶芳萍，诸培新. 农业社会化服务对土地规模经营的影响——基于农户土地转入视角的实证分析 [J]. 中国农村经济，2019 (3)：82 - 95.

[166] 叶剑平，蒋妍，丰雷. 中国农村土地流转市场的调查研究——基于 2005 年 17 省调查的分析和建议 [J]. 中国农村观察，2006 (4)：48 - 55.

[167] 易小燕，陈印军. 农户转入耕地及其"非粮化"种植行为与规

模的影响因素分析——基于浙江、河北两省的农户调查数据［J］.中国农村观察，2010，39（6）：2－10，21.

［168］易行健，周利.数字普惠金融发展是否显著影响了居民消费——来自中国家庭的微观证据［J］.金融研究，2018（11）：47－67.

［169］尹志超，张号栋.金融可及性、互联网金融和家庭信贷约束——基于 CHFS 数据的实证研究［J］.金融研究，2018，461（11）：188－206.

［170］曾福生.建立农地流转保障粮食安全的激励与约束机制［J］.农业经济问题，2015，36（1）：15－23，110.

［171］曾小艳，祁华清.数字金融发展对农业产出的影响机理及结构效应［J］.贵州社会科学，2020（11）：162－168.

［172］曾雅婷，吕亚荣，刘文勇.农地流转提升了粮食生产技术效率吗——来自农户的视角［J］.农业技术经济，2018（3）：41－55.

［173］张贺，白钦先.数字普惠金融减小了城乡收入差距吗？——基于中国省级数据的面板门槛回归分析［J］.经济问题探索，2018（10）：122－129.

［174］张珩，罗剑朝，王磊玲.农地经营权抵押贷款对农户收入的影响及模式差异：实证与解释［J］.中国农村经济，2018（9）：79－93.

［175］张洪源，周海川，孟祥海.工商资本投资农业面临的问题及投资模式探究［J］.现代经济探讨，2015（2）：53－57.

［176］张惠中，宋文，张文信，等.山东省耕地"非粮化"空间分异特征及其影响因素分析［J］.中国土地科学，2021，35（10）：94－103.

［177］张军，郑循刚.劳动力老龄化对农村土地流转的影响——土地情结与劳动能力限制谁占主导？［J］.长江流域资源与环境，2020，29（4）：997－1004.

［178］张藕香，姜长云.不同类型农户转入农地的"非粮化"差异分析［J］.财贸研究，2016，27（4）：24－31，67.

［179］张藕香.农户分化视角下防止流转土地"非粮化"对策研究［J］.中州学刊，2016，35（4）：49－54.

［180］张茜，屈鑫涛，魏晨.粮食安全背景下的家庭农场"非粮化"研究——以河南省舞钢市 21 个家庭农场为个案［J］.东南学术，2014（3）：

94 - 100，247.

[181] 张淑雯，田旭，王善高. 农业劳动力老龄化对小麦生产机械化与技术效率的影响——基于地形特征的分析 [J]. 中国农业大学学报，2018，23 (10)：174 - 182.

[182] 张祥建，徐晋，徐龙炳. 高管精英治理模式能够提升企业绩效吗？——基于社会连带关系调节效应的研究 [J]. 经济研究，2015，50 (3)：100 - 114.

[183] 张欣，于丽红，兰庆高. 农户农地经营权抵押贷款收入效应实证检验——基于辽宁省昌图县的调查 [J]. 中国土地科学，2017，31 (12)：42 - 50.

[184] 张勋，杨桐，汪晨，等. 数字金融发展与居民消费增长：理论与中国实践 [J]. 管理世界，2020，36 (11)：48 - 63.

[185] 张颖诗，冯艳芬，王芳，等. 广东省耕地"非粮化"的时空分异及其驱动机制 [J]. 资源科学，2022，44 (3)：480 - 493.

[186] 张正平，王琼. 数字普惠金融发展对农业生产有资本替代效应吗？——基于北京大学数字普惠金融指数和 CFPS 数据的实证研究 [J]. 金融评论，2021，13 (6)：98 - 116，120.

[187] 张忠明，钱文荣. 不同兼业程度下的农户土地流转意愿研究——基于浙江的调查与实证 [J]. 农业经济问题，2014，35 (3)：19 - 24，110.

[188] 张宗毅，杜志雄. 土地流转一定会导致"非粮化"吗？——基于全国 1740 个种植业家庭农场监测数据的实证分析 [J]. 经济学动态，2015，56 (9)：63 - 69.

[189] 张尊帅. 工商资本投资农业的风险及其防范 [J]. 现代经济探讨，2013 (8)：33 - 37.

[190] 章元，吴伟平，潘慧. 劳动力转移、信贷约束与规模经营——粮食主产区与非主产区的比较研究 [J]. 农业技术经济，2017 (10)：4 - 13.

[191] 郑宏运，李谷成. 数字普惠金融发展对县域农业全要素生产率增长的影响：基于异质性视角 [J]. 当代经济管理，2022，44 (7)：81 - 87.

[192] 郑沃林，胡新艳，罗必良. 气候风险对农户购买农业保险的影响及其异质性 [J]. 统计与信息论坛，2021，36 (8)：66 - 74.

[193] 郑旭媛, 徐志刚. 资源禀赋约束、要素替代与诱致性技术变迁——以中国粮食生产的机械化为例 [J]. 经济学（季刊）, 2017, 16（1）: 45–66.

[194] 中共中央、国务院关于抓好"三农"领域重点工作确保如期实现全面小康的意见 [EB/OL]. （2020–02–05）. https://www.zhengce/2020–02/05/content_5474884.htm? eqid = d347d10b00029b3a00000002646ed191.

[195] 钟甫宁, 陆五一, 徐志刚. 农村劳动力外出务工不利于粮食生产吗? ——对农户要素替代与种植结构调整行为及约束条件的解析 [J]. 中国农村经济, 2016（7）: 36–47.

[196] 钟真, 刘世琦, 沈晓晖. 借贷利率、购置补贴与农业机械化率的关系研究——基于8省54县调查数据的实证分析 [J]. 中国软科学, 2018（2）: 32–41.

[197] 钟真, 姚炜航. 谁在从事农业规模化经营? ——新型农业经营主体及其成长特征分析 [J]. 农林经济管理学报, 2018, 17（4）: 365–373.

[198] 周来友, 仇童伟, 周冬, 等. 丘陵山区劳动力老龄化对土地利用效率的影响——基于直接效应和间接效应的识别 [J]. 中国土地科学, 2015, 29（10）: 35–41.

[199] 周利, 冯大威, 易行健. 数字普惠金融与城乡收入差距: "数字红利"还是"数字鸿沟" [J]. 经济学家, 2020（5）: 99–108.

[200] 周曙东, 周文魁, 林光华, 等. 未来气候变化对我国粮食安全的影响 [J]. 南京农业大学学报（社会科学版）, 2013, 13（1）: 56–65.

[201] 周作昂, 赵绍阳, 何庆红. 劳动力老龄化对农业土地流转和规模经营的影响 [J]. 财经科学, 2020（2）: 120–132.

[202] 朱道林. 耕地"非粮化"的经济机制与治理路径 [J]. 中国土地, 2021（7）: 9–11.

[203] 朱明月, 王钊, 李海央. 土地经营权流转、农户种植偏好与农业经济效益——基于8省779户农户微观调研数据的实证 [J]. 农村经济, 2018（9）: 28–35.

[204] 朱姗. 农村土地"非粮化"非农化趋势分析 [J]. 农村经营管理, 2013（1）: 24–26.

［205］邹金浪，刘陶红，张传，等．中国耕地食物生产变迁及"非粮化"影响评估［J］．中国土地科学，2022，36（9）：29 – 39.

［206］Besley T. Property Rights and Investment Incentives: Theory and Evidence from Ghana［J］. Journal of Pitical Economy，1995，103（5）：903 – 937.

［207］Cheng X，Tao Y，Huang C，et al. Unraveling the Causal Mechanisms for Non – Grain Production of Cultivated Land: An Analysis Framework Applied in Liyang，China［J］. Land，2022，11（11）：1 – 20.

［208］Chongzhen Tang，Yongyi Yi，Yani Kuang. Research on Spatio – Temporal Complexity Evolution and Influencing Factors of "Nongrain" in Guangxi［J］. Discrete Dynamics in Nature and Society，2022，2022（3）：1 – 14.

［209］Crilly D，Zollo M，Hansen M T. Faking It or Muddling Through? Understanding Decoupling in Response to Stakeholder Pressures［J］. Academy of Management Journal，55（6）：1429 – 1448.

［210］Cui X. Climate Change and Adaptation in Agriculture: Evidence from US Cropping Patterns［J］. Journal of Environmental Economics and Management，2020，101（2）：102306.

［211］Dell M，Jones B F，Olken B A. Temperature Shocks and Economic Growth: Evidence from the Last Half Century［J］. American Economic Journal: Macroeconomics，2012，4（3）：66 – 95.

［212］Feng Y，Ke M，Zhou T. Spatio – Temporal Dynamics of Non – Grain Production of Cultivated Land in China［J］. Sustainability，2022，14（21）：8210.

［213］Guo H，Xia Y，Jin J，et al. The Impact of Climate Change on the Efficiency of Agricultural Production in the World's Main Agricultural Regions［J］. Environmental Impact Assessment Review，2022，97（6）：106891.

［214］Hiroki Uematsu，Ashok K. Mishra. Organic Farmers or Conventional Farmers: Where's the Money?［J］. Ecological Economics，2012.

［215］Imai K，Keele L，Yamamoto T. Identification，Inference and Sensitivity Analysis for Causal Mediation Effects［J］. Statistical Science，2010，25（1）：51 – 71.

[216] Jeffrey R. Edwards, Lisa Schurer Lambert. Methods for Integrating Moderation and Mediation: A General Analytical Framework Using Moderated Path Analysis [J]. Psychological Methods, 2007, 12: 1 – 22.

[217] Ji Y, Hu X, Zhu J, et al. Demographic Change and Its Impact on Farmers' Field Production Decisions [J]. China Economic Review, 2017, 43: 64 – 71.

[218] Jizhou Zhang, Xiaojing Li, Shouhong Xie, et al. Research on the Influence Mechanism of Land Tenure Security on Farmers' Cultivated Land Non – Grain Behavior [J]. Agriculture, 2022, 12 (10): 1 – 15.

[219] Keijiro Otsuka, Yanyan Liu, Futoshi Yamauchi. The Future of Small Farms in Asia [J]. Development Policy Review, 2016, 34 (3): 441 – 461.

[220] Kosuke Imai, Luke Keele, Teppei Yamamoto. Identification, Inference and Sensitivity Analysis for Causal Mediation Effects [J]. Statistical Science, 2010, 25 (1): 51 – 71.

[221] Qi Yang, Daojun Zhang. The Influence of Agricultural Industrial Policy on Non – grain Production of Cultivated Land: A Case Study of the "One Village, One Product" Strategy Implemented in Guanzhong Plain of China [J]. Land Use Policy, 2021, 108 (9): 105579.

[222] Ragin, Charles C. The Comparative Method: Moving Beyond Qualitative and Quantitative Strategies. 1st ed., University of California Press, 2014.

[223] Rihoux D B, Ragin C C., Configurational Comparative Methods: Qualitative Comparative Analysis (QCA) and Related Techniques [M]. Thousand Oaks, CA: Sage, 2009.

[224] Ruishan Chen, Chao Ye, Yunlong Cai, et al. The Impact of Rural out – migration on Land Use Transition in China: Past, Present and Trend [J]. Land Use Policy, 2014, 40 (9): 101 – 110.

[225] Shi S, Han Y, Yu W, et al. Spatio – temporal Differences and Factors Influencing Intensive Cropland Use in the Huang – Huai – Hai Plain [J]. 2017, 28: 1626 – 1640.

[226] Su Y, Li C, Wang K, et al. Quantifying the Spatiotemporal Dynam-

ics and Multi – aspect Performance of Non – grain Production during 2000 – 2015 at a Fine Scale [J]. Ecological Indicators, 2019, 101 (6): 410 – 419.

[227] Sydney Gourlay, Talip Kilic, David B. Lobell. A New Spin on an Old Debate: Errors in Farmer – reported Production and Their implications for Inverse Scale – productivity Relationship in Uganda [J]. Journal of Development Economics, 2019.

[228] Tang C, Yi Y, Kuang Y. Research on Spatio – Temporal Complexity Evolution and Influencing Factors of "Nongrain" in Guangxi [J]. Discrete Dynamics in Nature and Society, 2022 (3): 1 – 14.

[229] Xianbo Cheng, Yu Tao, Conghong Huang, et al. Unraveling the Causal Mechanisms for Non – Grain Production of Cultivated Land: An Analysis Framework Applied in Liyang, China [J]. Land, 2022, 11 (11): 1 – 20.

[230] Ying Liu, Chenggang Wang, Zeng Tang, et al. Will Farmland Transfer Reduce Grain Acreage? Evidence from Gansu Province, China [J]. China Agricultural Economic Review, 2018, 10 (2): 277 – 292.

[231] Yue Su, Chenlu Li, Ke Wang, et al. Quantifying the Spatiotemporal Dynamics and Multi – aspect Performance of Non – grain Production During 2000 – 2015 at a Fine Scale [J]. Ecological Indicators, 2019, 101 (6): 410 – 419.

[232] Yueqing Ji, Xuezhi Hu, Jing Zhu, et al. Demographic Change and Its Impact on Farmers' Field Production Decisions [J]. China Economic Review, 2017, 43: 64 – 71.

[233] Zhang J, Li X, Xie S, et al. Research on the Influence Mechanism of Land Tenure Security on Farmers' Cultivated Land Non – Grain Behavior [J]. Agriculture, 2022, 12 (10): 1 – 15.

[234] Zhao X, Zheng Y, Huang X, et al. The Effect of Urbanization and Farmland Transfer on the Spatial Patterns of Non – Grain Farmland in China [J]. Sustainability, 2017, 9 (8): 1438.

[235] Zhenhuan Liu, Peng Yang, Wenbin Wu, et al. Spatiotemporal Changes of Cropping Structure in China During 1980 – 2011 [J]. Journal of Geographical Sciences, 2018, 28 (11): 1659 – 1671.

［236］Zhiyuan Zhu，Jiajia Duan，Shilin Li，et al. Phenomenon of Non – Grain Production of Cultivated Land Has Become Increasingly Prominent over the Last 20 Years：Evidence from Guanzhong Plain，China ［J］. Agriculture，2022，12（10）：1654.